Ni Buzhidao De

你不知道的中

中国地理文化丛

芙蓉之国

湖南

（二）

本书编写组◎编著

中国旅游出版社

本书编写组

王本银　朱　晖　王　足
熊海燕　廖文伟

序

我们伟大的祖国有960万平方公里的辽阔疆土和1.8万公里的海岸线。从东到西,由南向北,壮丽的山河、富饶的土地,蕴藏着无尽的宝藏,滋养了伟大的中华民族;各地区独具特色的地域文化,共同形成了生生不息、绵延不绝的中华五千年文明。

数千年来,地理环境的不同生成了不同的民族,也成就了不同的文化。北方的草原大漠既养育了能征善战、驰骋欧亚的一代天骄,也造就了千年不衰的敦煌文化和鬼斧神工的月牙泉奇景;东南沿海辽阔的海疆,既便利了徐福、郑和扬帆远航,传播中华文明,吸收海外文化,也成就了一代又一代侨商巨贾,让中国人的足迹踏遍海角天涯;江南水乡富饶的阡陌田畴既哺育了成百上千的文人雅士,也雕琢出道法自然、幽雅绝伦的江南园林;如果说青藏高原的雄伟雪峰、蓝天白云和千古冰川是虔诚宗教的天然乐土,那么川渝的灵山秀水、天府的氤氲气候则是孕育辛辣美味的川菜佳肴的必备温床……在中国这块神秘的土地上,随处可见的是自然和人文的完美结合,随时可感的是中国地理文化的独特魅力。中国人崇尚天人合一,崇尚自然,寄情于山水,借山水寓思想;名山大川,野径小溪,一草一木,不仅成为中国人精神的慰藉,而且承载了中华民族灿烂的文化。

我们编辑出版这套《中国地理文化丛书》,意在区分不同地域,采用通俗易懂的问答形式向读者介绍各地特有的地理风貌、历史遗存、民风民俗、逸闻逸事、宗教文化、风土人情。条目的选取以突出地域性、知识性和可读性为标准,力求让读者通过浅阅读,收获真知识和正能量。为便于查询,本书特按省、市、自治区行政区划编辑成册,每册又以地市级行政区划编目。为保证质量,我们特邀数百位长期从事历史、地理、旅游研究的专家、学者联合编撰,使图书既不失严谨而又真正做到了简约生动,通俗易懂。

了解中华大地不同地域自然和文化的发展和演变,既有助于了解我们世世代代赖以生存的这块土地的昨天和今天,又有助于了解我们伟大的民族和悠久文化的昨天和今天,更有助于把握我们的民族和文化的未来。特别是在中华民族复兴之梦日渐光明的今天,这项工作显得尤为重要。如果我们的努力能为这项神圣的使命贡献一份绵薄之力,那将是我们的无上荣光!

目录
CONTENTS

中国地理文化丛书 湖南（二）

张家界

1 为什么要成立张家界市？
2 张家界之名何来？
2 为什么人们将张家界喻为“深闺佳人”？
3 张家界为何被列入《世界自然与文化遗产名录》？
4 张家界神奇的峰林景观是怎样形成的？
5 金鞭岩真是秦始皇的赶山鞭吗？
6 我国第一个国家森林公园位于哪里？
7 为什么说“不登黄狮寨，枉到张家界”？
8 为什么金鞭溪被称为“世界上最美的峡谷”？
8 人们为什么将索溪峪说成是“风景明珠”？
9 黄龙洞为什么被誉为“中华最佳洞府，世界溶洞奇观”？
10 为什么称宝峰湖“人间瑶池，山水盆景”？
11 天子山为什么有“峰林之王”的美誉？
12 杨家界居住的真是杨家将的后代吗？
13 杨家界的四大奇观是指什么？
14 “贺龙两把菜刀闹革命”说的是怎么一回事？
14 贺龙元帅是哪里人？
15 八大公山为什么会被联合国首批列入“人与自然圈”网络？
16 茅岩河为什么有“百里画廊”之称？

17 为什么九天洞被称为“亚洲第一洞”?
17 为什么天门山为“武陵之魂”?
18 “普光禅寺”是乾隆御笔吗?
19 五雷山为什么有“南武当”之称?
20 崇山是驩兜的放逐之地吗?
22 为什么说张家界的气功武术是我国武林奇葩?
22 “南北大侠”杜心武是哪里人?
23 赤松子为什么隐居天门山?
25 为什么覃垕王是土家族人民心中的“神”?
26 是谁雕塑了玉皇洞石窟群?
28 马燧为什么倡议修建崇文塔?
30 为什么说张家界硬气功源于鬼谷子?
31 为什么垕垭改称教字垭?
33 王光美为何泪洒夫妻岩?
34 “金银滩”因何得名?
35 “饮马溪”之名有什么来历?
35 “水绕四门”为什么又称“止马塌”?
36 “闯王”死里逃生，为什么说多亏“溇江渡”救命?
37 “田字洲”为什么又叫“天子洲”?
39 为什么说是神仙造就了十里画廊?
40 老寿星为什么喜笑迎宾?
41 采药老人贺半仙，采药医病为哪般?
41 张家界的民俗有什么特点?
42 张家界少数民族的住居有什么特点?
43 土家人的婚俗特点如何?
44 以花为媒是哪里的婚俗?
44 斗鸟会是哪里人最喜爱的活动之一?

45 张家界有哪些著名的土特产品?

湘 西

47 你了解湘西吗?
48 湘西土家族苗族自治州有何神奇之处?
49 你了解德夯苗寨吗?
50 德夯风景名胜区有何景观特色?
52 苗寨迎接贵宾有哪些传统仪式?
53 人们常说“醉在德夯”之话怎么讲?
54 苗族特有的“还傩愿”是怎么回事?
55 苗族的“猴儿鼓舞”为什么最为出名?
56 为什么矮寨公路被称为天下奇观?
57 著名的沅溪书院位于何处?
57 吴八月为什么被苗民拥为“吴王”?
58 赴台抗法的民族英雄是谁?哪里的人?
59 罗荣光为什么会获“果勇巴特鲁”的赐号?
59 凤凰之名何来?
60 为什么凤凰古城被称之为“中国最美丽的小城”?
61 湖南保存最为完整的古县城在何处?
62 你见过石桥卧波的风雨楼吗?
63 为什么沈从文有“短篇小说之王”的美名?
64 民国内阁总理熊希龄是何处人?
65 中国南方古长城位于何处?
67 为什么说黄丝桥古城是我国目前最为完整的“袖珍古城”?
68 舒家塘古堡有何特色?
68 “天下第一大石桥”位于何处?

69 你了解王村吗？
70 王村景观特色何在？
71 溪州铜柱历史上有何特殊意义？
72 猛洞河的景观特色是怎样形成的？
73 老司城因何被列为国家重点文物保护单位？
74 紫禁山古墓群为什么有“土家皇陵”之称？
75 明史誉称“东南第一战功”的名将是谁？
76 当年土司金銮殿今何在？
76 猛洞河漂流为什么有“天下第一漂”之称？
77 为什么灵溪生态游备受欢迎？
78 “不二门”景区之名何来？
79 湘鄂川黔边区省革命委员会旧址位于何处？
79 国家自然保护区小溪位于何处？有何特色？
80 土家族典型的婚俗“哭嫁”有何特点？
82 什么叫傩愿戏？
83 为什么傩愿戏有“中国戏剧活化石”之称？
84 著名歌唱家何纪光是何处人氏？
85 为什么坐龙溪大峡谷有“中南第一大峡谷”之称？
86 坐龙溪大峡谷景观是怎样形成的？
86 蔚为壮观的红石林景区有何特色？
87 什么是土家族的毛古斯舞？
89 土家“毛人节”的意义何在？
90 为什么说“毛人节”是土家人的一部史诗？
91 你见过神奇的碗墓吗？
92 什么是土司擂茶？
93 古丈毛尖为什么能享誉中外？
93 我国的“古茶王”位于何处？

94 古丈为何有“茶乡”之称?
95 古丈茶叶制作技术的奥妙核心是什么?
96 苗族人的服饰有何特征?
97 你了解苗族人吗?
98 你见过声震山谷的“苗族鼓舞”吗?
99 苗族的“椎牛”是怎么回事?
101 为什么说里耶战国古城和秦简是惊世发现?
102 为什么龙山有“溶洞博物馆”之称?
103 皮渡河景区有何景观特色?
104 你见过透明的鱼吗?
104 排碧阶为什么会被联合国国际地质委员会命名为“金钉子”地质剖面?
105 茶峒为何有“边城”之称?
105 为什么说花垣是蚩尤的故乡?
107 花垣的大小龙洞瀑布有何景观特色?
107 有“神奇的东方艺术瑰宝”之称的辰河高腔源于何处?
108 你品尝过土家特有的酸鱼酸肉吗?
108 你吃过有“蛋白之王”美称的桃花虾吗?
108 酒鬼酒产于何处?有何独特之处?
109 湘西最有名的土特产、工艺品是什么?

株 洲

110 株洲为什么又叫槠洲?
110 奔龙公园是否真有青龙降伏过黄袍怪?
111 为什么株洲被誉为“中国电力机车之都”?
112 伏波将军马援何时来过株洲?
112 朱亭与朱熹有什么关系?

112 红拂女墓葬在何处？
113 渌江书院为何闻名遐迩？
114 醴陵因何而得名？
114 状元洲和渌江桥有何来历？
115 八路军名将左权是哪里人？
115 先农坛为什么会被辟为革命活动纪念地？
116 李立三的故居为什么称为芋园？
116 为什么说醴陵瓷是瓷中珍品？
117 醴陵太一街是纪念什么人的？
118 灵龟峰为什么号称“梅城第一峰”？
118 皮水洞因何而得名？
119 仙人桥是铁拐李施法而成的吗？
119 朱阳观为什么又称阳升观？
120 20 世纪 30 年代的苏维埃兵工厂是什么模样？
120 凌云塔有何特色？
120 李东阳为首的文学派为何称“茶陵诗派”？
121 岳飞所书“光泉”二字现在何处？
121 “秦人洞”中有秦人吗？
122 为什么说皇雩仙寺是茶陵人的骄傲？
122 南浦的铁犀牛为什么千年不锈？
123 谭震林何时担任过茶陵县工农兵政府主席？
123 为什么说神农炎帝治天下是“至德之隆”？
124 炎帝为什么会葬于炎陵？
125 炎帝为什么又叫神农氏？
126 炎帝神农氏的十大功绩指哪些？
127 洣泉书院与“朱毛红军”有什么关系？
127 革命战争时期有多少仁人志士牺牲在炎陵县？

128 “漫步其间，尘意俱散”的“湘刹夹流”在何处？
128 炎陵县“桃源”在哪里？

衡 阳

130 你了解衡阳吗？
131 蒋家山汉墓因何称作天子坟？
131 朱熹为何夸赞石鼓山为“一郡佳处”？
132 撷翠亭遗迹何处寻？
132 “万里衡阳雁”为什么“寻常到此回”？
133 万寿宫为什么改称船山书院？
134 吴三桂于何处称帝？
134 “湖之酒”为何如此醇香可口？
135 衡阳古墓群属哪个时期？
135 “来雁塔”三字是谁人手笔？
135 衡阳八路军办事处今何在？
136 哪些伟大人物为湘南学生联合会增添了光彩？
136 湖南省立第三女师曾培养出哪些巾帼英雄？
137 王船山之“枫马”今何在？
137 宋徽宗为什么要为伊山寺题“景德禅寺”大匾？
138 大禹是否来过岣嵝峰？
138 夏明翰是哪里人？
139 五岳独秀所指何山？
139 为什么说南岳大庙建制“取则帝制”？
140 圣帝殿的 72 根石柱代表什么意思？
141 为什么南岳有“千蛟护岳”之说？
141 南岳大庙雕刻取材于何处？
142 祝圣寺的 500 罗汉“浪迹”何方？

143 飞仙石为何又称魏夫人飞升石?
143 祝融峰老圣殿为纪念何人而建?
145 南天门因何而得名?
145 磨镜台典出何处?
146 福严寺“六朝古刹，七祖道场”门联何所指?
147 南台寺为什么有“天下法源”之誉?
147 “水帘洞之奇”奇在哪里?
148 大禹得金简于何处?
148 “方广寺之深”为何能位列南岳四绝?
149 “藏经殿之秀”秀在哪里?
150 邺侯书院与哪位历史名人紧密相连?
150 南岳忠烈祠为何称“小中山陵”?
151 金紫峰因哪位烈士而名载史册?
152 “农民运动好得很”是毛泽东在何处所说?
152 欧阳海是在哪里推马救列车的?
153 南湾村是哪位开国元勋的故里?
153 清泉山为何能名驰“五衡”?
154 为什么说江口鸟洲是不可多得的罕见奇观?
155 祁东名桥知多少?
155 “小诸葛”的精锐之师在何处被解放军围歼?
156 蜀相蒋琬故里在何处?
156 康家戏台因何成为省重点文物保护单位?
156 桓侯张飞来过常宁吗?
157 你知道蔡伦是哪里人吗?
157 为什么“谷郎碑”比谷郎其人更重要?
158 耒阳名胜谁为最?
158 “鸭婆洲”为什么又称“靴洲”?

邵 阳

159 为什么说邵阳是湖南最大的地级市?
159 邵阳为什么又称宝庆?
160 “爱莲亭”、“爱莲池”与《爱莲说》有什么关系?
161 邵阳水府庙为什么别称“双江楼”?
161 双清亭有何特色?
162 宋理宗是在哪里亲书“江山一览”的?
162 邵阳名塔知多少?
163 桃花洞后的巨石为什么称为“石云根”?
163 邵阳竹雕、棂雕为什么声名远扬?
164 白云岩为什么能成为八方朝拜的佛教圣地?
165 岳平顶之名有什么来历?
166 石门滩为什么又称铜柱滩?
166 济公是否来过济公岩?
167 廉桥为什么有“南国药都”之称?
167 崀山之名何来?
168 一线天为什么有“天下第一巷”之称?
168 世界著名蜘蛛人徒手攀岩挑战吉尼斯纪录是在哪里举行的?
169 古扶夷侯国今何在?
171 “三渡牌坊甲天下”是否当真?
171 “千里来龙到石田”所指何处?
172 清魏源故里在何处?
172 为什么说“滩头年画”是中国民间艺术园中的一朵奇葩?
173 回龙洲为什么成了鸟的乐园?

174 回音湾的仙人石椅为谁所造？
175 蔡锷将军故里在哪里？
175 “秀云南岳殿”是朱元璋的手迹吗？
176 洞口三塔说的是哪三座塔？
176 法相岩雅号知多少？
177 《武冈铭》为何人所书？
177 武冈云山为什么被道家称为“六十九福地”？
178 武冈文庙前的古银杏寿高多少？
178 为什么会有“武冈城墙盖天下”之说？
179 武冈花塔为什么又称东塔、斜塔？
179 多桥镇上桥多少？
180 “世之名鹅”出武冈吗？
180 六鹅洞因何得名？
181 为什么说回龙桥独具特色？
182 “地胜人争至，楼高月早临”说的是何处之楼？
182 南山为什么有“南方的呼伦贝尔”之称？
183 千年古杉今何在？
184 “白云”奇洞知多少？

永　州

186 永州之名何来？
187 你了解永州吗？
188 柳子庙是为纪念谁而建的？
188 大书法家怀素的“笔冢”为什么在永州？
189 缘何而建回龙塔？
189 朝阳岩“绝胜”在何处？
190 萍岛“潇湘夜雨”诗情画意知多少？

191 柳宗元聆听“山寺晚钟”在何处？
191 香零烟雨，何处寻觅？
192 柳宗元《永州八记》中的八景今何在？
193 “八仙”中的何仙姑是永州人吗？
194 “潇湘”何时成为湖南雅称？
194 永州石棚为什么被史学家称之为“巨石文化”？
195 永州“玉葱”为什么又称“红衣葱”？
195 九嶷山因何名闻天下？
196 “九嶷山铭碑”为何人所书所刻？说的是什么内容？
197 宁远文庙为什么被列为全国重点文物？
198 徐霞客为何在紫霞洞一住就是三天三夜？
199 宁远状元楼和文星塔为谁而建成？
199 你知道唐生智的传奇人生吗？
200 舜皇岩奇妙知多少？
201 “舜皇绝顶”以什么取胜？
201 花桥之名如何得来？
202 张飞岭为何又称诸葛岭？
202 江边一崖为什么称兵书岭？
203 大庙口的晚风为什么神奇而诡秘？
203 东安子鸡为什么享誉四方？
204 中共创始人之一的李达是哪里人？
204 豸山胜景知多少？
205 “西佛拱秀”指的是何处景色？
205 “溪江晓雾”因何成为天下奇观？
206 元结所言“泉石如阳华殊异而可嘉者”在何方？
206 “不老泉”喝了能不老吗？
206 “秦岩”是秦人开辟的吗？

207 徐霞客为什么说“道州月岩第一”？
207 周敦颐著《太极图说》受什么启发？
208 蔡邕题写的“天水一色”所指何处佳境？
209 道县的红瓜子为何名扬海内外？
209 元结与浯溪有什么关系？
210 为什么说“公者千古，私者一时”？
211 无名小溪为什么叫“浯溪”？
211 “唐庼六厌”是什么意思？
212 为什么峿台能“壹纵心目”？
213 浯溪“摩崖三绝”是指哪三绝？
214 著名无产阶级革命家陶铸是哪里人？
215 “舜水环带”讲的是何处美景？
215 瑶族人的祖居地在什么地方？
216 瑶族人的服饰有何特点？
217 瑶乡的婚俗有什么特别？
217 为什么说女书是一种罕见的文化现象？
219 为什么说江永“四香”天下无双？
219 柳宗元的《游黄溪记》是哪里的景致？

郴　州

221 郴州之名何来？
221 你了解郴州吗？
223 苏仙岭之名何来？
224 苏仙岭与张学良有什么关系？
225 苏仙岭为什么被称为“天下第十八福地”？
226 义帝归葬于何处？
227 “万华岩”指哪“万华”？

227 叉鱼亭为何会有韩愈的铜像？
228 橘井在杜甫的诗中为什么变得如此凄清？
228 中国女排训练的秘密基地位于何处？
229 临武龙洞有何来历？
230 “石僧拜佛”拜的哪路神仙？
230 为什么称龙华寺为“天生的神仙洞”？
231 毛泽东曾在桂东进行过哪些重大革命活动？
231 “潮水名山”为谁人手笔？
232 汝城为何被称作“热水之乡”？
233 花轿乡为何因花轿得名？
233 为什么说汝城是相思鸟的故乡？
234 珠泉亭因何得名？
234 嘉禾仙人桥谁人建造？
235 兜率岩是资兴第一胜景吗？
236 东江水库为什么号称半个洞庭？

益 阳

237 你了解益阳吗？
238 “裴公亭”有何来历？
238 东晋古刹“栖霞寺”坐落何处？
239 为什么有“裴休讲经说法，白鹿衔花聆听”之说？
239 斗魁塔的魅力何在？
239 青秀山为何又称“小庐山”？
240 歌曲《桃花江啊美人窝》说的是什么地方？
241 为什么益阳人特别尊崇屈原？
241 屈原是在何处质问苍天的？
242 为什么“江南第一才子”陶澍却以“印心石屋”主人为荣？

242 “旺府美味美神州”典出何处？
243 一代名臣左宗棠为什么在安化一待就是八年？
245 益阳为什么多宝塔？
246 益阳有哪些名胜古迹？
247 “金花腐乳”为什么又称佛乳、猫乳？
247 “文坛三杰”说的是哪三位名人？
249 为什么说“中国文坛巨匠、益阳群星璀璨”？
250 益阳都有哪些驰名中外的土特产品？

娄 底

251 你了解娄底吗？
252 娄底为什么有“湖南的鲁尔”之称？
252 “世界锑都”为什么又有“太阳城”之称？
253 为什么说波月洞是一座世界罕见的“地下溶洞博物馆”？
254 大乘山之名典出何处？
254 千年古银杏连理今何在？
255 蒋峰岭与蜀相蒋琬有何关系？
255 剑塔中的黄巢剑还在不在？
256 洛阳湾的古建筑群建于何时？
257 测水镇为什么如此闻名？
258 石达开为什么要在双峰县修筑城墙？
258 蔡和森烈士纪念馆因何设在观音塔？
259 曾国藩故居今何在？
260 富厚堂是谁的府第？
261 为什么富厚堂藏书楼能名居中国近代四大藏书楼之列？
262 药王殿是纪念谁的？
263 刘建捷的陵墓为何如此风光？

263 新化北塔有何来历?
264 油溪石拱桥有何出奇之处?
264 黎源信潮因何数百年循规蹈矩?
265 国际共产主义战士罗盛教是哪里人?

怀 化

266 你了解怀化吗?
267 黔中古郡今何在?
268 “学富五车，书通二酉”典出何处?
268 世界上现存最古老的佛学院在哪里?
269 为什么皇帝要敕建“龙兴讲寺”?
270 为什么说龙兴讲寺“大雄宝殿”是中国古代建筑的活标本?
271 龙兴讲寺与董其昌有什么联系?
271 王阳明与虎溪书院有什么关系?
272 为什么沅陵古墓有“第二马王堆”之称?
273 凤凰山与张学良将军有什么关系?
274 芷江之名是怎么来的?
274 为什么芷江被定为抗战胜利受降地?
275 芷江抗战胜利受降纪念园何以能彪炳天下?
277 内陆最大的妈祖庙位于何处?
278 王昌龄与黔城有什么关系?
279 黔城芙蓉楼因何而闻名?
280 向警予是哪里人?
281 中外闻名的粟裕将军是哪里人?
282 诸葛亮与怀化有什么关系?
283 铁道事业的奠基人滕代远是哪里人?

283 “侗族建筑三宝”指的是哪三宝？
286 为什么说风雨桥寄托着侗族人民的美好愿望？
286 你了解侗族人吗？
287 侗族人的服饰有什么特色？
288 侗族的婚俗有何特点？
289 侗族的“偷日钉钉婚”是怎么回事？
289 侗族行年是怎么回事？
291 侗族还有哪些习俗？
292 侗族居室有什么特点？
292 通道侗乡为什么被冠以“皇都”之名？
293 “通道转兵”说的是怎么回事？
295 岩湾为什么有“歌场”之称？

张家界

为什么要成立张家界市？

张家界是一方美丽而神奇的土地，是镶嵌在中南大地的一颗璀璨明珠。它的前身叫大庸，大庸原是古国名。关于大庸之名，传为其时大庸一带民性剽悍，多崇尚武力，朝廷希望兴起文风。中国最负盛名的儒学著作“四书”中，就有《大学》、《中庸》，取两书一头一尾之字作为县名，意即期望大庸这地方从此能少一点武力争斗，而不再是化外之域，变得开化、文明一些。早在春秋战国时，大庸是巴秦楚三国之间的一个小国。古庸国置上庸国和下庸国。上庸国在今湖北省竹山县西南，下庸国即大庸，现在的张家界。公元前 611 年，庸国被楚灭后，于明朝前设大庸所，明洪武二年（1369 年）设大庸县，不久又改设大庸卫，明洪武二十二年（1389 年），以大庸卫为永定卫，清雍正十三年（1735 年）改为永定县。后因永定县与福建永定县重名，于 1941 年复改大庸县，1985 年大庸县改为大庸市。1994 年，改大庸市为张家界市，是因景区张家界而得名。张家界市辖永定区、武陵源区、慈利县、桑植县。

张家界之名何来？

张家界历来名为青岩山，直到汉以后才叫张家界。

相传汉代开国名臣张良，为刘邦建立汉王朝立下汗马功劳，封为留侯。汉高祖崩，吕后专权，屠忠良。《前汉书·列传》载："高帝崩，吕后德良，乃强食之曰：'人生一世间，如白驹之过隙，何自苦如此？'良不得已，强食之。后六岁，谥曰文成侯。"张良被吕后逼食毒物之后，漫游各地，寻仙访道，得以明哲保身。六到八年后，朝廷才得到他死的消息。那么张良晚年究竟到哪里去了？墓葬于何处？

清道光《永定县志》载："汉留侯张良墓，在青岩山（张家界），良得黄石公书后……从赤松子游，邑中天门、青岩各山，多有遗迹。"同书又载："……张良，从赤松子游，有墓在青岩山时隐时现。"张良晚年难逃吕后毒手，就追随赤松子的足迹，逃到当时蛮夷之地——峰多林密，风景奇特的张家界来。在这里不吃五谷，以山果百花为食……几年后，吕后终于探得张良在张家界，于是令武陵太守领兵提拿。张良退居黄石寨，于危急中，幸得师傅黄石公暗助，才免于难，黄石寨因黄石公而以传名。

至今，张家界一带的老人，还能背诵不少张良的诗。张良在青岩山与本地土人居住在一起，本地土家族人的祖先也就跟姓为张，逐渐在这里形成了一个村落。后来，随时间推移，青岩山也就演变成了"张家界"，这就是今天张家界的由来。

为什么人们将张家界喻为"深闺佳人"？

张家界市位于湖南省西北，澧水中上游，是湘、鄂、川、黔

▲ 世界自然遗产——张家界

四省交界地带。早在4500多年前，就有人类在此繁衍生息。这里居住着汉族及土家、白、苗、回族等20多个民族，年平均气温16.8℃，四季如春，境内群山起伏，峡谷交错，风景优美，是旅游观光，避暑疗养的胜地。20世纪80年代以前，张家界处于原始状态，鲜为人知，犹如一块埋在沙砾中无人知晓的璞玉和养在深闺的美女。80年代初，这里奇异的山水被人们发现后，经过20多年的建设，于是游客蜂拥而至，一发不可收，从此张家界便以其得天独厚的旅游资源闻名于世。故而，人们戏称张家界犹如绝代美女出浴，终于从深闺中走出，而得以一展天姿国色。

张家界为何被列入《世界自然与文化遗产名录》？

张家界的旅游资源十分丰富，共分为四大景区：张家界国家森林公园、索溪峪、天子山、杨家界，总面积264平方公里。景区内三千奇峰拔地而起，八百溪流蜿蜒曲折。融峰、林、洞、瀑为一身，集秀、幽、野、险于一体，可谓“五步一个景，十步一重天”，“人在山中游，宛如图画中”。中外游客对张家界赞不绝口，称之为“扩大的盆景，缩小的仙境”、真正的“世外桃源”、“中国山水画的原本”。由四大景区组成的武陵源风景名胜区，为国家级风景名胜区，它以丰富的植物资源，茂密的植被环境，珍

▲ 御笔峰

稀的动植物资源和独特的石英砂石峰林景观，而于1992 年被联合国教科文组织列入《世界自然与文化遗产名录》。这里有树种 106 科、320 属、850 种，比整个欧洲所拥有的树种还多一倍以上。其珍贵树种有珙桐、银杏、香叶楠、摇钱树及珍贵花草龙虾花、五色花、凌雪花等；珍稀动物 70 多种，如背水鱼、白蛇、红蛇、棒棒鱼、飞狐狸、灵猫、黄麂等。置身张家界，放眼望去，禽飞翠谷，猿攀悬崖，鸟鸣枝头，鱼翔碧潭，于奇山异水之间平添几多乐趣，真正令人心旷神怡，流连忘返。

张家界神奇的峰林景观是怎样形成的？

▲ 神兵聚会

张家界峰林景观既不同于云南石林，也不同于其他风景区。它是一种独奇的石英砂石峰林景观，在烈日下鲜红闪光，阴雨天暗红。为什么这么神奇，这与其地区成因有关。根据科学论证，大约在3. 8 亿年前，这里曾是一片汪洋大海。大约 1 亿年前，由于海浪的冲击，石英砂岩在海底沉积500多米厚。水平和垂直移动都十分明显，地质学称作“共轭垂直节理”。后来经燕山造山运动，使地块隆起，地面强烈抬升，使这里成为陆地。地面抬升后，在流水深切的作用下，一些细小的沙石被冲走了，加上重力作用下的岩石崩塌，以及雨水、溪流的慢慢冲刷、切割，张家界地区在漫长的岁月中，逐渐形成了一系列柱峰、方山、峡谷组成的这种奇特的石英砂石峰林地貌。看到此情此景，不得不为大自然鬼斧神工而惊叹。

金鞭岩真是秦始皇的赶山鞭吗？

在张家界的金鞭溪边矗立着一根高耸入云的石柱，它就是闻名遐迩的金鞭岩。金鞭溪就是长年流经此岩前而得名的。金鞭岩高378米，方方正正，上细下粗，顶端尖削，四方棱角分明，如同一支高举的钢鞭，直指云霄，令人望而生畏。加上其岩石结构为红色石英砂岩和石灰岩，在阳光的照耀下，熠熠生光，故名金鞭岩。金鞭岩是整个张家界地区最高、最陡、最壮观的石峰，人们称赞它是“名山大川处处有，唯有金鞭奇上奇！”更奇特的是它紧偎在左边的巨峰上，神似一只雄鹰，鹰头高昂，凌空展翅，一只翅膀还有力地半拥着金鞭岩，气势雄伟，所以叫作“神鹰护鞭”。

▲ 金鞭岩

说起金鞭岩的来历还有一段美丽的神话传说。相传秦始皇当年得到一根威力无比的赶山鞭。他为了扩大疆域，准备挥鞭赶山填海。东海龙王害怕秦始皇赶山填海，便派三女儿佯装与秦始皇成亲。新婚之夜，新娘灌醉秦始皇，用自己的假鞭换走了神鞭。第二天，秦始皇发现神鞭被盗，一气之下，狠狠地将假鞭往地上一扔，只听“轰隆”一声巨响，鞭子立即变成一座山峰，这就是今天的金鞭岩。以后民间也就流传着一句话：“龙王填大海，金鞭能赶山。”

我国第一个国家森林公园位于哪里？

张家界森林公园是整个武陵源景区中最早被发现，开发最早，也是最著名的风景区。是世界自然遗产武陵源的核心部分，以世属罕见的石英砂石峰林地质地貌而著称。1982 年 9 月 25 日经国务院批准，张家界被命名为中国第一个“国家森林公园”。

张家界国家森林公园位于武陵源风景名胜区南部，园内森林覆盖率达 97. 7%。木本植物 93 科，517 种。其中有许多孑遗树种和珍贵林木，如珙桐、钟萼木、银杏、香果树、南方红豆杉等。园内花卉独特、奇绝，如五色花、龙虾花等。

▲ 龙虾花

这里不仅森林资源十分丰富，还有“三千翠微峰，八百琉璃水”的迷人景色，集雄、奇、幽、野、秀于一体，汇峰、谷、壑、林、水于一色。境内奇峰三千，似人、似物，神形兼备；峰密岩险，谷深涧幽，水秀林碧，云缭雾绕，被誉为“天下第一奇山”。

为什么说“不登黄狮寨，枉到张家界”？

黄狮寨，是张家界森林公园内景色最集中，最负盛名的景点之一。本为黄石寨，但近些年有人说其貌似雄狮而叫黄狮寨。海拔1200米，占地面积17公顷，是张家界森林公园最大、最集中的观景台。主要景点有20余处，故当地有一句民谣：“不登黄狮寨，枉到张家界。”游览黄狮寨，既可以步行，也可以坐轿，还可以乘缆车。

▲ 黄狮寨

黄狮寨游览线峰林气势宏大，不仅有一种深厚的阳刚之美，而且有一种秀丽的阴柔之美，还是一座丰富的动植物宝库。其中最具代表性的是中国鸽子花、香果树、巴东木莲等名贵植物和岩鹰、红腹鸡、猕猴、穿山甲等珍稀动物。沿线有闺门初开、罗汉迎宾、半壁江山、天书宝闸、定海神针、南天门、南天一柱……

黄狮寨，东北较低，边缘都是悬崖，形成“平顶山”，高入云霄，开阔平坦，气势雄伟。因为地势险峻，在上面可观峰林、云海、日出。顶上最佳观景处是“摘星台”，这是一个向外突出，半截悬空的弧形观景台。因其下面是万丈深渊，故名“摘星台”。

为什么金鞭溪被称为“世界上最美的峡谷”？

金鞭溪是武陵源的黄金游览地。金鞭溪发源于张家界境内的土地垭，因流经金鞭岩而得名。金鞭溪全长7.5公里，由西向东北蜿蜒曲折，水随山转，迂回穿行在峰峦山谷之间，最后到水绕四门与龙尾溪、鸳鸯溪、矿洞溪汇聚流入索溪。

金鞭溪是世界上最美的峡谷之一。整个峡谷全长7.5公里，宽度为30～50米。金鞭溪两岸石柱危峰摩肩接踵，两旁的山峰相对高度达300～500米；溪水涓涓，串成一汪汪水潭、瀑布；古木奇花、珍禽异兽构成秀丽清幽的生态环境。好比张家界这位绝代佳人身上一条蓝色丝巾。人们常把“张家界的山，九寨沟的水”称作当代“中国山水两绝”。张家界最美之处就在金鞭溪这条飘动的彩带上，它把“奇峰三千，秀峰八百”的山水之美，发挥到极致。

这里有中国鸽子花、金鞭岩、神鹰护鞭、劈山救母、双龟探海、紫草潭、千里相会、跳鱼潭、张良墓、水绕四门等著名景点。著名文学家沈从文赞誉它是“张家界的少女”，著名画家吴冠中赞叹它是“一片童话般的世界”。

人们为什么将索溪峪说成是“风景明珠”？

索溪峪是新兴的旅游城，是整个武陵源风景区旅游文化、服务中心。索溪峪自然保护区位于武陵源区的东部，西南紧连张家界国家森林公园，西北毗邻天子山，总面积147平方公里，为武陵源四大风景区内最大一片。

这里山石奇美，湖瀑秀美，溶洞幽美，森林古幽，云海壮阔，飞禽走兽众多，植物种类齐全，是整个武陵源风景区内景点类别最为丰富之处，构成一个完整的旅游体系。各景观依自然态势分为宝峰湖、十里画廊、百丈峡、黄龙洞、水绕四门、西海等18个景区，200多个景点。早在明代，就有人在岩壁上题诗赞曰：“高峡百丈洞云深，要识桃源此处寻。”可见，它世外桃源之美，早就被人公认，是养在深闺的风景明珠。

黄龙洞为什么被誉为“中华最佳洞府，世界溶洞奇观”？

黄龙洞位于我国的世界自然遗产武陵源风景区的东端。相传古代洞内有黄龙藏身而得名。这块深藏亿万年的瑰宝自20世纪80年代被发现后便光耀四海，名震全球。黄龙洞内高阔的洞天，幽暗的深河，悬空的瀑布，密集的石笋，汇成气势雄伟的洞穴大观。黄龙洞共包括一个水库、二条河流、三个深潭、四道瀑布、十三个大厅、九十八回廊、上千个白玉池、数万根石笋。钙质石积物五颜六色，绚丽多彩，众多钟乳石或红如玛瑙，或黄如金菊，或白如碧玉，或绿如翡翠，五彩缤纷，美不胜收。地质界的人士公认其为“规模最大，内容最全，景色最美”的溶洞，是世界溶洞奇观。

▲ 黄龙洞

黄龙洞现已探明洞底面积为10万平方米，全长7.5公里，垂直高度140米，由三条地下河和多个干洞组成，上下四层。整个溶洞犹如一株古树盘根错节，洞中有洞，山重水复，峰回路转。特别奇观是洞中有山，实为罕见。令人称奇的是，叩击石琴，便能发出丝竹管弦般美妙的音乐。全洞布满了由石灰质溶液凝结而成的钟乳石、石笋、石柱、石花、石幔、石枝、石管等，无奇不有，无所不奇，仿佛一座神奇的地下“魔宫”。

据专家考证：黄龙洞属典型的喀斯特地貌。在3.8亿年前，这里是一片汪洋，沉积了大量可溶性强的石灰岩和白云岩层。经过漫长地质年代开始孕育洞穴。直到6500万年前地壳抬升，出现了干溶洞，然后经岩溶和水流的不断作用，便形成了今天这样的地下奇观。

为什么称宝峰湖“人间瑶池，山水盆景”？

宝峰湖位于索溪峪镇南1.5公里的宝峰山上。因背靠佛教圣地宝峰山而得名。宝峰湖本来是一个半人工的自然高峡平湖。顺着300余级凿于悬崖上的险峻石级登达坝顶，便可见大坝顶上拦一汪碧水。它群峰环抱，山清水秀。环顾四周，千山耸翠；俯视碧水，倒影漂移。由于位于高山深处，“远看是高峡，近看不见坝。上梯七十米，平湖住船家”是它真实写照。宝峰湖依山势长2.5公里，水深72米，由雨水、泉水、地下水汇聚而成。四周奇峰林立，与湖水相互衬映，恰似一幅悬于半空的立体山水画，被誉为“人间瑶池”，是一幅扩大

▲ 宝峰湖

的“山水盆景”。荡一叶轻舟，登玲珑翠绿的湖心岛，听着若有若无的山歌，恍若置身仙山琼岛。攀上湖边高耸入云的鹰窝寨，放眼远眺，湖如碧玉，镶嵌在山峰林海之间。

天子山为什么有“峰林之王”的美誉？

天子山位于武陵源西北部，与张家界国家森林公园，索溪峪山水相依，交臂为邻。明朝以前名为青岩山，总面积 67 平方公里。主峰昆仑峰海拔 1263 米。相传元代，土家英雄向大坤率数十万毕兹卡揭竿起义，僭称王号“向王天子”。朝廷派大军围剿，经过数十年浴血奋战，向王天子阵亡之后，“天子山”由此得名。

天子山素有“峰林之王”的美称，以峰高、峰大、峰多著称天下，所以有“谁人不识天子面，归来不看天下山”的说法。于天子山顶看西海云涌，是一大奇观。西海之奇莫若云，或听之有声，或嗅之欲醉，团团然若絮，蓬蓬然似海，袅袅然如烟。雨过初晴时，云海奔腾如瀑、如潮、如浪、如絮，千姿百态，绵延不绝。西海是名副其实的峰林海洋，数以千计的石峰风起云涌般展现在你面前，鳞次栉比，让你目不暇接，宛如石海一片。曾几何时，这里是真正的大海，几经沧桑变化，海水退去，便形成了如今岩谷幽深，万石峥嵘的奇特自然风光。这里还可以根据不同季节和天气欣赏到天子山石林、

▲ 点将台

日出、云瀑、冬雪四大奇观。

天子山景区有一座天桥、两口天池、五处飞泉、6 个洞府、84 座天然观景台等众多景点，可供人慢慢观赏。

杨家界居住的真是杨家将的后代吗？

杨家界是个充满神秘与传奇色彩的地方，是继世界自然遗产国家风景名胜张家界、天子山、索溪峪之后，新发现的又一片神奇土地。它位于张家界西北 5 公里，总面积 3400 公顷。由百猴谷、龙泉峡、香芷溪三个小景区构成。以雄伟奇特壮美的红色砂岩峰林地貌为主，大小峰林数千座，精华景点百余处，有名可称的一百多个。

▲ 杨家界

据考证，这里有木本植物 90 多科，600 多种，其中有珙桐、银杏、紫茎、白豆杉、香果树、钟萼木等稀有珍贵树种。野生动物 500 多种，其中属于国家一、二级保护动物的有 10 余种，尤以猕猴居多。

杨家界附近的杨家台组杨姓村民保存下来的杨氏族谱和明清祖茔，记载了这块险要山水是北宋名将杨业的后裔的繁衍之地。因此，在这里杨家将的故事流传甚广，竟连一些似人似物的山峰怪石，也被人们以杨家将中的人、物命名。如天波府、天门阵、佘太君、杨六湾、七郎峰、宗保湾、五郎拜佛等。

杨家界的四大奇观是指什么？

位于杨家界南麓有个小山窝，叫白鹤坪。这里是一个四周高，中间低的盆地。周围群山环绕，左右两侧有香芷溪和百猴谷在山前相汇而成美女溪。每年4月，数以万计的白鹭陆续从山外飞来，开始长达7个月的聚会。整个天空就像下雪一般，漫天飞舞的白鹭就像纷纷扬扬的雪花，千百年来均如此，故称白鹤坪。尤其朝霞初起和夕阳西下时，白鹭伴着金霞在空中飞舞，构成杨家界一大奇观“金霞鹭舞”。

龙泉峡一路拥翠带翳，溪、潭、泉、瀑如画。这里河床宽敞，水深丈余，清澈见底，游鱼可数。清净的河水把古树、翠竹、峰峦的倩影映在水中，组成一幅“江作青罗带，水如碧玉簪”的美丽图画。众多的飞瀑中，尤以龙泉瀑最为壮观。水从百米高的绝壁上飘然而下，在高55米处有三节突出的石壁，酷似三条长数十米的龙化石。泉落其上，向空中四散，形成了罕见的雾状瀑，七彩光环长虹，格外美丽神奇，这就是“龙泉飞虹”。

在神仙湾里几座高达数百米的峭壁上，攀附着几根千年古藤和五色花。最大的一株古藤围径达95厘米，高50多米，枝叶茂繁，婀娜多姿。这些古藤群实属罕见，其藤龄达千年之久，人们将它誉为“神州第一藤”。

五色花是张家界一种独有的珍稀乔木植物，只有在杨家界这种阴湿环境内才能成活。皮是浅灰绿色，光滑。块状脱落，叶成扁舟状，树高数米不等。每年4月初开花，花期一个月，每枝花由12朵小花组成，呈喇叭状。一日之内可以变换五种颜色，依次由白、红、紫、黄，晚上变成罕见的黑色，芳香扑鼻，沁人心脾，具有很高的观赏价值。花谢后不结果。

龙泉峡的鸟、水、藤、花构成了杨家界的四大奇观。

“贺龙两把菜刀闹革命”说的是怎么一回事？

在桑植县西北有个芭茅溪，这里山峦重叠，澧水穿流，形成一条长10公里的峡谷长廊，是通往湖北、四川等省的必经之道。历代这山里人最重要的物资盐巴都是从外地经过这里运到桑植。统治者在这里设卡，每百斤盐纳税14块大洋，实行见“三抽一”。盐税局有12个人，12条枪。

当年贺龙从事“挑脚”、“赶骡子”做盐生意，都要经过芭茅溪，身受盐税局盘剥，恨之入骨。这时候，贺龙已受孙中山、蔡锷“反袁护国”思想影响，参加中国革命党，并开始筹划武装，响应护国运动。1916年3月17日，贺龙秘密串联21位农民兄弟，趁夜黑赶到芭茅溪，用菜刀砍死盐税局敌人，缴获了所有枪支弹药，活捉了伪局长。而后，宣布成立“反袁护国独立营”，公开竖立起“反袁护国”的旗帜，并与大庸同盟会部队会合。从此走上护国救民的道路。

这就是“贺龙两把菜刀闹革命”一说的来由。

贺龙元帅是哪里人？

桑植县城北的洪家关白族乡，是我国无产阶级革命家和军事家，中国人民解放军的创始人之一，中华人民共和国元帅贺龙同志的故乡。

这里山清水秀，奔腾的玉泉河从门前流过，故居是一栋坐北朝南，四扇三间的普通木房，厅堂置放元帅身着戎装的半身铜像。正中堂屋门前红底金字匾额“贺龙故居”为邓小平手书。故居旁

▲ 贺龙故居

建有纪念馆，展出贺龙一生各个时期照片337幅，文物文献138件，陈列他一家五位亲人为革命牺牲的史迹。

贺龙（1896～1969年），原名文常，字云卿。1916年，用两把菜刀劈开盐局，组成一支农民武装讨袁军。1926年任国民革命军第九军第一师师长；1927年，担任南昌起义军总指挥，同年加入中国共产党；1928年赴湘西组建红二军团，任军团长，开辟湘鄂川黔革命根据地。长征中，坚持和张国焘的分裂主义斗争。抗日战争时期，任八路军120师师长，率部挺进冀中，与日寇和反动派多次激战。解放战争时期，他征战大西北，迂回大西南，为解放全中国立下不朽功勋。新中国成立后，历任中央人民政府委员，西南军政委员会副主席，中央军委副主席，国务院副总理，国防委员会副主席、国家体委主任。1955年授元帅军衔，一级八一勋章，一级独立自由勋章，一级解放勋章。1969年6月9日遭林彪、江青反革命集团迫害致死。1974年党中央为他平冤昭雪。

八 大公山为什么会被联合国首批列入“人与自然圈”网络？

八大公山，位于桑植县西北部，与湖北交界，是我国亚热带生态系统的坐标轴心。保护区呈东西走向，绵延数百里，是当今亚热带地区保存最完整、面积最大的原始次森林。这里拥有木本植物93科，285属，700余种，其中含珍稀濒危植物28种，一至三级保护植物54种，还有药用植物1000余种，名贵花卉180余种，如濒于灭绝的“活化石”香果树，以及红毛椿、龙虾花、红花玉兰等。还有脊椎动物140多种，如金钱豹、云豹、华南虎、苏门羚、金鸡……小熊猫等稀有珍禽异兽。1986年，经国务院批准列为我国首批20个国家自然保护区之一。1993年被列为联合国“人与自然圈”首批45个网络成员之一。

茅岩河为什么有“百里画廊”之称？

茅岩河位于澧水上游，坐落在张家界市区以西35公里处，全长50公里。这里河床狭窄、曲折，落差大，水流急，两岸石壁雄峙，瀑布高悬，古木参天，故有“百里画廊”之美誉。1986年，开创全国第一个橡皮舟漂流以来，成为张家界一处别具特色的精品旅游项目。主要景色有：茅岩滩、茅岩瀑布、血门沟、洞子坊、夹儿沟、温塘温泉等30多处。其中尤以茅岩河瀑布雄伟壮观，撼人心魄。

▲ 茅岩河

船游茅岩河，但觉峰回水转，船迁景移，曲尽诗情画意。那山的雄伟，水的飘逸，给人以无限美的享受。尤其是浪遏飞舟与惊涛搏斗中感受的那种刺激令人终生难忘，极大地满足旅游者寻奇探险的欲望。

为什么九天洞被称为“亚洲第一洞”？

九天洞位于张家界市桑植西南利福塔乡水洞村境内。洞南坐落着自然风光秀丽、民族风情浓郁的风峦溪天然森林公园，东南2公里处，澧水如银色丝带般蜿蜒流过。九天洞因洞内天然生着九个天窗与外界的地面相通而得名，是张家界一处著名的景点，享有“世界洞穴之冠”的美誉。洞分上、中、下三层。底层低于地表400多米。洞内36个支洞交错相连，形成30余座大厅，12条瀑布，10座洞中山，6方千丘田，3段阴河，5座天生桥等共百余处景观。其中九星山玉柱、九天玄女宫和寿星宫三大奇观堪称世间绝景。经中国科学院溶洞专家张春越教授的大力推荐，国际溶洞协会先后组织了17个国家的20多位专家进行过3次实地考察，一致认为九天洞堪称“亚洲第一洞”。1995年，九天洞被评为国际溶洞协会探险基地。

为什么天门山为武陵之魂？

天门山古称云梦山，又叫玉屏山，因于张家界对面如屏而得名。坐落在张家界市以南8公里处，海拔1500余米，总面积469公顷，原始次森林覆盖率80%以上。1992年经过国家林业部批准，成为张家界市第二个国家森林公园。天门山属于喀斯特岩溶地貌，由发育齐全的寒武纪地层构造，顶部平旷，四周多悬崖绝壁，伟岸挺拔，与山下市区相对高差1300多米。景区内主要有天门洞、鬼谷洞、云梯仙径、四十八滴梅花雨等。相传三国东吴永安六年（263年），在一次山壁崩塌后，山体上部裂出一个洞，洞高131.5米，洞宽37米，洞深30余米，南北相通，其状如门。吴王孙休认为这是吉祥的预兆，故赐山名为“天门山”。

作为穿山溶洞，其规模国内外不为罕见，但相对高度和飞嵌绝壁的险要，在世界上实属少有，它悬空危立，似一面明镜悬于苍穹之上。1999年，著名的“穿越天门”国际飞行大奖赛就是在这里举行，飞机穿越的就是天门洞。

天门山东为笔架山，西扼七星山，十六峰环列左右。绵延武陵数十里，如一道天然屏障，横亘张家界城全境，故而古人对天门奇景有赞：“永定胜景，在天门一山。”今人则称天门山为“武陵之魂”。

天门山寺历史悠久，为历代名士隐居之所，旧志载：西晋宣都内史周级、五代处士周朴均在此隐居。又传鬼谷子在天门山学《易》，赤松子在此炼丹，唐迟恭在此监修庙宇，李自成部将野拂避祸于此……使天门寺一跃为江南名刹。

“普光禅寺”是乾隆御笔吗？

普光禅寺又名普光寺，坐落在张家界市中心，地处永定区解放路东的白羊山上，它面朝天子山，背倚子午台，总面积1万平方米，是一座历史悠久，声名远播的江南名刹。与普光禅寺同处一个大院的还有道教和儒教的寺庙，形成三教同馆，三教同传的罕见现象。

普光寺始建于明永乐十一年（1413年），比北京故宫（天安门）还早七年，比湖北武当山金殿早四年，比四川峨眉山仙峰寺早一百多年。普光寺除住持本寺外，还管辖原大庸近百座寺庙，峨眉、南岳的著名法师经常来此讲经。1919年到1943年的24年间，曾先后举行六次龙华大会，不仅本省，还有江南数千名佛徒

▲ 普光禅寺

在此受戒，所以有“江南名刹”之称。相传500年前，永定指挥使雍简在白羊山上打猎，看见一群白羊，便去追赶，不料白羊全部入土，叫人挖掘，却挖出一堆白银。于是就用白银修建寺庙，上奏永乐帝朱棣，朱棣认为是吉祥的征兆，龙颜大悦，便赐名“普光寺”。后建筑被山水冲坏，于乾隆五十年（1785年）重修后，由高僧远道拜求正在江南游历的乾隆御笔赐书“普光禅寺”。

普光寺融合了元、明、清三朝风格，在我国宗教史上实属罕见。整个建筑红墙黄瓦，庄严肃穆。佛教、道教两条轴线分明，中间文昌祠和贞节牌坊把它们分隔开来，形成了“寺、观、祠、坊一体，儒、释、道、武合流”的奇特现象。各殿堂建筑中“柱曲梁弯屋不斜”，更堪称建筑学上一绝。在科学不发达的古代，工匠们解决了这些在当时看来不可思议的问题，既体现了古代劳动人民超凡的智慧，又是普光寺神秘之关键所在。

五　雷山为什么有“南武当”之称？

五雷山是张家界的东大门，也是张家界的一大风景名胜，又是澧水流域著名的道教圣地。与湖北的武当山南北呼应，故有“南武当”之称。五雷山不仅在我国宗教史上占有重要地位，而且是著名的旅游胜地，有“楚南胜境”的美誉。

五雷山有山120多座，溪流15条，山体总面积160多平方公里，主峰海拔970多米，峰顶终年云雾缭绕。从人文景观看，五雷山上主要是道教建的祠宇宫殿。据有关史书记载，这里的道教建筑始建于元，竣工于明，共建有大小寺庙100多座，计有36殿，72宫，48寨。这片古建筑群的基本格局分为内8家与外7家。整个建筑群依山而建，聚集在长达1公里多的山脊上，犹如长龙托宫。内8家宫殿紧凑，外7家分散。内8家由南到北，宫殿依次为金殿、观音阁、王爷殿、玉皇殿、财神殿、赤帝宫、斗姆宫、朝圣门等。这片古建筑群共有建筑面积8500平方米，是我国道教仅次于武当山的又一大片古建筑群。也因五雷山寺庙名称与建筑风格均与湖北武当山相同或相似，而有“南武当”之雅称。

▲ 五雷山

崇山是驩兜的放逐之地吗？

崇山，位于张家界城西南，与闻名遐迩的张家界遥遥相对，海拔1164.7米。澧水几经穿崖凿壁，终于冲出峡谷，到这里倏忽一碧拖出，轻轻盈盈如土家罗带般飘绕在崇山脚下。田畴平展俨如丹青点就，蓝天之下银鸥点点，碧水之上白帆片片，令人心旷神怡。而这一切，似乎都是因为崇山。它山顶一峰侧起一峰，直指云天，倘若不是它如巨墙般高高矗起，将苍穹奋力撑开，日月就没有这般光亮，天地就没有这般开朗，这儿也依旧是一片朦胧混浊……

对于崇山许多人似乎颇感陌生，崇山究竟在何处？《尚书·舜典》中记载这里曾是尧的臣子，原来被称为四大恶人之一的驩兜流放地。遥遥四千余年来，崇山一直被蒙上一层神秘色彩。

在崇山绝顶，有一块数千亩的平旷之地，这里田畴如画，小桥流水，苍松翠竹，鸟语花香，很有些水乡泽国的味道。谁也想不到，如此奇山峻岭中居然仙人般地居住着近千号（土家）山民，问起他们的族源渊薮时，都告知是驩兜的后代。

其山顶有一李家坡，山腰一处平敞处，废砖碎瓦俯拾即是，传为驩兜庙迹。过驩兜庙进入驩兜屋场，即可见一条宽二十余米，深十余米的渠沟将一座小山从脊一剖两开。相传驩兜死后，历代都有山民造反，朝廷以为是驩兜阴魂不散，为根绝后患遂不惜劳民伤财劈山开沟，挖断“龙脉”。龙脉不可信，而驩兜则真实。

距龙沟里许，有一巨型垄若故茔，为驩兜冢。在此四顾，只见前有纱帽山，背靠川鸡埚，左有七星山，右有雷公包，两条山脉自墓茔处如双臂般蜿蜒伸展开去。冥冥处似见“青龙点水”，恍惚间疑是“白虎昂首”，真是虎踞龙盘，气象万千……

唐朝著名诗人王维有诗载《澧州志》、《永定县志》诸史书：

蛮烟荒雨自千秋，夜邃空余鸟雀愁。
周赧不辞忘国恨，却邻孤墓近驩兜。

说的是东周最后一代国王周赧王的陵墓亦在驩兜墓附近。由此看来，驩兜放逐崇山，并最后葬于此是千真万确的。

为什么说张家界的气功武术是我国武林奇葩？

土家族人民在长期原始险恶的生态环境中养就了坚韧的性格，尚勇好武，世为传统，桑植县贺龙元帅的故乡，就是“武术之乡”。

土家人一般都会武功，土家人生婴儿后，即称与婴儿同等重量的毛铁浸泡于毒液中，待满 12 岁时取出铸刀，终日操练；婴儿出世后用生竹片烤油烙脚板，故自小即练出攀缘大山的“铁脚板”。

耍刀枪、打拳棍及硬气功是张家界土家人号称的“三绝”。据考，土家尚武已有千年历史。宋代张家界地区属土司管制范围，土司为巩固其统治，建立起土司武装，就是古老的民兵组织，土家人“闲时为民，战时为兵”，故闲时习武是土家的一大特点。

张家界的气功堪称武林奇葩，曾为祖国赢得声誉，海内外享有极高声誉。张家界气功历史悠久，汉代相单程、明代覃垕、清代刘明灯，当代汤子模、周铁鞭、杜心武、周继书等，都具有超人的硬气功。

据传，张家界硬气功鼻祖是楚国的鬼谷子。到清代，有武林高手朱茂岭隐居芭蕉湾洞，研究鬼谷子气功之术，后收西溪坪胡口子余世万为徒，传其衣钵，余世万将武术气功系统整理，发扬光大，播名于世。

“南北大侠”杜心武是哪里人？

杜心武，湖南慈利江垭人，出身于将门，年少时任都司的父亲率军于大沽抗击英法联军英勇牺牲。八国联军烧杀抢掠，使杜心武从小就感受到贫穷积弱之国的家仇国恨，立志要为国家强盛而出力……他一面发奋读书，一面苦练武功，通过不懈努力，他成为饱读诗书的晚清举人，民国第一游侠，青红帮双龙大爷，同盟会孙中山的积极追随者、同志。这位现代史上最具传奇色彩的怪杰，练就一身绝世武功，抱一腔忠良，一柄七星宝刀，惩恶扬善威震南北。目睹朝廷日益腐败，民不聊生，外强环伺，慈禧专权卖国，据说，曾两次试图闯紫禁城刺杀慈禧以谢国人，遭朝廷通缉，国内无法安身，只身亡命东瀛，到当时革命最活跃的日本。

在日本六年，他一边就读西京帝国大学，一边从事反清，以其卓绝的武功保护孙中山和革命志士。在东京他捣毁过保皇党的会场，痛斥梁启超，为民主革命冲锋陷阵；为维护民族尊严，一举击败日本著名相扑国手，威震东瀛，被誉为“东方大侠”。辛亥革命前夕，他奉命回国联络革命志士，足迹遍内蒙古、新疆；在汉口，他联络新军起义，袁世凯窃国称帝，他愤而反袁，几度暗杀；“九·一八”事变后，支持东北人民抗日，因拒绝充当日寇傀儡，被日酋土肥原关押牢中……蒋介石将他接到重庆，出任全国群众抗日运动委员会主任（杜月笙为副），号召海内外帮会群众抗日……

新中国成立后，任湖南省军政委员会顾问，1953 年因旧伤复发逝世，享年 82 岁。杜心武，“铁肩担道义”，由一个自由主义者，一个打抱不平的壮士成长为一个帮会统领，一个革命者，一个革命斗士。他利用帮会革命，是一个民族主义英雄。他的传奇人生，他的绝世武功，浓缩成中华儿女强国富国的宏伟愿望。

赤松子为什么隐居天门山？

天门山自古以来就是江南一带的名胜。它的神奇，不仅仅因为其雄伟高峻，还因为山上古迹很多，历来是隐逸仙家隐居之所。

▲ 南天门

天门山上有一小峰，名叫赤松山，相传赤松子曾隐居在此。赤松子是中国古代传说中的仙人，是神农时的雨师，平生最喜欢四海云游。一次云游江南，见天门山拔地通天，擎月捧日，气势非凡，遂流连忘返。之后扮成一瓢道人，在天门山结茅为庐，过上了隐居生活。除炼丹之外，他经常到附近及天门山下游玩。赤松子不食五谷，专吃蜈蚣、癞蛤蟆及百草花之类，加之说话癫癫狂狂，山民们觉得怪异，他走到哪里，后面总有一大群人嘻嘻哈哈地跟着，一些不懂事的小孩甚至往他身上甩石子、吐口水，一瓢道人一般不与人计较，但有时逼急了，也会说一两句，结果他的话很灵验。比如有小孩朝他身上扔狗屎，他便做生气状，嘟嘴道：“你给我扔狗屎，保你今晚肚子疼！”到晚上那孩子果然肚子疼得满地爬。他说人头疼，别人果然头疼；说别人生疮，别人果然生疮。如此一来，山民们都觉得这疯道人非同一般，便对他十分尊敬，家中有个什么大病小疼或其他灾难，都找他帮忙，一瓢道人也乐意相助，凡一瓢道人答应办的事，没什么办不到的。年长日久，一瓢道人的名字便被四处传扬。有一天，一瓢道人对山民说：“我要死了，请你们为我备一副棺木。”山民念及他的恩德，用上好的木料，做成一副很大的棺木。一瓢道人吩咐将棺盖打开，而后坐了进去。又吩咐山民将棺木抬着，沿村寨走了一遭。逢人必挥手告别：“我走了……”告别完，又吩咐将自己抬到茅舍中，闭目合掌，口中念念有词。不一刻，他睁开双眼，环视一眼周围的山民说：“时辰已到，现在封棺！”双眼一闭，溘然逝去。按照一瓢道人的嘱咐，山民将棺木抬到山顶埋葬。抬着抬着，忽觉棺木一轻，大家忙启开棺盖一看，见棺木中已没了尸体，只剩一件破衫。大家正感惊诧，但闻半空中声若洪钟：“我乃赤松子是也！因江北一带天旱，我得赶去降雨，告辞了！”

山民们恍然，忙纷纷跪地磕头。此后，人们便将赤松子生活过的地方统统以赤松子冠名，诸如赤松山、赤松村、赤松溪、赤松坪等。

为什么覃垕王是土家族人民心中的“神”？

覃垕的故事，至今仍在湘鄂两省广大区域流传，有口皆碑。

元朝末年，元兵杀害不少土家族山民。覃垕的娘也惨遭杀害。娘死后给他托梦，说她的坟头有三根大楠竹，要覃垕砍去做成弓箭，练武三年六个月，等到鸡飞狗上屋的时候，就打开大门向京城开弓放箭，杀死皇帝，给土家人民报仇，给娘报仇。覃垕把这事对姐姐说了，姐弟俩便砍来竹子做成弓箭。覃垕闭上大门，天天在堂屋里练武，一直练了三年，功夫练得差不多了。这时姐姐报仇心切，按捺不住了，便把鸡狗一顿乱赶，赶得鸡飞狗跳，便慌慌张张叫覃垕开弓放箭。覃垕一看，果然鸡飞狗上屋了，就取出弓箭，朝着京城“嗖！嗖！嗖”就是三箭。可是由于火候未到，第一箭，落在三十里外的澧水河内，那地方如今叫箭潭；第二箭，落在三百里外的澧州，那地方如今叫箭门；第三箭，射到皇帝的龙椅上。皇帝受了一惊，忙从龙椅上取下箭来，一看，箭杆镌有“茅岗覃垕王”字样，遂派人四下捉拿，终于将覃垕抓到京城。临行前，姐姐嘱覃垕说：“若皇上问你身上的九条龙是画的还是生成的，你说是画的。”覃垕被押解到了京城，皇帝大堂审问，指着覃垕的脊背问：“你身上的龙是生成的还是画的？”覃垕说：“是画的。”结果皇帝将覃垕剥皮杀死。谁知皮一剥，只见几道金光一闪，覃垕身上的九条龙全部冲天而去。霎时天昏地暗，京城日月不明。皇帝知道杀错了真命天子，只得每一年让覃垕坐三天皇位……传说并非毫无根据的胡编乱造。《明史》及有关地方史志中对覃垕均有详细记载。

明洪武三年（1370年），湖广地区遭受特大旱灾。朱明皇朝不仅不抚慰灾民，反而对这一带的广大少数民族实行清乡，追捕流民，官霸职田，兵霸屯田，疯狂掠夺贡物，逼交香楠木修宫殿，当地山民如牛负重，苦不堪言。覃垕看到同胞们遭受朱明王朝欺压，怒火中烧，揭竿而起。

覃垕率领土家起义军，首先冲过慈利县城。朝廷先后遣将统兵八万前来征剿。覃垕率领一万五千土家起义军，英勇抵抗。首战于慈利覃垕城，再战于百丈峡，三战于大庸肖家峪，四战于茅岗七年寨。杀得敌人丢盔弃甲，尸横遍野。最后，因敌众我寡，覃垕退守地势险要的茅岗七年寨。至今七年寨上还有不少当年的遗迹，如岗楼、碓凹、覃垕洞、覃垕晾衣篙、覃垕钓鱼台等。

覃垕的起义军虽然失败了，但覃垕一直被土家人视若神明，他的事迹也一直被土家人民世代传颂。

是谁雕塑了玉皇洞石窟群？

位于张家界市区7公里处有玉皇洞石窟群，其规模宏大，雕塑精细，令人赞不绝口，人们会问，如此偏僻之野，何人组织完成如此浩大的雕塑工程？

主持玉皇洞石窟群雕塑的人，名叫李五瑞，字京开，张家界枫岗乡人。生于清乾隆七年（1742 年），卒于道光五年（1825 年），终年 82 岁。

李京开出生在一个殷实之家，自小发奋读书，一心想在仕途上有所作为。然而，事不如愿，他虽聪慧好学，满腹经纶，可每次科考都名落孙山。到他 48 岁那年，又逢省城科考，其时已两鬓染霜，为求功名他远途奔波赴省参考。这一次，他全神贯注，文章写得字字珠玑，走出考场，志得意满，心想功名有望，不料旬日张榜，又是榜上无名！

李京开彻底失望了，回到家，躺在床上茶饭不思，如同大病一场。通过数日痛苦思索，他宽慰自己“命里有时终须有，命里没有莫强求”，这么一想，他坦然了，顿时胃口大开，游兴也来了。一日，他到村后麻空山游玩，看到麻空山麓的石壁间那么多石洞，突发异想：我若将这些山洞都雕塑上菩萨，刻上诗对，抒发满腔情怀，也为后世留下点东西，岂不乐乎？

说干就干，乾隆五十六年（1791 年），雕塑工程正式动工，先雕峰泉洞，接着雕玉皇八洞。八个洞依高低顺序分成上、中、下三层。李京开别出心裁，精巧构思，将最上层一个洞雕塑玉皇大帝，称雷电洞，又叫玉皇洞。将第二层的六个洞依次雕塑土地菩萨，独占鳌头的学子，主管科场的大臣、唐尧、虞舜、后稷和皋陶四贤人，象征威猛刚直的雄狮和中国文化鼻祖孔圣人诸像，依次称之为土地洞、毫笔洞、墨池洞、虎龙洞、狮子洞和孔圣洞。所雕塑诸像，多是人们景仰的圣贤，但毕竟是人间的众生相。将最下层的一个山洞，雕成阎王和阎王殿前的“牛头”、“马面”，构成“地府”这样的整体布局。

除塑像外，洞中还镌有数百首诗对，全系李京开一人所撰所书，已足见李京开满腹的才华。有趣的是，李京开在墨池洞中，还有意出了几副上联，且将下联的石面磨光了，有意留给后人去对。

至嘉庆十二年（1807 年），九洞雕凿竣工，前后历时十六年，李京开的家财已用得一干二净，由于财尽粮绝，李京开竟没能为自己在洞中镌一块小碑。

对李京开倾资雕洞之壮举，时人有诗赞曰：

堆金才溢志天高，屡试不第德无桥。恶世怨后何所为，倾家遗迹乐逍遥。

马燧为什么倡议修建崇文塔？

崇文塔屹立于张家界城东澧水北岸的山冈上，建于清乾隆十九年（1754 年），距今 250 余年。

塔平面呈八角形，共七层，高 25 米，底层为青石结构，二层以上为青砖结构。塔身底南向开半圆券门，以上六层各设四扇半圆券窗。各层檐下设砖斗拱及石鱼尾檐角，半拱及檐下额均彩饰。大门上额有“陟高”二字，二层上镌刻着“崇文塔”三个楷书大字。全塔呈角锥形，从下至上有木楼梯连通各层。

登上塔顶，凭窗远眺，但见天门巍巍，澧水悠悠，子午逶迤，田畴如画，四方山水，尽收眼底。尤其是夏日清晨，朝阳从潭口冉冉升起，给该塔染一抹辉煌，站在张家界方向向东看去，只见空旷处如一根金柱拔地擎天，景色格外壮观。

▲ 水绕四门景

崇文塔确实为张家

界壮色不少。说起崇文塔，人们自然忘不了那位独具匠心的知县——马燧。

马燧，浙江上虞人。乾隆十八年（1753 年）任张家界（当时名永安县）知事。此人博学广才，每到一地，最喜培植文风，且懂堪舆学。他来张家界后，慈厚惠政，体恤民情，颇受老百姓欢迎。是清朝张家界历任知县中较为正直有为的一位。一日，他同城内的几位“夫子”闲谈，有人问他张家界山水如何，马知县起身离座，走到廊轩上，抬眼四顾，说：“张家界这地方的确是块风水宝地，你们瞧，南有天门为屏，北有子午为障，西面的山水也关得很紧，只是东面呈一个缺口，山势显得低弱不起，算是美中不足。若在城东择一佳处，建座宝塔，以配风水，那就完美无缺了。”

马知县的倡议立即得到大家的拥护与响应。

张家界中商贾耆儒踊跃捐资，马知县亦率先解囊。历时三月，塔已筑成，有人请教马知县：“这塔已成，也该取个正儿八经的名字，总不能叫‘镇妖塔’吧，知县大人以为如何?”

马燧想了想说：“张家界这地方历来为蛮烟荒芜之地，最缺少的是教育，最应崇尚的是文风，我想这塔就叫‘崇文塔’吧！”大家一致赞同，拍手叫好。于是，马知县亲笔题写了“崇文塔”三字，令石匠刻好后嵌于塔上。

塔身建起后，钱已用尽，剩下塔鼎无法制作。马燧思考了一夜，最后想出了一个绝妙办法，他令城中凡有钱人家，每户献酒两壶，以示祝贺，并嘱凡献酒者，务必将酒壶一并献上。结果收得锡质酒壶 400 余个，马知县即吩咐将这些酒壶熔铸成塔鼎。塔鼎高约 1 米，重约 200 公斤。熔铸好后置于塔顶，不大不小，真是适合至极。

马知县为张家界留下了这一难得的景观，睹物忆人，便是理所当然的了。

为什么说张家界硬气功源于鬼谷子？

张家界著名硬气功大师赵继书 1979 年同中国武术表演队随中央领导出访西欧东南亚各国后，张家界硬气功便名震中外，他表演的卧刀碎石，头顶开石，头碰石柱，叉尖推磨等节目博得外国友人的好评。卢森堡国王热情上台与赵继书热烈拥抱，连连称赞“了不起，了不起，中国的气功大师”，并把一枚珍藏的纪念章赠给赵继书。1986 年，一个作家代表团看过张家界的硬气功表演，男女作家们竟激动得彻夜难眠，纷纷赞叹：“张家界硬气功，是中华民族的瑰宝！”

据传，张家界硬气功始源于战国时的鬼谷子。

天门山上有一个神秘的鬼谷洞。《永定县志》中有这么一段记载：说是一个砍柴娃一次上天门山上砍柴，不知不觉走进一个山洞，看见洞中有条溪流，洞壁有甲子篆文，壁根生有火堆，似有人刚刚离去。砍柴娃回家一说，村里人颇觉奇怪，于是相邀于第二天上天门山看个究竟。不料一群人走到洞口，洞口忽然涌出浓浓的白雾，将人们的眼睛遮挡得什么也看不见。待白雾慢慢散开，人们惊奇地发现，洞口已降到天门山半岩壁上去了。后来人们得知那是鬼谷子居此学《易》的地方，那洞便叫鬼谷洞。

鬼谷子于洞中一边学《易》，一边练就一种神功，后人称之鬼谷神功。鬼谷子临终前将这种神功秘密传授给了天门山下一位朴实的郎中，于是乎，这种神奇的硬气功便在张家界民间一代一代地流传下来。到了清朝有武林高手朱茂岭，隐居芭蕉湾洞，研究鬼谷子气功之术，后收余道人为徒。余将朱的一身绝顶功夫继承并发扬光大。

据传一天深夜，十几个土匪手持器械突然闯进保福寺，凶神恶煞地要余道人给他们煮饭吃。余道人想了想，便从房中端出一箩谷来，说：“要煮饭，你们自己来吧，这里有谷。”土匪一看，大声吼道：“谷怎么煮饭，快拿米来！”余道人笑笑道：“要米容易，看我的。”说着挽起袖子，抡起手掌往箩筐里连连搓将起来，只一会儿工夫，一箩谷就变成一筐白花花的大米。土匪们一看，吓得目瞪口呆，余道人又取出碗粗的干柴，轻轻几折，便一截截对断。偌大的树蔸，被他几掌劈成碎块，完了余道人轻轻说道：“米也有了，柴也有了，饭就麻烦你们自己煮吧！”土匪们哪里还敢再要饭吃，一个个吓得面如土色，赶忙撒腿逃走了。消息一传开，沅陵、张家界有不少人赶去向余道人拜师学艺，余道人通过认真挑选，收了五个徒弟。他们是张慈保、郑典保、田锡保、陈砂匠、张锅匠，谓之张家界有名的“三保两匠”。赵继书便是郑典保的第四代徒孙。

为什么垕垭改称教字垭？

教字垭是张家界市永定区一个著名的农村集镇。每逢场期，附近十里八乡的商贾、山民纷纷云集，万人攒动，热闹非凡。

明朝初年，土家族英雄覃垕举兵抗明，在这里与明军发生激战，如今教字垭周有“军家垭”、“营盘岗”、“扎营山”、“望军岩”等，都因这次战斗而得名。

而改名教字垭，则是清乾隆年间的事。

那时，垕垭一带属土家族集居区，交通闭塞，文化落后。人们多信巫觋、崇鬼神，偌大一块地方，很少有几个识得汉字，当地大多数人除了知道土司外，对外界几乎一无所知。乾隆五年（1740年），湖北荆州人永顺训导伍铁岩游学到此。当地一帮年轻人赶来看热闹，通过同伍铁岩接触，方知山外有不少新鲜东西，什么李白、杜甫、唐宋八大家……还有什么作诗的平仄格律等，听来都十分新鲜。于是，一齐要求他留下来，在这里传播文明，发展教育。通过再三考虑，他决定满足当地人民的要求，将自己的后半辈子献给这里的教育事业。

就这样，伍铁岩连回家向妻子儿女告别一声都没来得及，便在这里一头扎下根来，在当地土家族青年的帮助下，在垕垭南侧的黑神庙里，办起了当地第一所私塾学堂。

伍铁岩在黑神庙学堂一教便是十年。他含辛茹苦，呕心沥血，收获了满园桃李，垕垭因为有了他而出了一代学子，开了一代文风。

十年后的一天，他的儿子历尽千辛万苦，从老远的湖北荆州，好不容易寻找到这里，久别重逢父子俩先是抱头大哭了一场，接着儿子告诉他一个不幸的消息：伍铁岩的妻子因病去世。儿子苦苦哀求父亲回家为母亲送葬。犹如晴天霹雳，伍铁岩想到妻子为他吃尽了千般苦，禁不住泪如雨下，经过再三考虑，他决意回家奔丧。

当地土家人听说伍先生要走了，都赶来为他送行。男男女女，老老少少将黑神庙围了个里三层、外三层。有人请伍先生临走前给大家说几句话，伍铁岩此时心潮翻滚，激动不已，嗫嚅着说不出话来，只见他疾步从房中取出笔墨，在黑神庙下一块大石板上，提笔写下一个大大的“教”字，其千言万语都凝聚在这一“教”字之中。

伍先生走了，土家人依依不舍挥泪相送，山道上很多学生、山民长跪不起。后来，人们请来石匠将这个“教”字细心镌刻在石头上。久而久之，这石头便叫“教字岩”，岩旁的一泓清潭便叫“教字潭”，先生教学的地方叫“书卷山”。垕垭也因之而被称为

“教字垭”了。

王光美为何泪洒夫妻岩？

夫妻岩是张家界一道绝景。一座拔地而起的石峰，下半部为树林覆盖，上半部岩石裸露部分构成一男一女两个人面，男的面带微笑，女的含情脉脉，二人相亲相偎，酷似一对恩爱夫妻，相传这是张家界的一对爱神。凡夫妻不睦，只要在此拜上三拜，便和好如初，恩爱无比，相爱百年。

1983年11月的一天，王光美同志来到了张家界。她态度随和脸上总是挂着亲切的笑容，和谁都亲切地交谈。

▲ 夫妻岩

早饭后，王光美按照行程，登黄石寨，游金鞭溪，而后观夫妻岩。这一天，天气很好，张家界美丽的景色在冬阳朗照下恰似一幅色彩丰富、气势宏伟的油画，令人格外赏心悦目。王光美兴致勃勃，对沿路大岩屋、丹葫芦、点将台等各景点赞不绝口。

登上黄石寨后，王光美举目四望，只见千峰竞秀，万壑纷呈，气象非凡。黄石寨脚下千山万壑间，林涛阵阵，碧波万顷，蔚为壮观，王光美惊叹不已！可是她望着望着，忽地沉默了。许久，王光美语气深沉地说：“望着这林海，我想起新中国成立后，陪少奇访问莫斯科，参观苏联离休红军办的一个林场，那林场很大，也如这般碧波浩渺。当时少奇看后，非常激动地说：‘光美呀，我今后不当主席了就教书去，若教不得书了，我就栽树去，总之，人生总得有个事业啊！’”王光美说完，半天没作声，随行众人也久久沉浸在对刘少奇主席的深切怀念之中。

继之观夫妻岩，同去的众人沿路有说有笑，可王光美一路无语，神情非常肃穆，好像去参加一次神圣的拜谒。到夫妻岩后，王光美放眼石峰，心潮起伏难平。陪同人员的介绍她似乎一句都没听进去，而是长久地伫立，一言不发。蓦然，陪同人员发现王光美的眼里两行热泪扑簌而下。愣了会儿，王光美突然感觉自己失态，忙揉揉眼睛，对身旁的同志说：“咱们下山吧。”

是夜，王光美的房间里灯光灭得很晚，人们没有去打扰她。翌日清晨，王光美应约取出一份诗稿，诗曰：

奇峰异石，冠绝天下；苍松劲杉，美不胜收。

人们读着读着，忽然悟出四句题头是“奇冠苍美”几个字，纷纷叫好说：“这怕不是文字偶合，而是王光美别具一番情思……”

“金银滩”因何得名？

张家界境内慈利县有一条美丽的溇江。溯溇江上行三十里，是远近闻名的金银滩。江水在这里突然拐了个急弯，水流湍急，一泻如飞。两岸青山黛列，尽展雄壮之姿。这里的水与别处不同，时而黄灿灿，光彩夺目；时而白花花，闪烁耀眼。

金银滩之名，始于明末。相传李自成兵败之后，从湖北进入湖南石门，闯王站在夹山巅上向西眺望，见慈利一带山险林密，地势险要，进可攻，退可守，是个藏龙卧虎之地，便派部将李过前去驻扎。李过率领一部分人马来到溇水河畔，准备渡河，当时正值大雨过后，山洪暴发，河水猛涨，渡船行至河心，被风浪打翻，人和金银财宝全部落水。人虽侥幸脱险，金银却全部冲走。后来，一些渔民在这里打鱼，常常捞到一些散金碎银。于是，金银滩的美名便传开了。

“饮马溪”之名有什么来历？

张家界名胜之地索溪峪有一条很长很长的溪水，像一条闪闪发光的碧玉带，缠山绕岩，叮叮咚咚一直流入溇江，汇入澧水。溪水中部，有一块巨石，远远望去，活像一匹跪着双膝，俯首引颈在溪水中饮水的战马，于是，这条溪便叫饮马溪。

相传很久以前，上界有位神将触犯了天条，被贬下凡间，他的那匹天马也从南天门外飞了下来，四处寻找主人。一连找了七七四十九天，天马渴了，却找不到水喝。因为平时喝惯了瑶池的玉液琼浆，凡间的江湖河水，它是不肯屈就的。到哪里找上天那样的甜水呢？它找啊找，翻过九十九道岭，越过九十九条溪，最后来到这条小溪畔，它看到这里的溪水如瑶池的水一般清亮，实在是干渴难忍，便俯下身子喝了一口，溪水清甜，真是惬意极了。它又喝了第二口、第三口，谁知越喝越有味，越喝越想喝，最后索性跪下前肢，一头伸进溪中猛喝起来。喝呀喝呀，不知不觉肚子胀得鼓鼓的，不能动弹了。日子久了，这匹天马便化成了岩石。饮马溪的名字就从此传开了。

“水绕四门”为什么又称“止马塌”？

水绕四门是张家界金鞭溪的终点，从金鞭溪至此，全程 7.5

公里，这里“深峡出平谷”，由于山形成一片盆地带，群峰石壁亦呈“桶内石林”之貌。“水随山转，山因水活”。水在这里盘来绕去，顺着四条如门一样的溪流流走，故曰“水绕四门”。

▲ 将军岩

水绕四门，又叫止马塌。顾名思义，其山险可想而知。

止马塌四周笔峰插天，围绕着一片十亩方圆的小盆地，俨然一个巨大的圆形展厅，环顾四周尽是琳琅满目的画幅：东有将军岩，签筒笔架岩；南有万岁碑，灯盏岩；西有双岩屋连着金鞭溪；北有杨柳岩，其山巍峨险峻，古木倒垂。从飞机上俯瞰，它像陷落在地平线上的一个天坑。它的奇山秀水是画家、摄影师最为向往之地。

止马塌地理灵秀，相传四川有个风水先生，沿峨眉山脉和武陵山脉寻找一块风水宝地，来到这里一看，不禁大喜，马也不肯往前走了，故曰止马塌；又传汉朝开国功臣张良发现吕后上台，尽斩忠良元老，便辞官隐逸，来到青岩山一带，见这里山高峰险，风光绮丽，便叹为观止，止马不前。止马塌因而得名。

“闯王”死里逃生，为什么说多亏“溇江渡”救命？

“轻舟一点碧影乱，古渡几家裹绿烟。”

这两句诗，把个溇江渡活脱脱刻画进一幅明丽隽永的山水画中。张家界景区索溪峪有一个溇江渡，“始建于唐贞观八年”。（明

《万历县志》）索水绕过九九八十一道弯，穿过七七四十九条涧，在一水深流急的地方与溇江汇合，构成了一幅天然的水墨画。只见石壁上镌刻着“溇江渡”三个遒劲的草书大字，地势十分险峻。两岸刀削般的黑色岩壁倒映于碧水之中，登上百步台阶，回头一望，溇水从那黑崖中间一泻而出，绕过九溪镇，直奔关门岩，消失在远处山峦之间。近处水中，有几个渔郎，任小船悠悠，放出的鱼鹰，不时钻进水中又冒出水面，衔着一条鲜鱼，跳上小船……这情景极像漓江，但又比漓江多了几分粗犷。

这里曾是古代商贾、行人来往于九溪、江垭的必经之地。相传闯王李自成兵败以后，从湖北来到湖南石门夹山。一天，他带领几个部将沿溇江而上，后面敌兵追赶甚急，便决定从九溪城南渡口过溇江。那一天风狂雨骤，渡口见不到一条船，眼看追兵将至，危在旦夕，正在这生死关头，忽然对面漂来一只小船，闯王大喜，立即和部将登舟过渡。等敌兵追到江边，闯王等已经到了对岸。回头望了望敌兵，喟然长叹道：“好一个溇江渡，真是天助我也！”

1928 年 3 月，贺龙回老家闹革命，单枪匹马会陈黑，也是从这个渡口过渡的。

“田字洲”为什么又叫“天子洲”？

天子洲，又叫田字洲，在水绕四门的西北方，由于泥沙淤积而形成的一个小洲。它背倚奇山异峰，四水环绕其间。这里梯田层层，农家绿树翠篁掩映。清晨，炊烟袅袅，鸡啼犬吠，傍晚，荷锄群影，牛随人归。好一幅恬静的田园山水画！漫步其间，闻浓浓花香，品农家清茶，尝腊菜野珍，听山歌、围鼓，风情别致，另有一番情趣。

关于这里何时称“田字洲”为“天子洲”，还有一段曲折的故事呢。相传宋朝时，田字洲向家有向龙、向虎、向彪三兄弟，自幼性格粗犷，练就了一副健壮的体魄。从军后配合默契，骁勇善战屡建奇功，先后均被擢升为统兵将领，受到了朝廷的犒赏和嘉奖。

有一天，兄弟三人班师回京，皇上设下御宴，亲自为他们接风洗尘。君臣举杯畅饮，共庆凯旋。席间，皇上问及三兄弟的家乡身世。向龙正要回禀，性格直爽的老二向虎抢先答道："启奏万岁，微臣等家住湖广田字洲，那里前有完税牌，后有农逸岩，还有水绕四门，是个风景如画的好地方。"

皇上已有几分醉意，加之这一天心情特别舒畅，听了这话，便笑着说："哈哈！天子洲，万岁牌，龙椅岩，真是些好地名。爱卿等征战有功，朕就将这些地方赏赐给你们吧！"

皇上的话音刚落，在一旁的丞相早就忍不住了，这家伙是个奸臣，见向氏三兄弟立功受赏，早就嫉妒在心，此刻听了他们的一番言语，认为有隙可乘，急忙躬身奏道："启奏陛下，向氏三兄弟分明怀有野心，图谋造反，理应斩首。"皇上大惊，急问："爱卿怎见得他们要谋反？"奸臣冷笑道："天子洲、万岁牌、龙椅岩乃天子之兆，向氏兄弟口出狂言，擅用皇宫御名，非谋反而何？望陛下明察。"说罢连连磕头。

皇上一听，顿时变了脸色，传旨道："爱卿所言极是，左右与朕将他三人打入死牢，听候发落！"

向氏三兄弟就这样不明不白，一下从座上宾突然变成阶下囚。后来，在神仙暗中帮助下，三兄弟得以逃出死牢，历尽千辛万苦，终于回到家里。为了报仇雪恨，他们做了一面杏黄大旗，写上"向王天子"，插在屋后山顶（今插旗山）推向龙为首，正式举旗造反。说来也怪，旗帜一竖，周围的大山都被遮住，连太阳光也透不进来（今阴旗埡），更怪的是，前面笔架山的完税牌上，真的出现了“万岁牌”三个字，牌下还有笔架、书案、大印（今万岁牌、笔架岩），农逸岩也金光闪闪，真的成了龙椅（今龙椅岩）。向龙见状，忙领着两个弟弟跪下，望空叩头礼拜。向虎、向彪风趣地说：“大哥，怎么样，皇帝老儿一时误封，想不到田字洲今天真成了名副其实的‘天子洲’了！”

为什么说是神仙造就了十里画廊？

淡云斜日溯溪行，石笋森森拥翠林。徜徉其间十余里，映入眼帘的全是奇观异景，宛如置身于一个“天然雕塑陈列画廊”，这便是人们啧啧称奇的索溪峪名胜——十里画廊。

十里峡谷，一溪贯通，溪两岸为石英质砂石从溪底一层层叠起，直叠入云里雾里，迭出无数奇妙的千姿百态，似人似物，似鸟似兽。数一数，两百尊，如狮虎、如豪侠、如高塔、如古堡……无一不神，无一不绝！若非鬼斧神工，哪来人间这般仙境。

相传，一次王母娘娘在天庭举行蟠桃大筵，让众神仙述说人间哪里最美。诸仙各自夸耀自己游历过的地方，如何如何妖娆，如何如何雄峻。吕洞宾不甘示弱，故意提高嗓门问大家道：“索溪峪的十里画廊你们见过吗？”众仙都很惊讶：“什么十里画廊？”“哈哈，”吕洞宾得意地笑了，“我说你们少见多怪嘛！十里画廊，就是索溪峪十几里，几十里都是美丽如画的风景呀！”接着，他绘声绘色地把十里画廊说得简直是人间无二，世上无双，仙友们被他说动了心，王母娘娘也来了兴致，都说要去开开眼界！

吕洞宾暗暗叫苦。他本是说着玩的，现在大家认了真，如何向大家交代呢？莫奈何，他只好背地里找铁拐李商量，求他帮忙，铁拐李满口答应：“这有何难，我助你一臂之力，造一个画廊就是！”说干就干，二人连夜动手，施展仙术，将天上、人间的美景一齐移到索溪峪，一夜之间，便在索溪一带造就了一条长近十公里的画廊。

老寿星为什么喜笑迎宾？

进入十里画廊不到三十米，有一条岔路，一条通往神堂湾，一条通向止马塌。站在岔路中间，向前望去就可看到一景——寿星迎宾。只见老寿星五官棱角分明，蓄发长眉，眼睛深邃，笑容可掬，左手举起，好似在招呼远方的游客，显得格外亲切、慈祥。

▲ 千里相会

相传，这座老寿星是南宋末年以后才出现的。索溪这地方，林密山高，地处偏僻。那一年，向王率领农民起义军在这里与官军交战，只听得战场上人喊马嘶，鼓角齐鸣，直杀得天昏地暗，日月无光，太白金星忙打发管家下人间察看究竟，管家来到索溪，战火已经平息。但见四处奇峰异石，满目佳树名花。老管家不由心动，暗想此处风景如画，鸟语花香，胜过天庭，我何不留在此地呢？老管家回天宫见过太白金星，如实禀告了自己的心意。太白金星见管家情真意切，便点头同意了。

老管家来到索溪，选择十里画廊的一个中心地带，站在一座高高的山峰上，举目四望，越看越喜，越看越爱，脸上笑成了一朵花。从此，他再也未离开这里。

采药老人贺半仙，采药医病为哪般？

在“寿星迎宾”前面不远处，耸立着一尊“老人岩”，只见他肩背满满一篓草药，腰身佝偻，布满皱纹的脸上和深邃的眼里充满着焦急和忧虑。据说他就是向王身边的那个草药郎中贺半仙，他医术高超，远近闻名。自起义军与官兵交战以来，他天天翻山越岭采药，日日夜夜救护伤员。那一天，他刚采了一背篓草药，路过神堂湾，听说起义军失败，向王不幸战死，顿时惊得目瞪口呆，脚也不听使唤了，痴痴地望着神堂湾。久而久之，便化成了一尊石像。有诗赞道：

▲ 采药老人

天工难塑老人岩，风尘仆仆情满怀，
肩背药草为何故，步履匆匆费思猜。

张家界的民俗有什么特点？

张家界的少数民族以土家族和白族为主，素有“山的民族”之称，其民族气质若山之厚重，水之淳朴。原始险恶的生态环境，大起大落的社会变革造就了这些少数民族人民的特殊性格，孕育出独特的民族风俗。清《永定风土四十韵》说：“欲问大庸俗，崇山舜典祥……微风来瘴气，初日动岚光。地僻人烟少，天低鸟道长……民惟勤穑事，壤本接仙乡……习爱师巫觋，风偏当祷禳……族大崇祠宇，年丰启道场，油榷桐子赋，酒酿女贞香……”清康熙，《永定卫志》载大庸民俗：“楚风刚劲，其弊多流于愤激。永定隶在楚边，俗尚淳朴，犹存中土之遗风”，“身愿女朴，惟勤稼穑，力专纺织，不逐末习巧以咨情……颇当俭素……”

土家族好武而轻文，万历《慈利县志》记载：“多束书不观，故科目寥寥。缘地僻途远，艰资斧，惮跋涉；赵乡围者甚少。”土家族人善征战，信鬼尚巫。“出剿时，系牛于神前，以刀断牛首卜胜负，牛进则胜，退则败，退而复进者先败后胜，以此为验。其好生恶死，虽为人同，而乐战轻生固其恒性云。”

张家界少数民族众多，各族习俗既保留其传统成分，亦有相互渗透，互相同化成分，有些甚至已局部融合，如四时节令，食宿起居，颇为雷同。

张家界少数民族的住居有什么特点？

由于张家界境内多民族杂居，彼此相互渗透，风格大同小异。土家人住房一般为木结构，间以少量的岩石和砖土，建房选址先要请“阴阳先生”看风水，架罗盘。一般坐北朝南，傍水依山，避风向阳，造屋的主梁，不仅要直且枝少，要用易生茂发的枞树或椿树，象征发家发人。木匠在山上砍梁木时，先烧纸放爆竹祭祀，并让梁树向上倒，叫“走上风”。梁制成后，梁上要作八卦图，俗称“写看梁”。夜晚木匠师傅要亲自主持祭梁仪式。上梁时要唱“赞梁歌”，撒“梁粑”，亲属则更要在梁上挂红表示祝贺。安梁木时，榫上压五谷红布色以示五谷丰登。上梁定屋这天，主人更要大宴宾客。

土家的吊脚木楼，历史悠久。《旧唐书》载：土气多瘴疠，山有毒草及沙虱蝮蛇，人并楼居，登梯而上，是为“干栏”。据考，今土家吊脚楼，即袭古“干栏”建筑遗风，且楼多悬于高崖陡坎。往往雕梁画栋，古色古香。故土家吊脚楼，或精雕细刻，或走马转阁，或凌空飞架，或险挂峭壁，与秀丽的山川相映成画，妙不可言。

▲ 土家吊脚楼

土家人的婚俗特点如何？

土家族男女青年的婚姻是很自由的。过去双方通过唱歌跳舞，表达感情，挑选伴侣。一旦相中，只要得到“老土司”的应允，便可当场订婚，然后再选良辰吉日结婚。在过门的时候，也不收彩礼，只要新娘袖系一根红线，由亲兄弟或姐妹引到男方成婚即可。

婚娶一般分为求亲、踩屋场、订婚、取八字（将女方生庚时辰写下交给男方）、选日子、女方蒸戴花酒，男方娶亲。如女方收了礼，这门亲事就有了七八成；婚事定下后，女方便赶做布鞋，办嫁妆，积极准备结婚。所谓女方“蒸戴花酒”，就是女方家办酒席迎候亲朋好友的祝贺。结婚这一天，有许多规矩和禁忌。比如说女方要“哭嫁”，要“开脸”（用线扯眉毛和汗毛），要“上头”（有发辫梳成发髻）等，不可说不吉利的话。

以花为媒是哪里的婚俗？

“花为媒”不是剧目，也不是掌故，而是张家界地区土家民族活生生的爱情史诗。如果某家后生看中了某家姑娘，后生不必请媒婆说合，而是从高山采一朵艳丽的山花，悄悄地放在姑娘的闺房窗台上。第二天，后生便来打探消息。一般来说，姑娘绝不会马上答复。于是又去放花，规矩是第二次放三朵，第三次放五朵，保持单数，依此递加，如七、九、十一……连放几次姑娘会有所表示。如果后生发现花朵少了，变成递双数，如九朵变成八朵，十一朵变成十朵，则说明姑娘答应了。姑娘接受求爱后，便向父母吐露真情，征得父母同意，亲事才有希望。

这个“花为媒”习俗也不知源于何年何时。据传说：那是因为土家先民没有文化，不会写情书，又不喜欢多事的媒婆。于是后生、姑娘按照“好事成双”的习惯，别出心裁地创造出以花代媒，千百年来承袭未改。他们把美好的希望寄托在鲜花上，同时也象征人的爱情如山花般纯净、甜香、美好。

斗鸟会是哪里人最喜爱的活动之一？

斗鸟会又叫斗画眉，是湘西山区土家族人最喜爱的文体活动之一。斗鸟会由各地选派养鸟能手参加。先由村寨，一级级往上选斗。斗鸟会开始，先由当地养鸟能手将鸟笼往中心会场树上一挂，接着各路“能手”相继到场，鸟笼一下便挂满会场。这时由“德高望重”的“养鸟能手”宣布斗鸟的规则，并宣布斗鸟会开始。随着挥动手势一声喊，只见鞭炮齐鸣，锣鼓喧天，鸟语四起，叽叽喳喳，男女老少，一齐观阵。斗鸟能手，各寻对头。画眉经此一激动，眼早已红，便各自猛扑，你抓我啄，厮杀四起，热闹非凡……

张家界有哪些著名的土特产品？

张家界索溪峪地区的特产很多，有山珍野味，有甑山毛尖及目岩茶，有蜜橘、金香柚，有岩耳、香菇，还有许多名贵药材和民间秘方等。

岩耳 又名石耳，生长于索溪峪悬岩绝壁之上。既是营养食品，又是入药佳品，具有消炎滋补的特殊效能。

《本草纲目》载："石耳气味甘、平、无毒。""久食益色，至老不改，令人不饥"，可"明目益精"，降低血压。其营养价值高，并可防止食物变馊变腐。炎夏季节，新鲜肉汤中放几片岩耳，三五天后仍味道鲜美。

吃岩耳时，须将干岩耳放在30℃～70℃的温水中浸泡七八小时，待岩耳舒展以后，再用淘米水（亦可用碱水）轻轻揉搓，把沙与灰洗净，再沥干食用。岩耳炖鸡汤，其味鲜美至极，但必须等鸡肉基本炖熟后，再放入岩耳，切忌同鸡肉一起炒炖，岩耳炖排骨、炖猪蹄，做法与炖鸡相同。

中华猕猴桃 武陵源盛产的一种野生水果，呈椭圆形，果皮呈黄褐色或黄绿色，果肉呈半透明的淡绿色，营

▲ 土家刺绣

养价值很高，具有清热生津，健脾止泻功能，富含维生素，有“维生素果”之称。

土家织锦 又名土锦，用一种古老的“木腰机”织就，以棉纱为经，以五彩丝线或棉纱为纬，完全用手工做成的工艺美术品，讲究色彩鲜明，跳跃，对比强烈，线条对称。主要品种有壁挂、香袋、服饰、旅游袋、沙发套、坐垫、室内装饰等。

苗岭竹器 武陵源的苗岭盛产楠竹，利用楠竹篾的天然色彩编制出各种花纹和图案的用具饰物。经常上市的有苗岭竹笠、竹篮、竹椅、背篓和其他竹编装饰品。

湘　西

你了解湘西吗？

湘西土家族苗族自治州位于湖南西北部，东经 109°10′～110°22.5′，北纬 27°44.5′～9°38′之间，总面积 1.5 万平方公里，总人口 260 多万。其中，以土家族、苗族为主体的少数民族占总人口的 71%，辖凤凰、泸溪、古丈、花垣、保靖、永顺、龙山七县及吉首一市。东与张家界接壤，西与贵州省铜仁、重庆市黔江地区毗邻，南与怀化市相衔，北与湖北恩施交界。

全州地势由西北向东南倾斜，碳酸盐石广布，岩溶地貌丰富。境内重峦叠嶂，沟壑纵横，溪河密布，秀美壮观。属亚热带湿润气候区，这里四季分明，年平均气温 15.0℃～16.9℃，年平均降雨量 1300～1500 毫米，无霜期 250～280 天。水力、矿产、动植物资源十分丰富，森林面积约 104 万公顷，森林覆盖率达 63%。

湘西州历史悠久，秦汉时，为黔中武陵郡，三国属蜀、吴，西晋南北朝为“五溪”，隋唐时属黔中道，宋为辰澧地，明置永顺宣慰司，保靖宣慰司。元朝对少数民族实行“土司”制度，土司由当地“蛮酋”担任，分属澧州、辰州、永顺、恩州等军民安抚司。

清雍正七年（1729 年）“改土归流”，由朝廷派遣流官统治，设永顺府及乾州、永绥、凤凰、直隶厅。民国期间，1938 年以前为湘西军政府，1938 ~1949 年为第八、第九行政督察区。新中国成立后，吉首、凤凰、花垣、泸溪属沅陵专区管辖，永顺专区则辖永顺、龙山、大庸、保靖、桑植、古丈六县。1957 年，成立湘西土家苗族自治州，1989 年析去大庸、桑植于张家界市为现状。

今天的湘西州抢抓国家实施西部大开发的机遇，加快旅游支柱产业的发展，确立以凤凰为龙头，猛洞河、吉首、凤凰三点一线的开发战略，着力打造凤凰历史文化名地游和里耶战国古城址、秦简访古游的世界品牌，吉首民族风情游和猛洞河生态游国家级品牌，构建长沙、张家界、湘西州旅游“金三角”。推动大湘西旅游一体化，建成猛洞河、吉首、凤凰旅游经济走廊，一个大旅游、大产业、大发展的湘西州正在形成。

湘西土家族苗族自治州有何神奇之处？

早在“五帝”时代，湘西土著先民便在这块土地上开荒拓土，繁衍生息。在这以后的数千年间，湘西各族人民为建设美丽而富饶的家园披荆斩棘，战天斗地；为抵御外强的侵略，反抗统治者的压迫，前赴后继、浴血奋战；用一颗颗爱国心，一缕缕民族魂，在中国历史舞台上演出了一幕又一幕的悲壮与辉煌。

这里，山水风光奇特，民族风情浓郁，历史文化丰富。有国家历史文化名城凤凰、中国南方古长城、黄丝桥古城、“天下第一漂”永顺猛洞河、千年古镇王村、国家自然保护区小溪、土司王朝八百年故都老司城、吉首德夯苗族民俗文化村、“华南第一大峡谷”古丈坐龙溪、龙山里耶战国古城址和皮渡河、花垣古苗河、边城茶峒、保靖酉溪园、泸溪沅水风光带。

这里，是土家族、苗族、汉族以及回族、瑶族、侗族、壮族等民族生息繁衍的家园。他们用自己的勤劳勇敢和聪明才智创造了民族灿烂的历史文化。那神话般传奇的民族起源、艰苦卓绝的民族迁徙、英勇不屈的拼搏斗争和古朴奇特的民俗风情，浩瀚如海、瑰丽多姿的民间文学艺术，铸成彪炳千秋的湘西精神、湘西文化和湘楚风韵。

正是这种弘扬着湘楚文化精髓的人文景观和自然风光，造就了湘西州得天独厚、丰富多彩的旅游资源，使之成为中外旅游者观光览胜，度假休闲，探险猎奇的最佳目的地。

你了解德夯苗寨吗？

德夯风景名胜区面积 90 平方公里，地处武陵山脉与云贵高原的相交处，形成长约 180 公里，高数百米的武陵大峡谷，德夯就是武陵大峡谷中的精华。

▲ 德夯苗寨

这里，由于山势跌宕，绝壁高耸，峰林重叠，形成了许多断崖、石壁、峰林、瀑布、原始森林。这里溪河交错、四季如春，气候宜人，有丰富的动植物资源，自然风光十分秀丽迷人。这里居住着一群苗家儿女，他们讲苗语，以歌为媒，自由恋爱；女人喜戴银饰，穿无领绣花衣，男人绑腿，吹木叶。他们自己种桑养蚕，纺纱织布，手工织品巧夺天工。他们用古老的方法榨油、造纸、碾米、织布、用筒车提水灌田……每到春天，无论小溪还是河边，成千上万大大小小的筒车，吱吱呀呀地转动，用溪水浇绿了田园和山庄。

德夯属于省级风景名胜区，这里的民俗活动有到苗家做客、拦门对歌、敬酒、苗家跳歌晚会、歌舞会、苗家鼓舞、灯火送客等多种体验苗族风俗风情的参与项目。在这里，你还可以亲手榨油、造纸、织布、碾米等，充分体验古老风俗民情和大自然的享受，就好像到了一个古老的童话世界之中。

德夯风景名胜区有何景观特色？

德夯，苗语之意为“美丽的峡谷”，位于湘西自治州吉首西郊24公里处，景区面积约80平方公里。

走进德夯峡谷，映入眼帘的首先便是三姊妹峰，该峰为三座紧紧相邻的灰色石峰，每峰高百余米，酷似三位身着苗装的“黛帕”（苗语，姑娘）。每当清晨，朝霞溢彩，云雾缭绕之时，三姊妹峰便似飞天嫦娥飘荡在霞光云雾之中，在离三姊妹峰不远的石壁上有一狭长石洞，隔溪远眺，隐约可见洞中有酷似托玉瓶的观音雕像，因洞常年云缠雾锁，有缘人方能见到观音真身。盘古峰位于德夯村西侧，此峰四周皆为绝壁，峰顶一片原始次森林，只有一石级小径沿绝壁、钻岩洞、攀石缝、过天桥方可达顶，极目远望，纵观方圆百余里锦绣河山。在盘古峰东南丛林中，生长着一片原始蜡梅群，每到数九寒冬，婀娜多姿的蜡梅绽开，梅谷朵朵，盛若繁星，色如金黄，清香扑鼻，给这秀美的山寨增添了不少雅韵。踏着腊梅的清香，循着清泉的叮咚声，不知不觉中那青石板小路不见了，那清清的溪水不见了，只有两座高300余米，峭壁如削的石峰如门而立。乘虚入门，柳暗花明、清风阵阵、鸟语花香，且有一潭碧水如玉，又一个世外桃源……

▲ 流纱瀑布

德夯的秀美除得益于青山绿树和大自然赐予这些美景外，还得益于千山万壑中涓涓不息的溪水汇成的大小瀑布——夯峡的瀑布群飞流直下，泻珠撒玉，如绢似帛构成各种奇观。而这些瀑布中，尤以流纱瀑布最为壮观，水流从216米高的山顶飞扬直下，如轻纱飞天缥缥缈缈。

当你惊羡于这些自然美景时，不得不感叹大自然造物的神奇、宏大。

领略了德夯秀美的自然风光，千万不要错过欣赏这里丰富的民俗风情和艺术文化。德夯民俗村就是你休闲、欣赏的最佳去处。在这里，你不仅可以领略到苗族特有的民俗风情，还可以经受历史悠久的湘西傩巫文化的熏陶和洗礼！

德夯苗族的民居是清一色的青瓦木板屋，几条纵横交错的青石板路编织着几百户人家。九龙溪穿寨而过，一座古朴典雅的石拱桥跨溪而卧。每到“接龙”这天，桥上桥下彩旗飘扬，唢呐锣鼓喧天。来自四乡八寨的人们身着节日盛装，簇拥“龙女”组成浩浩荡荡的接龙队伍登桥而过，到玉泉门去“接龙”。像这样的大型苗家传统文化活动，还有“清明歌会”、“椎牛”、“三月三”、“四月八”、“六月六”、“赶秋”、“百狮会”等，令你感到苗家文化的博大深远。

活动之后，你可应邀到苗家做客，感受苗族人民的生活习俗，品尝苗家风味的阴米茶、五谷饭、酸鱼、酸肉及苞谷烧酒，参加篝火晚会，观赏苗家姑娘、小伙子为你表演“跳鼓”、“接龙”、“蚩尤拳”等传统文艺节目，与他们同欢同舞。

苗寨迎接贵宾有哪些传统仪式？

苗家人好客，他们把到苗寨来的人，都视为珍贵的客人，都会以他们特有的形式表示欢迎！

拦门，是苗家迎接贵宾的一种传统仪式。只要当你到苗寨做客，走进苗寨的时候，就可见寨口有一群热闹的苗家乡亲——十多个苗家汉子抱酒罐，敲锣鼓，舞狮子，吹唢呐；身着彩丝绣花衣，佩戴银首饰的苗家姑娘们有的打着苗鼓，有的用托盘端着斟满了苞谷烧的青花大瓷碗。见客人走近，两位苗家姑娘拦路扯开一条绣花的拦门花带，站在花带后面的一位姑娘便亮开歌喉，用苗语唱起了拦门歌：

贵客你从哪里来？好比凤凰落苗寨；
苗家只有好山水，招待不周莫见怪。

这时客人便要应歌（可以随意唱，姑娘们不会为难客人的）：

德夯美名天下扬，四方人儿心向往；
不辞千山与万水，今日得把梦来圆。

客人的歌声会立即赢得姑娘的欢心，很快，一首首山歌，主客便乐融融地走到一起。拦门花带收起来，姑娘敬上一碗碗苞谷烧酒，客人们有的一饮而尽，有些平常不喝酒的也忍不住抿上几口，满怀苗家的甘醇与热烈走进苗寨。

人们常说"醉在德夯"之话怎么讲？

溪水通常是"出山不比在山清"。峒河一路始终清澈见底，可以想象源头的水该有多么纯净碧透了。进入德夯，随即就得到了印证。那悬挂在万仞绝壁的水瀑，或叫"流纱"，或称"玉带"，银白无瑕，缥缥缈缈，跌落崖前溅起千斛珍珠，万点琼花。瀑下生深潭，潭流从溪涧从容流淌出一色碧水，游鱼水草皆若浮空，往来荡漾无所依凭。

溪畔生满芷兰芳草，有如三闾大夫行吟流连处。而四周刀劈斧削的山峰，是那么气势，直指云天，犹如屈原不绝不断的"天问"台，然而当人们指给你看对面右手边的飞瀑时，误认凡尘玉带……

每当夜临，山谷的地坪上，跳歌晚会的篝火就已架好薪柴，鼓钹在做一次次的演习；苗寨的木屋里，大坛的苞谷烧、糯米酒，大碗酸肉、酸鱼，大盘野蕨菜、野胡葱，已经备好等着上桌。当你临近寨门，便见齐刷刷出来一排银饰盛装的姑娘，扯起一根织锦花带，堵住你的去路，把你挡在门外，难道是不欢迎外客？错了，这正是苗家对远道而来的客人，表示欢迎的最高礼节——"拦门歌"和"拦门酒"，姑娘们用银铃和百灵两种东西调出来的好嗓音，唱起迎客歌。然后轮到你唱，这样一往一来，一问一答，然后你也和主人一样，举酒齐胸，一碗酒尽。等到了饭桌，又会遇上殷勤主人酒歌的好劝。

吃罢饭，场外熊熊篝火烧着了，围着篝火跳的是法相庄严的"柳巾舞"，十八面"猴儿鼓"擂响了，领头的是模样俏丽的山寨鼓王，当她和整个鼓阵都是那么娇小身子的女孩，敲出那密不透风的鼓点时，你能不喝酒为她们助兴？山神奠了，火神奠了，用那么隆重的仪式和虔诚的香炷。“锉口”踩了，绝技献了，一双赤足，从烧红的一排犁铧上履踏而过，你能不喝吗？糍粑抛来了，这是让你带给家人品尝的苗家的一点心意；“摸迷”找开了，苗家青年跑过来，把你和你的同伴拉进场，嘻嘻哈哈捉对，冷不防给相悦者脸上一抹锅烟，你不喝行吗？

人醉了，山醉了，身醉了，心醉了，只有在这大峡谷里才保留有如此壮美的景色，保留下完好的苗家文化生态。日月微醺，歌舞沉酣，令你耳热心跳，眼朦身轻，能不醉苗乡？

苗族特有的“还傩愿”是怎么回事？

还傩愿是苗族人奠祀神灵而特创的一种巫鬼文化活动。

《前汉书·地理志》对苗蛮发祥地——崇山古俗有载：“信鬼好巫，重淫祀。”崇山境内永定县乡土志也载：“县俗信鬼多淫祀，奉木偶号祖神，巫祝祷祭甚丰昵，举国若狂。”

▲ 上刀梯

相传 4200 多年前舜放驩兜于崇山，形成苗蛮，以巫文化为主体，创造苗巫鬼文化。流行于湘西苗族地区的祭祀活动主要有吃猪、吃牛和接龙。而苗族“还傩愿”祭祀活动更是普遍。而尤以傩技最为惊险叫绝，如上刀梯、下油锅、踏火刀等。

表演者脸面化装犹如木偶，然后打着赤脚，从燃烧着的犁铧上走过，或从扎着钢刀的竖梯上，赤脚踏钢刀爬梯，功夫卓绝，从而以取悦于鬼神。数千年来，这种活动一直流传下来，形成了苗族鬼巫文化的一种特殊表演形式，直至演变为“傩戏”。所以巴黎郭安博物馆馆长班诺先生在看了湖南傩戏以后说：“傩戏是京剧的真正始祖，是人类共同的艺术遗产。”

苗族的“猴儿鼓舞”为什么最为出名?

“猴儿鼓舞”是苗族鼓舞中最为出名的原始舞蹈。

“猴儿鼓舞”原是苗族人民用以驱鬼赶邪，消灾祈福的一种舞蹈。相传，很久以前，大森林内有一群猴子将兽皮随意搭在一截干树桩上，过了一段时间，兽皮干了，被一小猴子无意中碰撞到，发出一种好听的声音，于是猴群会集敲打，跳跃嬉戏。这一情景，被一苗族猎人发现，觉得很有趣，便模仿创造成猴儿鼓舞。

表演者击鼓起舞，伴以敲边（鼓边）击锣，男的表演则模拟猴子穿裆、抓痒、捉虱、扯胡子等动作；女的表演则模拟人的梳头、戴花、扣衣、织布、纺纱、挖土、栽秧、打谷、挑担等劳动和生活方面的动作。所以，“猴儿鼓舞”又称“花鼓”。可单舞、双舞、群舞，都十分活跃而风趣。

苗家的猴儿鼓舞是苗族人喜爱的一种舞蹈。男女均可参加，男的动作粗犷大方，诙谐风趣；女子动作轻盈柔和，优美舒展。1953 年，苗族女鼓手龙彩莲代表古丈所表演的猴儿鼓舞，获全国少数民族文艺会演优秀奖；1955 年又应邀参加世界青年联欢节，将猴儿鼓舞带到了华沙，为祖国赢得了荣誉。

为什么矮寨公路被称为天下奇观？

位于吉首市20公里处的矮寨，气势雄伟，湘川公路从寨中穿过，是一个风景秀丽，风情古朴的苗乡集镇。该路段以其地势险要，设计巧妙而闻名于世。大路关人称“矮寨天险”，为湘川公路上最险的关卡，其地势之险，工程设计之巧妙在全国罕见。

▲ 矮寨公路奇观

该路段全长仅6公里，却在70°～80°的陡坡上转了13道急弯，巧妙地铺成“8”字路，妙建路上天桥，使天险变通途。传说，当年湘川公路修至矮寨坡腰，遇两峰对峙，公路走向令工程师一筹莫展。一日黄昏，工程师在此望山兴叹，忽见暮霭中有一牧童骑牛而来，将手中一竹鞭穿绕不止，工程师恍然大悟，遂设计了“路上天桥桥上路”的工程方案。

不论传说如何，但这个巧妙的设计倒是真的，从而形成了今日的矮寨公路奇观。当沿公路盘旋而上时，但见人随车移，一层层景色各尽其妙。

为缅怀修筑湘川公路死难者，弘扬工程人员不畏艰险，顽强拼搏的精神，人们在公路旁竖立起“湘川公路死难员工纪念塔”和高5.7米、重1吨的“开路先锋”铜像两座丰碑，与公路奇观一起光耀千古。

著名的沅溪书院位于何处？

沅溪书院建于清咸丰年间（1851～1861 年），是为纪念献身苗乡教育事业的吴鹤先生而建的。书院建于峒河北岸鳌鱼坡头的鹤公祠。该处古木参天，古藤委地，奇石遍布，金桂飘香，环境十分幽雅。

书院为殿堂式古建筑，红漆大门，雕花窗，琉璃瓦。正堂居中，两侧为书屋厢房，右侧砖砌圆门，上方题有“鳌鱼池”，门内地坪的古树下有一水池，水中卧一天然巨石，形若鳌鱼；左侧圆门上方题有“鹤公祠”，内有古桂数株。书院门外有百级石级直过峒河边的“鳌鱼洞”，石级旁草木繁茂，蝉鸣鸟啁，山风徐徐，真可谓读书作画之佳处。自清以来，先后作为湘西特区师资训练所，省立第九师范学校，1952 年，九师更名为湘西第一民族师范学校，现为吉首大学民族师范学院。国际共产主义战士罗盛教曾就读于此，校园内建有盛教亭。

吴八月为什么被苗民拥为“吴王”？

吴八月，又名吴世宁，生于清雍正六年（1728 年），乾州厅坪陇（今吉首市社塘坡乡坪陇村）人，青年时随岳父练文习武，学巫术，后任苗寨百户长。清康熙年间，朝廷对湘黔地区实行“改土归流”，大量圈占苗民土地，加重苗民赋税、苗役，苗民生活十分困苦。乾隆六十年（1795 年）正月，永绥厅（今花垣县）石三保与贵州松桃厅（今松桃县）石柳邓等邀表兄吴八月，在乾、凤、永、松四厅先后起义，提出“逐客民，复故土”（夺回被占领的田地）的口号，向清军发动进攻。吴八月率义军攻占乾州厅城，又提出“打到黄河去”的战斗口号。一时，苗民起义遍及湘、黔、川广大地区。清廷大震，急调七省的兵力共18万人，由云贵总督福康安统率，分几路进剿。四月中旬，湖广总督福宁带6000清军行至泸溪县狗爬岩，遭吴八月义军伏击，全军被歼，福宁匿于辎重而逃。

吴八月年逾花甲，运筹果断，谋略过人，深受苗民拥戴，各路义军首领公推他为“吴王”。

吴王率义军坚持与数倍于己的清军进行了一年多的生死搏斗，进行了著名的平陇保卫战，打退清军无数次进攻，歼灭清军近万人。最后终因寡不敌众，又遭叛徒出卖，义军惨遭失败，吴八月也于嘉庆元年（1796年）壮烈牺牲。

赴台抗法的民族英雄是谁？哪里的人？

杨岳斌（1822～1890年），原名载福，清道光二年（1822年）出生，乾州厅冲角营人。同治元年（1862年）西北爆发回民反清起义，同治三年（1864年）七月授杨为陕甘总督，令其领部镇压起义，杨以病为由辞任归籍。

光绪十年（1884年）十月，法国侵略军在台湾基隆登陆，清廷为解台湾之危，复召杨岳斌协助闽浙总督左宗棠办理军务。十一年（1885年）正月，杨驻师于泉州。一面密遣亲兵百余乘轮船泊海口待命，一面假电奏请朝廷准予缓师渡海，以麻痹法军。所部则由秀涂口夜渡台湾海峡，一举成功。

杨抵台后，协同巡抚刘铭传进攻基隆，与法军激战。法军久战不力，遂议和赔款，于同年五月撤离台湾。杨于九月奉诏班师，回乾州养病。其间他建义仓、置义地、修书院、赈济灾区人民，造福乡里。

光绪十六年（1890年）六月二十七日，杨岳斌病卒，乾州冲角营有其衣冠冢。

罗荣光为什么会获“果勇巴特鲁”的赐号？

罗荣光（1833～1900年），字耀庭，乾州厅鸭溪人。光绪二年（1876年），派驻天津，任大沽协副将，赐号“果勇巴特鲁”。光绪十四年（1888年）升任天津镇总兵，光绪二十六年（1900年）升为新疆葛尔提督。

光绪二十六年农历一月，八国联军以保护洋商洋教为由，在大沽海面集结军舰和军队，妄图占领天津，从而进逼北京。这时已接到调任提督圣旨的罗荣光，为抗击侵略者，毅然请留大沽，并慷慨陈词“人在大沽在，地失血祭天”，亲自部署防务，加强战备。

六月十六日，直隶总督荣禄竟然答应洋人要求，命令开放海口、水道，让洋人军舰驶入。罗荣光得知大惊，命令炮台封锁海口，引弦待发。夜十一点，敌舰突然用炮火轰击南北岸各炮台，敌海军陆战部队分左、中、右三路直奔南岸炮台，罗荣光在主炮台上指挥清军奋勇还击，激战六小时，清军伤亡惨重，炮台失守，罗遂携眷属同赴国难，壮烈牺牲。

凤凰之名何来？

湘西凤凰县，古往今来人才辈出，还因《边城》的描述，人们都知道在那边远的地方，沅水的上游有个县城叫凤凰，充满神奇，但这个县名怎么而来，实在鲜为人知。

相传天方国（古印度）神鸟“菲尼司克”满五百岁后，集香木自焚，复从死灰中复出，鲜美异常，不再死，常称之为涅槃，此鸟即百鸟之王，凤凰也。因凤凰县西南有一山酷似展翅的凤凰，故名。

凤凰古称镇竿，位于湘西南端，东与泸溪县交界，南与怀化麻阳相连，北与花垣和吉首接壤，西与贵州铜仁毗邻，总面积 1700 多平方公里，人口 37 万，是一个以苗族为主的山城。

凤凰交通方便，枝柳铁路由境内而过，距铜仁机场仅有 28 公里，历来为湘黔川之要道。

凤凰不仅是古代威震八方的军事重镇，中国南方长城军事防御体系指挥中心，亦是国家级历史文化名城，被誉为“梦里的故乡”、“远去的家园”、“中国最美丽的小城”。凤凰也正经历着涅槃，不久的凤凰将被列入《世界文化遗产名录》，以更美丽的面貌迎接天下客。

为什么凤凰古城被称之为“中国最美丽的小城”？

凤凰县城依山傍水，如一块通灵宝玉镶嵌在群山万绿之中。那清幽灵秀，碧波荡漾的沱江穿城而过，流淌着凤凰人民祖祖辈辈的悲欢离合；那林木繁茂，风光旖旎的南华山依城而立，倾诉着凤凰城世世代代的古今情怀；那紫红砂石板铺就的大街小巷如脉如络遍布城区，串联着一栋栋青瓦木板的民居，一座座飞檐翘角的庵堂庙宇，一处处流光溢彩的亭台楼阁，营造出一

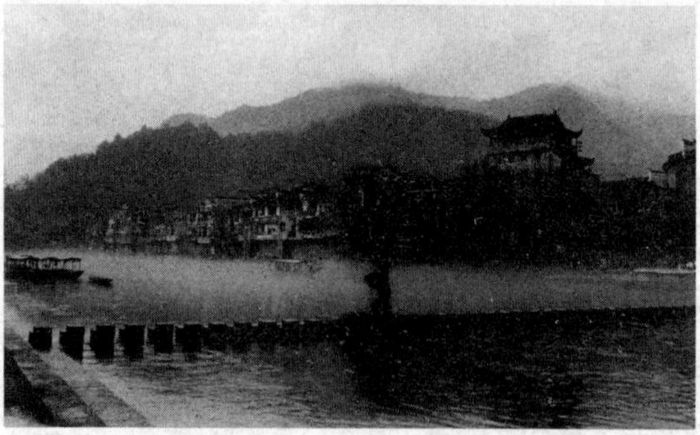

▲ 凤凰古城

分古朴、凝重而丰富的楚巫文化氛围。无论你置身于哪个角落，都会深深感到脚底下这片土地的肥沃、厚实和博大。

在这里，你可以观赏到有“中国戏剧活化石”之称的傩堂戏、阳戏、茶灯戏等戏剧，领略苗歌、跳鼓舞等民族风情，还可以买到湘西民族特色的地方特产：苗家花带、蓝印花布、蜡染产品、银首饰……

凤凰的美丽，不仅在于它的地灵，更表现为它的“人杰”。这里自古就人才济济，英雄辈出：自明以来仅军旅将帅就有一百余名，其他如抗英名将郑国鸿、贵州提督田兴恕、民国内阁总理熊希龄、护国将军田应治、著名作家沈从文、著名画家黄永玉、中国科学院院士肖继美等，不胜枚举。

故生活在中国，游历了大半辈子的新西兰著名诗人路易·艾黎到了凤凰之后，深情地称赞它是“中国最美丽的小城”之一。

湖南保存最为完整的古县城在何处？

凤凰古城始建于清康熙三十九年（1700 年），至今已有三百多年历史，虽历经沧桑仍保留完整，古风犹在，是湖南目前保存最为完整的古县城之一。沱江经凤凰蜿蜒东去，凤凰城依江而建，下有东门，上有北门，如今两门城楼壮观依旧，向人们诉说历史的沧桑。

北门城楼，位于城北沱江南岸，又称“壁辉门”。城门为半圆形，深7 米、宽3.4 米，高3.5 米，门内装有两扇巨大铁门。城门由紫红条石砌成，厚重朴实，上刻有“壁辉门”三字，并有“古城会”石雕一幅，取其百战百胜，凯旋之意。城门之上为古砖砌就的城楼，高三层，城楼上有炮眼八孔。立于城楼之上，尽览沱江秀色。

▲ 凤凰古城墙

古城楼两端沿江筑有城墙，高 6 米，长里余，亦为紫红条石砌成。北门城楼和城墙，始建于清康熙五十四年（1715 年）。它历时 300 来年，依然雄伟壮丽，常为电影、电视剧拍摄地。

东门城楼，又名升恒门，位于城东，面对东岭，侧临沱江，清康熙五十四年（1715 年），仿北京前门造型用专制城砖砌筑而成。城楼东面开凿炮眼两层，每层四个。城楼高 11 米，歇山屋顶，下层覆以腰檐，飞檐翘角，气势磅礴，庄严雄伟。

城门呈半月拱形，两扇城门用厚实铁皮包裹，以圆头铆钉密匝，城墙用精凿的紫红砂条石灌糯米石灰浆砌筑，缝合严密，整齐有致。门上方刻有“升恒门”等字，周围饰人物异兽浮雕，城门两端与古城墙相连，古貌依然。

除此之外，城内保留大量古建筑：朝阳宫、回龙阁、万名塔、准提庵、大成殿、遐昌阁、文昌阁等。特别是文昌阁，自清末开办学堂以来，培养了大量人才，仅近数十年间，其桃李满天下：著名作家沈从文、画家黄永玉、原中宣部副部长作家刘祖春、高级将领朱早观、李振军等都是从这里启蒙走向世界的。

你见过石桥卧波的风雨楼吗？

在西南少数民族地区村寨附近的溪河上，常可见到别于其他地方的桥——风雨桥。风雨桥除具有桥的功能，沟通一水两岸交通外，同时还是一道景观，过往行人还可在桥上憩歇、遮阳躲雨，缓解劳途之苦。而风雨楼不仅仅是在桥上盖顶加栏，予人方便，而是在桥上建成楼阁，别有一番情趣。

在沱江回龙潭上方，横卧着一座壮观俊美的古石桥，与江岸层叠的吊脚楼和沙湾的一汪碧水构成了一幅浓墨重彩的山水画，这便是虹桥风雨楼。

虹桥风雨楼始建于明洪武初年，长 112 米，宽 8 米，高 20 米，主桥三孔，跨径 73 米，桥体用紫红砂条石砌成。桥上为木结构式吊脚楼，两侧各十二间，开设商铺，顶部两侧各饰一排采光的雕花木窗，桥头各立青砖半圆拱形牌坊门一座，由田应诏题书“虹桥”二字。

今天之虹桥风雨楼，依然保留原有的风貌，两边二十四间木板商铺经营各种土特产品和工艺品，二楼为民俗文化楼，满楼古今书画作品，珍稀民间工艺品珍藏其间，凭花窗远望，沱江两岸鳞次栉比的吊脚楼和沙湾秀色尽收眼底。

为什么沈从文有“短篇小说之王”的美名？

中篇小说《边城》是沈从文先生创作的著名小说，它把人带到了一个优美无比的世外桃源，向人们展现了湘西浓郁的风土人情，影响了中国一代人。

沈从文（1902 ~ 1988 年），原名沈岳焕，当代享有盛誉的著名作家，苗族，湖南凤凰沱江人。祖父沈洪富，当过云南昭通镇守使和贵州提督；父亲沈宗嗣，也是军人，做过上校军医。

沈从文 15 岁离开家乡，随土著部队在沅水流域漂泊了五年；1922 年，只身来到北京“开始进到一个使我永远无从毕业的学校，

▲ 沈从文故居

来学那课永远学不尽的人生了”。1924 年起，开始用沈从文、休芸芸等笔名在报刊发表作品，1934 年创作了著名小说《边城》和散文集《湘行散记》，一跃成为“京派”作家中的翘楚。曾先后在青岛大学、北京大学、西南联大任教。

新中国成立后，先后在中国历史博物馆、故宫博物院从事历史文物研究，专著《中国古代服饰研究》，填补了我国文化史上的一个空白。沈从文在中外文坛上具有崇高的地位和巨大影响。香港的司马长风在他的《中国新文学史》中评价道：“沈从文在中国有如 19 世纪法国的莫泊桑或俄国的契诃夫，是短篇小说之王。”

沈从文一生笔耕不辍，著作颇丰，是现代作家中成书最多的一位，共发表各类作品 1000 多篇，出版文集、专著百余种，共 600 万字，并有多种外文译本在海外发行。

民国内阁总理熊希龄是何处人？

熊希龄（1867 ~ 1937 年），字秉三，湖南凤凰镇竿人。他年少时就有神童之称，这里一直流传着他的故事。九岁时，塾师先生出了一副上联：“栽数盆花，探春秋消息。”他立即对出下联：“凿一池水，窥天地盈虚。”一时传为美谈。中举后，新举人作画以言志，他画了一幅不起眼的棉花，并题词“此君一出天下暖”，令四座皆惊。光绪二十年（1894 年）中进士，授庶吉士。宣统元年（1909 年）任东三省财政监理，次年任奉天盐运使。辛亥革命后，拥戴共和。袁世凯任大总统时，熊任财政总长，热河都统。民国二年（1313 年）与梁启超等组阁，任内阁总理，当时的这一任政府被舆论界称为“才子内阁”。他在政治上贯彻资产阶级法治，建立“真正共和国”；在经济上提出改善财政，繁荣经济的一系列计划，这与袁世凯的专制统治大相径庭。熊袁矛盾日益尖锐，熊遂于民国三年（1914 年）愤然辞职。从此，他转而献身实业和慈善事业，创办慈幼园，并担任中华红十字会会长。

▲ 熊希龄

1937 年抗战爆发，熊希龄由北平到上海，负责战地救护工作。1937 年 12 月 5 日，病逝于香港，享年 67 岁。

现凤凰城北沱江畔文星街内留有熊希龄故居，在这里度过了他的童年。

中国南方古长城位于何处？

中国长城学会寻觅多年的中国南方长城位于凤凰县境内。

苗疆明长城始建于明万历四十三年（1615 年），竣工于明天启二年（1622 年），南起与贵州铜仁交界的亭子关，北至吉首的喜鹊营，全长 190 公里，它犹如一条巨龙盘踞于湘西的崇山峻岭之中，与沿边相邻的八百余座城池、墙堡、营盘、关门、炮台、碉堡、哨卡紧密呼应，交织成一个森严壁垒的军事防御体系，把以腊尔山台地为中心的苗族聚居区未服“王化”的“生苗”、“当野人摈之”，而将已被驯服的“熟苗”、汉人及熟土护于墙内，以加

▲ 南方长城

强对苗族人民的镇压统治。

然而，任凭边墙森严壁垒，终挡不住民族和睦、融合、发展、进步的历史潮流。在历次苗民起义风暴冲击下，伴随清王朝的“寿终正寝”，湘西苗疆边城墙早已化作丛丛荆棘、荒草掩盖的残垣断壁。而昔日的城堡、营盘哨卡等也成了各族人民物资和文化交流的墟场、集镇。

然而，由于某种原因，南方长城作为中国长城不可缺少的部分，作为明、清王朝镇压、防范、封锁、隔离苗民的历史见证，作为研究湘西少数民族政治、经济、军事、文化等的重要证物，被埋没在岁月的深处，鲜为人知。

2000 年 4 月，中国长城学会副会长罗哲文教授同一批考古、建筑专家在凤凰考察时，发现县境内有 300 多年历史的“苗疆边墙”，即是他们寻觅多年的中国南方长城，赞其“较之北京的居庸关、八达岭、慕田峪、司马台长城毫不逊色，且展示了南国风光和湘西少数民族风情特点”。从而肯定，苗疆边墙不仅防御工程体系与北方长城一样，而且军事机构设置、官兵制度也都相同，为明长城的一部分，它为明长城增加长度 190 公里。

为什么说黄丝桥古城是我国目前最为完整的“袖珍古城”？

黄丝桥古城始建于唐武后垂拱二年（686 年），为渭阳县治，该城墙原为土筑，康熙五十年（1711 年），清康熙王朝为加强对苗疆的统治，在距古城西北十余里处的落潮井设凤凰营，布重兵把守。同时，把古城的土墙改为石墙。城墙周长 686 米，设有箭垛 300 个，炮台三座，城门三座，即东门“和音门”、西门“实城门”和北门“日光门”。城内以一个“十”字形的街道为主体格局，街道两旁为兵勇居住之地及马厩，掘有水井，建有衙门、关帝庙、演武厅等。

▲ 黄丝桥古城

清乾隆十八年（1753 年），朝廷为进一步加强军事基地防御力量，把凤凰营从落潮井迁至该城，称新凤凰营。黄丝桥古城自此为千里边墙线上最大的屯兵城堡，战略要地。

黄丝桥古城系我国至今保存最为完整的古城之一。国家旅游局的领导称其为全国绝无仅有的袖珍古城。它不仅是一件“完美的艺术杰作”，更是一座凝结着湘西各族人民爱恨情仇和勤劳智慧的历史丰碑！

舒家塘古堡有何特色？

舒家塘古称“书架堂”，位于凤凰县黄合乡，距南方长城起点亭子关4公里。

该堡由上、中、下三寨组成，古时为营垒，因此修筑极为考究。设三座大门，分东南北向，采用上等石料修砌，门上造楼，驻兵把守。整个城堡由城墙环绕挡护，墙高8米，长约1500米，均由青石砌筑。城外由48口水塘环绕，形成水之屏障。同时与建在周边要隘的营堡遥相呼应，进退自如，易守难攻。

▲ 舒家塘古堡

据中国长城学会罗哲文教授考证，该城堡的历史至少在800年以上，现能见到的木屋及雕花木窗，大多属清代遗存，而那些用青石条修筑的宅院门楼却是久远年代的遗物。

2000年盛夏，联合国亨利博士在此考察时动情地说：“我没有见过比舒家塘更为古老、更为完整、更为幽美的古城堡了。”

“天下第一大石桥”位于何处？

天下第一大石桥又名乌巢河大桥，位于凤凰县腊尔山乌巢寨，飞架于乌巢河深谷之间，大桥单孔净跨径120米，为石拱桥单孔跨度之世界之最。大桥长236米，宽8米，高42米，采用巧妙的全空石肋拱式结构。国内外专家鉴定，石桥规模宏伟，结构科学，造型新颖，工艺高超，跨度前所未有，世所罕见。原中顾委委员，第一任交通部部长王首道参观大桥后，欣然命笔："天下第一大石桥"。

立于大桥，但见峡谷两旁群峰耸立，云遮雾绕，奇景纷呈。乌巢河如一条苗家花带飘然而去，万水千山，尽在眼前。

天下第一大石桥由凤凰籍桥梁专家田云跃设计，于 1989 年始建，1990 年竣工通车。

你了解王村吗？

王村，古称溪州，是因酉水为"五溪"之一的缘故。五代十国时，土著先民入主五溪后，土司在王村等地封地为王，扼守酉水流域，官、司据河对峙。其声势之显赫为朝廷所悚然。

东汉年间，朝廷数度征剿"武溪蛮"不下，于建武二十五年（49 年）春，不得不起用声名赫赫的大将军马援驰奔湘西征讨。战功累累的马大将军兵临沅水，进武溪之后，不禁倒吸了几口凉气。在他的《五溪行》中且惊且惧地写下了"滔滔武溪一何深厚……鸟飞不渡，兽不敢临"的句子。伏波将军马援心知此行凶多吉少，遂命部下扶柩随行，硬着头皮做出了一副壮士赴难的悲壮行色，不无凄惨地写下了"何必马革裹尸还"的遗嘱。

▲ 王村

战争的局势果真未像朝廷希冀的那样逆转。马援病死武溪，战场上未尽的硝烟笼罩在朝廷心头，汇集成挥之不去的阴影……其后，随着隶属楚国的溪州日益强盛，其刺史彭士愁与自称马援后代的楚王马希范之间的摩擦也日渐剧烈。终于，爆发了一场旷日持久，规模之大，惨烈之甚，于当时都罕见的“溪州大战”。数度杀伐之后，土司退守王村高地，楚军进退舟楫劳顿，残酷的战争使双方都没有讨到好处，无奈之际，朝野之间只好化干戈为玉帛，以酉水为界，盟约立誓，世代永不宣战，并立铜柱铭之。溪州之战并未使土司捞到战争便宜，却由此确立了土司的政治地位，溪州自此进入了八百年之久的进步与繁荣时期。

一场战争，使朝廷低下了高贵的头，而王村却因此挺直了脊梁。到石达开的马队扬尘飞驰而至时，王村已是湘西一个商贾云集的要阜。石达开站在王村的脑门上，勒马远眺，陡然为王村雄踞的气势所震慑，于是下马投鞭，垒土为台，对王村拜了三拜。这种膜拜，是一个王者对另一个王者的折服，并在此挥毫写下了“扬鞭慷慨莅中原，不为仇雠不为恩，何如著作千秋业，宇宙还留一瓣香”的感叹，然后一抖缰绳，绝尘而去。

王村，便多了些厚重的底蕴。

王村景观特色何在？

湘西的古镇，王村是个有些名气的地方。

王村的出名，历史久远，但为外人津津乐道还是近些年的事，这大约沾了电影《芙蓉镇》的光。

王村称得上古旧，古旧的王村有两千多年的历史，经年的风刀霜剑没能阻其风范的长留，那些经典的土家民居依山临水，风采依然。自酉水河边望去，一幢一幢挨挨挤挤地占据山腰，一律的青瓦木壁。对峙中，不经意地挤出一道悠长的古巷来，平平仄仄，绵延五里。陈旧的屋舍矗立着，见证着岁月的跌宕，也诉说着历史的曲折幽深和迷茫，在巷道的纵深处环顾，前不见尽头，后无复来者。

王村像一位靠水而憩的智者，凝重、沉稳的形象赫赫入目。其胸中何种佳篇杰构，掌上何等风云玄机，为旁观之俗人所轻易不能读解。

在王村幽深的巷子里走，仿佛每一步都会踏痛历史的神经，不期然苏醒过来的故事就会与你撞个满怀。自五代十国逶迤而来的马蹄声，仿佛仍旧在残垣断壁、青石缝中此起彼伏。虽然，迂回曲折的青石巷所蕴含的陈年旧事不可数，但那些在历史书中铿锵作响的章节，却依然历历在目，蓦然回首，就在历史深处闪烁。

斜阳西下，躺在坡地上的王村，一如坐在太师椅上入定的老者，一言不发，声色不动，任云卷云舒，水去水来，兜底里透出一股王者之气来。

溪州铜柱历史上有何特殊意义？

最令土家人骄傲的是，在其会溪坪境内的西水河岸，矗立着一根闻名遐迩的溪州铜柱，1961 年国务院公布为第一批全国文物保护单位。后晋天福四年（945 年），溪州刺史彭士愁联络五溪诸蛮，大举东出，扰辰、澧二州，掠地掳丁，挑起土家族史上的“溪州大战”。彭氏自以为稳操胜券，但事与愿违，却被楚王马希范击败。彭士愁遂派遣他的次子彭师杲率土家田、向、覃、朱等强宗旺族与楚王议和，纳印请降，订盟罢兵。

马希范效法其祖马援“平徽于龙编，树铜柱于象浦”的经验，于后晋天福五年（946 年）会盟盟誓，立一根 5000 多斤重的铜

▲ 溪州铜柱

柱，把双方的协议和誓言都刻于铜柱上。这便是有名的“溪州铜柱”。彭氏协议中向楚王提出保全故土，外人不得在土家族聚居境内收赋征税，强买货物，抽派差役等条款，客观上为土家族的安定，起到了积极作用。

铜柱八棱，中空，上覆铜顶。据铭文记载：高1.2丈，入地6尺，重5000斤，并有石花莲台及磉石，柱身刻字23行，每行56字，全为娟秀楷书。铜柱的竖立，客观上起了“无扰耕桑，无焚庐舍，无害樵牧，无阻川途”的积极作用，使当地800年来得到政治上的相对稳定，促进了经济文化的发展。立铜柱后，宋太宗“诏辰州，不得移部内马氏所铸铜柱”。

猛洞河的景观特色是怎样形成的？

猛洞河是一条弯弯曲曲的河，发源于大山深处，涓涓细流汇流成河，义无反顾向东飘去……

而猛洞河却不同于其他河流。河水深不可测，平静得几乎不流动，鱼悬浮在琥珀般透明的水中。

猛洞河两边只有深不可测的水中笔直陡起的悬崖绝壁，岩壁直如刀斧切开一般齐展。如石围屏、古城墙，咄咄逼人地从两边挤压猛洞河。抬头望去，悬崖顶部仿佛直接连着青天，沉静的天空，也只有一条依猛洞河蜿蜒飞动的蓝色飘带。两壁悬崖好像能合拢来，把我们幽闭。悬崖峭壁上横伸出苍郁蓊翳的枝叶，垂吊着挂满浆果的长长藤蔓，成片成片地巴附着蕨菜、凤尾草、石蒜花，猴群就时时在浓绿丛中嬉戏，瀑布顺着长发一样飘散的草叶泻落在河面上，哗哗啦啦地抖开七彩的霓虹。

猛洞河水面的阳光是珍贵的，只有正午，阳光才能降临水面。太阳从这边峡壁顶滑向另一边的峡壁顶，阴影就像有脚一样很快地从河的这一边又踱向那一边，平静的水面许多时间之中都清幽宁静地伫立在阴影里。

祖辈漂泊在猛洞河的土家朋友告诉我：过去的猛洞河河床比现在低得多，两边峡壁更高更险，也曾裸露过雪白的细沙，粗大圆润的卵石，也有过吼吼作响的险滩。从沅水进至酉水逆流而上再至猛洞河的船夫，他们背着纤索，沿峡壁脚，手抓岩石匍匐而行。走着走着，连脚指头宽的路都没有了，便跳到船头，把船摆过河，再沿另一边峡壁脚，手攀岩匍匐而进，如此往返，激溅过多少艰难凶险、悲壮豪迈的故事与传说？纤夫豪迈的号子，篙篙凿凿，舵之咿呀，桨之噼啪，回荡在这两壁森严嵯峨的悬崖绝壁之间的河谷。

猛洞河河床抬升淹没了，覆盖了，遗忘了一切。酉水下游凤滩水电站的现代拦河坝，使酉水满溢，猛洞河满溢，才没有了洲渚，没有了芦苇，呈现今天这种悠然平静、处子般娴雅宁静的境界。

老司城因何被列为国家重点文物保护单位？

老司城，又名福石城，位于永顺县灵溪镇20公里处，为全国重点文物保护单位。

这里四周山峰一个走势地向老司城涌来，灵溪河从北而南款款流过，造成一斜斜的坡地。如今，只不过是一座村落，蜷伏在山重水复的旮旯里，然而它在历史上却是一座城镇。据史料记载：

▲ 老司城祖师殿

"当时是城内三千户，城外八百家"，"巍巍乎五溪之巨镇，郁郁乎百里之边城"，为管辖两县二十六州、六长官司的古溪州的政治中心，是宣慰使司、宣抚司、永顺等处安抚司的治所。

据永顺县志载，这里从五代起，就是溪州彭氏土司政权的故都。土司政权延续二十八代，至"改土归流"止，达818年之久。

彭氏土司没有利用通江达海的酉水来发展自己，反将州治所躲进易守难攻的万山丛中，取名福石。不管怎样，民间习称司城，连前面的灵溪河也唤作司河，作为首府，经历了593年，换过23代宣慰使和安抚使，直到雍正六年（1728年），最后一个土司才"改土归流"。清知府建城于猛洞河畔的猛洞坪，这里才渐渐萧条起来，从此被人们称为"老司城"。

老司城的建筑大部分销毁于历史的风雨中，所幸的是"万马归朝"等山水风光依旧，暗色卵石铺就的街道，仍可勾勒出当年都城的轮廓，祖师殿古刹以及皇经台、土司德政碑、土司王祠、翼南牌坊等古迹尚存，可供人观赏和凭吊。

紫禁山古墓群为什么有"土家皇陵"之称？

紫禁山古墓群位于土司王衙署左侧的紫禁山。宋、元、明、清历代土司及其家族多葬于此，计有古墓109座。溪州土司彭世麟、彭明辅、彭翼南、彭永南、彭之绵、彭廷机、彭廷春、彭弘海等30座夫妇墓皆于此。因此有"坐在金銮殿，葬在紫禁山"的传说。墓区前有一块砖石照壁，壁上精雕细刻的龙凤花鸟图案栩栩如生。墓地有石人、石马、翁仲俑相对排列，四周有高大的围墙，进出口有一道铁门。

墓室一般高 2 米、宽 3 米不等，分单、双、三室。内有通道、拜台以及石刻墓志铭，墓壁为浮雕花砖或镂刻花石砖构筑，棺椁系金色和朱红色，楠木料，陪葬器物极为丰富。它反映了土司王华贵骄奢的生活，是土家族历史文化的宝库。故紫禁山古墓群有“土家皇族陵园”之称。

明史誉称“东南第一战功”的名将是谁？

彭荩臣，保靖县迁陵镇人，系保靖彭氏第二十九代土司，第三十三任宣慰使。

彭翼南，字晋卿，号北江，生于明嘉靖十五年（1536 年），为原溪州刺史彭士愁后裔，嘉靖三十三年（1554 年），袭永顺宣慰使。

明嘉靖年间，倭寇时来犯沿海，烧杀掳抢，民不聊生，为解民众之苦，嘉靖三十三年（1554 年）冬，朝廷下旨征调湖广土兵平倭。彭荩臣、彭翼南率土兵远涉 1500 多公里，赴东南沿海抗倭。次年年初，抗倭作战捷报频传，威震海疆。5 月，倭寇 5000 余人大举进犯平望，彭翼南率土兵截击，迫使倭寇退到嘉兴北王泾地区。永保土兵和广西将士四面合围，彭翼南、彭荩臣等身先士卒，南北夹击，歼倭寇 1900 余人。明史誉称“东南第一战功”。

现若云书院前，雅草坪山坡上还有翼南牌坊，此坊是为纪念明代抗倭英雄彭翼南而建的。

当年土司金銮殿今何在？

土司的金銮殿，即土司王的衙署，是土司王故都的主体建筑。当年土司王选在这里建都，不仅取其“万马归宗”之势，更看重这块“龙凤呈祥”的宝地。老司城东侧山脉似一只展翅上飞的金凤，人称“上山凤”。南侧山脉似一条巨大青龙，将金凤环绕，人称“青龙到宫”，金銮殿就建在凤尾龙头前。

它依山而建，方圆0.5平方公里左右，现只有遗存残垣断壁。金銮殿北侧有凉热二洞，洞呈圆形，门如拱桥，青砖拱成。洞分两进，如“丁”字形，宽4米、深10米，可容纳20余人，冬暖夏凉，通风良好，为土司王享乐之所。

当年显赫一时的土司王金銮殿，也经不起岁月风刷雨蚀，只留下遗迹，供人凭吊、引人追思……

猛洞河漂流为什么有“天下第一漂”之称？

猛洞河漂流位于猛洞河支流司河，上至哈尼宫，下至猴儿跳，全长37公里。两岸森林密布，碧水湍急，有“十里绝壁，十里瀑泉，十里画卷，十里洞天”之美誉。沿途有急流险滩108处，大小瀑布20余处。

乘橡皮舟顺流而下，沿途看奇峡秀水，听鸟鸣猴啼，心旷神怡。尤其在险滩急流中乘风破浪，颠簸沉浮时那份惊险、那份心悸、那份喜悦、那份振奋，更让人沉醉于大自然的强烈刺激、美好享受之中。沿途主要景点有哈尼宫、三角岩、斗篷滩、鸡笼门、捏土瀑布、阎王滩、落水坑瀑布、梦思峡、猴儿跳等，无不令人叹为观止。

前国家旅游局局长刘毅在漂流后赞道“全国独有”，全国人大副委员长费孝通漂后题词：“天下第一漂”。香港著名摄影家陈复礼漂后赞曰“真正的漂流，不是在菲律宾，而是在中国湖南猛洞河”，并题词：“寻幽、探胜、刺激、舒（抒）情兼而有之，猛洞河漂流游必将扬名天下”。中国国际旅行社定其为全国仅有的两条四星级漂流线之一。

▲ 猛洞河漂流

为什么灵溪生态游备受欢迎？

灵溪生态游位于猛洞河下游，上起猴儿跳，下至龙门峡，全长 47 公里。在这里，它一改上游狭窄幽深而河面宽阔，只有绿水依然如茵。于徐徐山风中驾一叶小舟，双桨轻摇，絮语丝丝，人便在画中诗中了。若乘游船逆水而上，则可在碧水翠山之间，尽情领略高峡幽洞，流泉飞瀑的秀丽风光，猴群嬉戏的乐趣；还可品尝“活水煮活鱼”、“泥鳅钻豆腐”等土家美味佳肴。

那绿色的世界，秀丽的景色，天然的情趣，能涤尽你心中的纤尘，陶冶你的情操。其主要景点有石壁画廊、龙门峡、鸳鸯峡、猴儿跳等，尤以小龙洞最为奇特。

小龙洞位于猛洞河西岸 20 多米高的绝壁上，上有古木掩映，下有平湖绿水，洞前是一圆形深潭，潭水从洞门沿崖溢出，形成瀑布，乘小舟划至后壁，穿过 10 米多长的石缝便豁然开朗，石笋石幔，千姿百态，琳琅满目，形态各异。特别令人惊奇的是天鹅湖，呈椭圆形，约80平方米，后壁有瀑布，瀑下乳石像一群翩翩欲飞的天鹅，妙不可言。

因此，灵溪生态游是因秀美、新奇、舒适而备受欢迎。

“不二门”景区之名何来？

不二门景区位于永顺县城南20公里处，是国家森林公园。园内山奇水异，怪石林立，绿树成荫，古迹遍布。其中“不二门”和观音岩古刹系湖南省重点文物保护单位。不二门由两壁巨石并列而成，如石门斜闭成“人”字形，唯有一条小路可通观音岩古刹。

▲ 不二门

传说，不二门原本为一块整石，人们朝圣拜佛需绕道涉水，十分不便。为此，观音菩萨轻拂柳枝，劈开巨石，天凿一门。于是人们取梵语“不二法门”之意称其为不二门。不二门石壁上题词赋诗之石刻多达120余首，最早为清嘉庆十五年（1810年）题刻的“眼前南海”，最近的是湘西籍文学家沈从文先生1978年书刻的“石门天凿”。其中清光绪六年（1880年）由探花景元书写、刻于光绪二十五年（1899年）的合词字“岸”，拆读即为“山青海岸”，笔锋苍劲，天衣无缝，堪称书法一绝。公园境内的温泉“热水坑”，环境幽雅，水温宜人，可饮、可浴、可治病，实为“仙家三维之露，佛地八功之水”。

园内的“溪州土家族民俗博物馆”，陈列着反映湘西土家族历史与民俗的大量珍贵文物，是观赏和了解土家族历史与文化的最佳去处。漫步不二门内，你还可以观赏到洗心池、观音岩古刹、八阵图、仙人洞、培英塔等景点，领受大自然及佛门净地的诸多感悟。

湘鄂川黔边区省革命委员会旧址位于何处？

中华苏维埃共和国湘鄂川黔边区省革命委员会旧址位于湖南省永顺县的塔卧镇，是全国爱国主义教育基地。旧址位于塔卧丁家院内，是土地革命时期湘鄂川黔边区革命根据地的中心。在这里，完整地保留着红军活动时期设立的省委、省政府、省军区、保卫局、红军学校、卫生部、财政部、粮食部、供给部、兵工厂、省党校、无线电分厂等旧址以及贺龙、任弼时、萧克、王震等同志住过的房间，还遗存许多红军标语和一些革命文物。

这里建起了“湘鄂川黔边区革命根据地塔卧陈列馆”和由萧克同志题词的“红二、六军团湘鄂川黔边根据地革命烈士纪念碑”。

这些革命文物，反映了苗家、土家、汉族人民跟随贺龙同志闹革命，建设和保卫湘鄂川黔边根据地，配合中央红军长征的革命事迹。

国家自然保护区小溪位于何处？有何特色？

当年，溪州刺史彭士愁与马希范发生溪州大战，彭寡不敌众，遁入小溪莽莽原始森林，在雨阳、仙山安营扎寨，并在绝顶生烟火为号搬兵。四方土司纷纷率兵驰援，终于迫使马希范罢兵。在古丈会溪坪立铜柱为盟，永修和好。小溪，从此留下一段神秘的土司文化史。

小溪，那层神秘的面纱是那样撩人心弦，但是，几乎很少有人知道小溪的下落。

地图上的小溪位于沅水中上游的北部，东临沅陵县深溪口，北依永顺胡溪乡，距县城永顺 100 多公里，总面积 28000 多公顷，核心区 14530 公顷。森林覆盖率达 92.5%，2001 年被列为国家级自然保护区。

这里重峦叠嶂，山高林密，溪河交错，最高海拔 1327 米，最低海拔 200 米，年均气温 12℃～14℃，这里分布有维管束植物 222 科 924 属 2702 余种，生长有属国家一、二、三级保护并成群落分布的植物：珙桐群落、榉木群落、黄杉群落、巴东木莲群落、香果群落、银杏群落等 30 多种；药用植物、芳香植物以及其他门类植物达 1784 种；200 余种野生动物栖居其间，构成了一幅极其瑰丽的生物多样性的生态画卷。专家对小溪的论证定性是："中南十三省亚热带低海拔常绿阔叶原始次森林。是免遭第四纪冰川侵袭而唯一幸存的天然绿色基因库，是世界植物宝库中的一块稀有的活化石。"

小溪，由于交通闭塞，人迹罕至，从而躲过了人为一劫，成为大自然的一个奇迹。

土家族典型的婚俗"哭嫁"有何特点？

哭嫁，又称"打油"，是土家族典型的婚俗。

历史上，土家族早就有"能歌善舞"的美称，而今，又以"歌舞的海洋"而闻名于世。在土家民间，不仅平时办喜事，办丧事，薅草，赶骡马时要唱歌，而且姑娘出嫁时还必须唱“出嫁歌”。它把迎娶嫁送的喜悦与哀怨悲凉结合在一起，这似乎是极为矛盾的，不和谐的，但土家人却习以为常，世代沿袭。

过去，土家姑娘在十二三岁时，就要开始学哭嫁，以免出嫁时哭得不好招人笑话。会不会哭，尤其会不会说或唱，便是衡量一个姑娘聪明与否的标准。

哭，有各种各样的哭，如哭祖宗，哭父母，哭姐妹，哭出嫁，哭上轿等。哭嫁一般在婚前三天或七天开始，长的有半个月甚至一个月前开始的。每晚天黑时开始哭，亲邻少女妇妪亦来陪哭，这在全村都视为一件大事。进入哭嫁的重点阶段时，邻乡近村，凡沾亲带故的，都要摸黑路来新娘家陪哭，这种风俗有个美妙的名字叫“赶哭”。那些赶哭的姑娘就叫“油妹子”。

哭嫁的内容很多，有骂媒，哭爹娘，哭打发，哭戴花，哭开脸，哭安席，哭嫁妆等。所以，到湘西的山寨，只要逢遇好日子，都可以看到哭嫁的热闹场面：新娘用手帕捂着脸，哀哀哭着“骂媒人”。“豌豆开花荚对荚，那背时媒人乱嘴巴；绵藤开花一根茎，那背时媒人乱舌根……”而媒人呢，笑眯眯地站在一边，不恼不怒。“新娘又没去婆家，怎么抱怨我媒人胡说八道，介绍一个丑八怪的新郎呢？她是怕丑拿媒人开涮。”于是，媒人也在新娘的骂声中不失时机地插上几句：“燕崽崽大了它出花楼，狗崽崽大了它往外走，要是我再隔那年把两年不多嘴，只怕你抓住我不放手，跪在我面前磕响头……”两人一哀一喜，一恼一笑的神态，乡土气息极浓而又风趣的语言，逗得乡亲们笑得前俯后仰。

哭嫁习俗，从民俗学角度来看，就会发现它与远古的抢亲是一脉相承的。父母看着自己辛苦拉大成人的女儿即将离开自己，女儿想到自己慈爱的父母以后难以见面，悲从喜来，也就在所难免了。与其有泪无声地泣，不如有声有泪地哭，哭者动情，听者也为之动容。

过去，土家山寨女儿哭嫁，都必须穿一件哭嫁衣。哭嫁衣是由寨子里头人或富人出资特制，哪家有女儿哭嫁，就借来穿上，哭完后又退回统一保管，如此代代相传。

什么叫傩愿戏？

傩愿戏是湘西保留的一种古老的剧种。它是在原始先民酬神祭神活动中，在民间歌舞的基础上发展起来的。早期受中原文化、巴楚巫文化的直接影响，后期，又受明清民间戏剧弋阳腔、川戏、辰河戏及本地花灯和薅草锣鼓的潜移默化而逐渐完善的。除了戏之外，还有椎牛、椎猪、搬开山、搬土地、上刀梯、过火海、下油锅等祭祀活动。

傩，是古时腊月驱鬼逐疫的仪式。演傩愿戏是为了迎傩神逐疫消灾、酬傩神还愿而唱的戏。傩愿戏与原始巫教、巫术的关系极为密切。作为一种宗教活动，这种原始信仰与社会生产活动、文娱活动及民族习俗融为一体，因此，傩愿戏最先的“冲傩还愿”带有明显的迷信色彩，故而又叫“神戏”。

傩愿戏的发展过程大体是傩、傩舞、傩仪，然后才产生傩戏。傩舞源于久远的蒙昧时代，先民们在同大自然作斗争、同毒虫猛兽作斗争中，便产生了化装护面，在鼓乐声中奔腾呼号、冲杀跳跃的原始舞蹈。其所模拟的鸟雀舞、猿猴舞、熊舞等颇为壮观。傩舞与傩这种驱鬼消灾的祭祀仪式结合后，增加了祈求人兽平安，五谷丰登，缅怀先祖，劝人弃恶从善以及传播生产知识等内容，这就逐渐成为兼备阐弘教义及娱乐性质的祭祀风俗歌舞。

傩愿戏就是在此基础上发展起来的。

为什么傩愿戏有“中国戏剧活化石”之称？

傩愿戏的承传主要是口耳传授，家传与师传相结合。一般要拜师才传法。而“绝法”一般不传弟子，一个法师只有获得“封牌”才可以独立发展成员。

法师要获得“封牌”，除要精通傩愿戏外，还得经过下油锅、过火海、上刀梯三关。下油锅就是把一锅油烧沸以后，丢入几枚铜钱，过关者必须用手伸进滚油锅摸出铜钱来；过火海，即是把五张以上的犁口烧红，过关者必须赤脚从上走过；上刀梯，则是用三十六把尖刀，刀口朝上捆在木杆上成梯，过关者赤脚一层层往上爬。再在顶部念咒语，吹牛角，挥令旗。过此三关方可获“封牌”，独立成师。

傩愿戏是一种祭祀仪式与戏剧相结合的艺术形式，它的仪式是通过歌舞戏剧来完成的，而在其戏剧的表演中又夹着还愿祭祀的内容，可谓戏中有祭，祭中有戏。

傩愿戏以其富有原始色彩的内容与艺术，为我们研究中国戏剧演化史，宗教的起源，民族的形成，以及民俗学、社会学等方面提供了活生生的例证。透过傩愿戏的原始、拙朴、怪异、愚昧、甚至野蛮的表象，就会惊奇地发现这些阴阳交错，神鬼云集的傩坛领域内，竟蕴藏着大量的历史文化遗产。那祭戏不分的表演，迎神逐疫的舞蹈，传神夺目的面具，以及神秘瑰丽的楚声遗韵等，莫不直接承袭于远古傩仪及其歌舞。而千百年来，少数民族人民长期积淀形成的文化意识、心理特征，也被有机地融会到师牌飘拂，牛角嘶鸣的还愿仪式内；被雕塑得五光十色，千奇百怪的脸壳面具上；被混杂于光怪陆离、闻所未闻的原始礼仪中。正因为如此，当代戏剧专家们褒赞傩愿戏是“中国戏剧的活化石”。

著名歌唱家何纪光是何处人氏？

“桑木扁担轻又轻哟喃，挑担茶叶上北京哟喃，有人问我是哪来客哟喃，洞庭边上哟种茶人哟喃……”这是一首使那一代人常梦中唱醒的歌。在1964年第五届上海之春音乐会上，何纪光就是以《挑担茶叶上北京》、《洞庭鱼米乡》这两首湘味醇浓的歌曲轰动乐坛，使其具有金属色彩英雄气质的高腔音色，在我国民族声乐领域占有一席之地。

1983年，他随文化部表演艺术团赴香港演出，登台献歌数首，轰动港岛。各家报纸纷纷载文惊叹：“何纪光是中国歌坛一绝。”1988年，何纪光应湖南省艺术团赴日本访问演出，声震扶桑异域，他自编自唱的《应山岩》给观众留下了极为深刻的印象。1995年5月他应邀首次赴台湾参加歌颂流芳古今音乐作品演唱会，在国父纪念馆高唱《祖国颂》、《蜀道难》等爱国主义歌曲，受到听众好评。

何纪光，生于1939年，为古丈县古阳镇人，曾任中国音乐家协会常务理事，湖南省音乐家协会主席，国家一级演员。他从小就喜欢唱歌演戏，在歌坛上奋斗了四十多个春秋，参加各种演出三千多场，演唱歌曲一千余首，其演唱的《济公》主题歌为国内外听众所喜爱，曾获首届“全国影视十佳歌手”称号；演唱的《洞庭鱼米乡》获首届金唱片奖。他1987年被评为全省尖子演员；1990年授予“湖南省优秀中青年专家”的称号；1992年经国务院批准享受政府特殊津贴待遇。

为什么坐龙溪大峡谷有“中南第一大峡谷”之称？

从王村对岸的河西镇，坐船沿溪而上，即可进入坐龙溪大峡谷。峡谷位于列夕坪和张家坡两村交界狭长地带，全长 6.5 公里。主要由风蚀、水蚀长期作用形成，峡谷最深处高差 300 多米，最窄处仅容一人通过。谷内悬崖峭壁，溶丘、洼地、阴河密布，地质情况复杂。

如从峡谷两侧山顶下至峡谷，森林茂密，古藤缠绕，令人惊叹；而峭壁陡坡路险，崎岖难行，叫人心悸。因峡深壁陡，浓荫蔽日，谷中许多地方终年难见天日。盛夏至此，亦觉寒气袭人。从古至今，尚无人能全程穿过大峡谷，故人们又把此谷称为处女谷。

康熙御医的第十七代传人李浩然先生介绍，他采药遍游了祖国名山大川，景观奇绝者无冠于此者。2001 年 11 月，有关专家实地考察后，称坐龙峡大峡谷为“中南第一大峡谷”。

坐龙峡大峡谷原始幽深，悬崖峭壁高 200 ~ 300 米，崖上杂木丛生，浓荫蔽日，其树干粗枝横空斜出，隔溪相交，蔚为壮观。传说，谷内不仅生长有九龙盘、灵芝等珍贵药材，还栖有巨蟒，更显神秘莫测。坐龙峡大峡谷由亮溪、活龙潭、黑槽峡沟、南照峡沟和源头几段组成。

亮溪长 1.7 公里，较为开阔，惊而无险，溪畔环境幽雅，有水碾房、犀牛洞、岩脚洞、瀑布等景观，青年男女常到此幽会，故又名“情人谷”。

活龙潭处于坐龙峡大峡谷下游，潭形如缸，潭深过人。正面有两挂斗笠状的大瀑布，流瀑飞泻，于低处幻化成雾，又升腾而起，在阳光下幻化成虹，如龙腾飞，绚丽无比。

由活龙潭而上，依次是黑槽峡、南照峡，总长约3公里，两面峭壁均在200米以上，陡峭险峻，岩壁上的古树根，盘根错节如虬龙舞爪，极为少见。

坐龙溪大峡谷景观是怎样形成的？

经专家考证，五六亿年以前，这里本是一片汪洋，地质史上称为扬子古海。在海底沉积有大量的碳酸盐物质，这些物质逐渐压密而结成坚硬的碳酸盐岩。

3.5亿年前，本地区发生了一次大规模的地壳运动，海底上升为陆地。在以后漫长的地史时期中，地表长期遭受侵蚀，形成顶部较为平坦的古台原。

300万年以前，地壳发生新构造运动，这里间歇性上升，并在古台原上形成众多的断裂和裂隙；随着地表迅速抬升，河流也急剧下切，形成台原峡谷地貌。坐龙溪就是古台原上的峡谷之一。坐龙溪的原始形态为古台地上一条北西向裂隙，流水向裂隙汇聚，对裂隙进行侵蚀和溶蚀，使裂隙加深、加宽。流水的精雕细刻造就了坐龙溪现在的奇观。

蔚为壮观的红石林景区有何特色？

红石林景区位于古丈县茄通和断龙山乡境内，方圆上万公顷，精华景观达数百公顷。这里石峰星罗棋布，千姿万态，有如一幅天然山水画。天梯高百余米，沿石级攀缘而上，可鸟瞰石林全景。天门宽40余米，两面石柱高耸，石壁如削，十分壮观雄伟。另有巨人一尊，高约12.6米，犹如一指点江山的将军。而周围岩层成阵，有如朵朵祥云环绕，堪称奇观。此外，石人、石虎、石狮、石鸡无不活灵活现，栩栩如生。旁有一山，遍布红石，或高或低，或长或短，游人至此，顿觉扑朔迷离，难觅来路。循小径转入另一石林，但见如墙如垣，错落排列有如楼兰故城。

这里所有的石头都披着一层细密的皱褶，如珊瑚礁一般，让人想起数万年前这里是一片浩瀚的大海，海浪时时轰鸣着，一波波冲击着礁石。

更为神奇的是构成红石林景观的石头都会随天气、温度的变化而变换色彩。夏季烈日当空时，漫山遍野都是火红，红艳艳的一片，十分壮观；阴天，石头就会变得褐红带紫；到了雨天，石头又变成黑黢黢的一片。

红石林不仅以石著称，同时在石林里，还布满着地下溶洞，绝壁天坑，千年古木。融红、峻、秀、奇、绝、古为一身，风光美妙，堪称“武陵第一奇观”。

什么是土家族的毛古斯舞？

毛古斯舞是土家族一种极其古老的表演艺术。它是在土家传统摆手活动中穿插进行的，它有歌舞，有对话，有大量生产活动的动作，有简单的情节与场次。

▲ 毛古斯舞表演

毛古斯舞的演员无定，根据演出场地大小而定。表演者赤身裸体，从头到脚都用茅草或稻草裹扎，头顶编出数目不等的辫子来，胯下夹一根长二三尺不等的缠满草绳的红头木棒。这是毛古斯舞唯一的道具，象征男性阳物。有时根据剧情亦可做刀、棍、锄、锤等挥舞。演员头上辫子是三、五、七、九等单数的，表示所扮演的对象是人，且辫子数量越多则辈分越高；草辫为双数的则扮演的是猪、狗、牛、羊之类。

毛古斯舞记述了土家族先民的生产劳动和远古时代的生活方式，其中有的再现了古代渔猎的过程，有的反映了艰苦的农业劳动。有人民获得生活资料后的欢乐，也有人民对剥削压迫者的愤怒与反抗。但这些内容都是通过比较轻松活泼的气氛表现出来的，显示了土家先民乐观向上，活泼开朗的性格与艺术才能。

毛古斯舞表演内容大多取材于日常的生活生产劳动，如砍柴、挖土、播种、插秧、打谷、打猎、打粑粑、接亲等，其动作简明古朴，粗犷雄劲，欢乐风趣。毛古斯舞还穿插一定的人物对话和故事情节，如“接亲”，新郎新娘均由男性扮演，新娘头裹挑花头帕，身着满襟无领大袖的古老服装。新郎身穿长袍短褂，由两个草人双手交叉握紧连成一座花轿，抬着新娘欢天喜地绕场一周至坪中拜堂。但与新娘拜堂的不一定是新郎，因为这时草人与新郎，草人与草人已经打作一团，谁打赢了谁就是新郎，就去与新娘拜堂。

这一情节表现了土家先民群婚制的婚姻状况，还值得一提的是那夹在草人胯下象征男性阳物的红头草棒，草人每当一件农事或生活情节表演完毕后，都要双手握住草棒十分夸张地显示一番男性的雄风，这些都表达了土家先民对男性阳物的崇拜情结。

土家“毛人节”的意义何在？

古书《桐君录》上有古丈茶始于东汉的记载，然而百姓们津津乐道的，却是他们心中更为远古的话题。

在土家族流传的《梯玛神歌》中，八部大王有母无父，母亲是吃茶叶而怀孕的；怀胎三年，一胎生下八兄弟。母亲无法养活他们，便将他们丢在荒山野岭，八弟兄得老虎喂奶后长大，成为彪形大汉，又回到母亲身边。后来，八兄弟就成了土家的八个大王。美丽的传说和茶叶的神奇功能，理所当然地与土家人的生存结下不解之缘。于是八部大王对茶叶情有独钟，一直敬茶为父，供为茶神。八部大王爱民如子，深受土家人敬重和爱戴。每年春节期间，土家人举族而庆，欢聚摆手，跳“毛古斯”舞，这些场所称为“摆手堂”。

“毛古斯”俗称毛人节，一是土家族人祭祀茶父祖先，达到人神共乐的舞蹈形式，其表演者都以稻草包装成“毛人”形象，故曰“毛人节”。二是祭祀八部大王的。这是傩文化与茶文化结合的一部最经典最神秘的乐章！

远古荒蛮的傩文化早就孕育茶文化的精髓，互为一体，相得益彰。毛古斯祭祀的初意是崇敬茶祖，八部王。土家后人以茶神为主是一种人类远古质朴思想的再现，是远古真实傩文化的民族图腾，他充满着男性的雄美，沉积着人类生命的况味，凝集着“我即茶，茶即我”的忘我情怀，昭示人类茶文化的文明起源与傩文化承接的最高境界。这是一种物我两忘，自然化人，人化自然的境界，是茶与傩神文化的人类自我超越，是最沧桑的原始的人性之美和灵性之美的再现。

为什么说“毛人节”是土家人的一部史诗？

每年春节期间，土家人都要过毛人节。

毛人节这天，集场上人山人海，五色龙凤旗林立。远处土家长号低鸣，唢呐齐奏，锣鼓喧天。各村寨赶来祭祀的队伍都由巫师带领，络绎不绝。巫师黑袍黑帔，腰系法兜，身背法具，手拿一把红色油纸伞。随后跟着一些提茶壶油罐的，提香纸蜡烛的，端盘的，抬全猪全羊的人群，再后就是全村寨男女老少。

一是献祭，鞭炮齐鸣。

祭祖队伍严格按辈分大小，先后进场。巫师手持法刀，神情肃穆地代表本村寨，向祖先茶父和八部大王念一篇黄纸写的祈祷词，念完后点火烧掉。然后由巫师向茶祖敬茶，口里念念有词，嘟囔一阵，将茶碗举过头顶，三鞠躬后，将茶一饮而尽。然后就祭上一头修得白白净净的大肥猪和一只大公羊，以及鸡鸭鱼肉等祭品。

然后由辈分最大的一位巫师面对茶祖神堂突然跪下，用土家语念出各种古奥的咒语和祈文，一时毛人应声躁动，祈祷声大作，全场一片哗然。此时的巫师就充当了人与神之间的代言人。地位显赫，不可一世。

二是迁步舞开始，大鼓大锣齐鸣。

舞蹈以三步一摆的步伐进行，由巫师带领，毛人全体起舞。摆手舞分为单摆、双摆、环摆、大摆、小摆。入场后，大家随着锣鼓节奏起舞，数百人乃至上千人的毛人队伍，首尾相连，全场还不时高呼“嗬出嗬出……”声势浩大，蔚为壮观。接着就是表演披荆斩棘，烧荒播种，涉江翻岭，狩猎攀缘，建立家园等动作。还有模仿先民劳动，采茶炒茶，栽秧打谷，丰收喜庆的多种场面。

特别是战舞一开始，号声长鸣，全体巫师突然下跪，面对茶神茶祖接受洗礼。其中一位点烧黄纸，大喊一声“瓦哈”，全场一齐跪下，顿时鸦雀无声。可以想象上千草人一齐跪下，这场面是何等壮观。忽然又听得一声狂野的“嗷……嗬”，火铳枪一齐点响，顿时，枪铳声、锣鼓声、鞭炮声、牛角声、土号声大作。队伍顿分两对，冲杀几次，只见烟火飞腾，毛人群舞，山鸣谷应，气势非凡。顷刻间使人眼前浮起后晋天福年间的溪州大战的场面……

所以说，毛人节就是土家族的一部不朽的壮丽史诗。

你见过神奇的碗墓吗？

大千世界，无奇不有。人们或许见过石墓、土墓、砖墓、崖墓等各种各样的墓，就是没有见过碗墓。

在古丈县会溪坪背后山岭的密林中，就有这样一座稀奇古怪的碗墓。这座墓比一般的坟墓堆得高一些，它不是用砖、石砌，而是用上千个细花瓷碗堆砌而成。细花碗一叠叠圈住墓周，往上数去，共十多层。每层碗的走向相反，碗的纹路是规则的“人”字形，很牢固，很难取出其中一只。

当地土家人给这个稀奇的碗墓抹上一层神秘色彩，说它是“仙坟”，只许看，不许摸，谁要是摸或动墓，将给家里带来灾难。故谁也不敢动坟上的一根细草。又说此坟会走动，今天在这里，明天就会挪到附近的哪个地方去。此墓何时所葬？墓主是谁？众说纷纭。

一种传说：古代有一支军队途经于此，一位将领不幸暴卒，因军情紧急，不能久留，也不能运送尸体，决定就地埋葬。由于这位将领平时爱兵如子，深得人心，士兵们挥泪挖穴掩埋遗体后，发现附近找不到石头垒坟，怎么办？最后一位伙夫献计，“用我们吃饭的碗来垒坟吧”！大家觉得也是一个办法，于是每人丢下自己的饭碗。用一支几千人的队伍留下的饭碗去砌一座坟，是足够了的。这样，士兵们以碗代石，砌了这座闪光的碗墓，寄托自己对将领的哀思。

另一种传说与此相反：坐在溪州城里的土司，生前享尽人间荣华富贵，死后也想在阴间继续享福，殉葬品之多之珍可想而知。这么多的金银财宝埋在地下，后人盗墓怎么办？土司们为其父辈想出了一个好主意。出殡时，48具棺木齐出门，以假乱真，真假难辨。于是，在各个山头溶岔，出现各种各样的疑冢。本地人称它为“享堂”，这座碗墓就是其中的一座。当埋完以后，又将所有的民工全部杀死陪葬了。故此，土司之墓至今还未被人发现。清光绪年间的《古丈坪厅志》曾有记载：“土司庄下有土司墓，周围用细瓷碗砌，按此足见土司墓制矣。”

什么是土司擂茶？

土司擂茶是土家人的一种茶道。来自一个古老的传说：相传很久以前，土家八部大王的阿妈久婚不孕。一个深夜，阿妈梦见一个仙姑手持花篮，将一包细茶粉放在床头，说是喜药，叫她喝下。翌日清晨，阿妈醒来，立即将细茶粉煮水一饮而尽。于是怀胎三年，一胎生下八个儿子，就是八部大王。就是这八部大王，繁衍生息了湘西土家族。后来人们就仿照传说中的茶粉，擂制成土家人喜爱的土司擂茶。如今婚后新娘常饮此茶，据说可“早生贵子”。

土司擂茶是将原材料——炒香的花生米、绿豆、黄豆、芝麻、绿茶合在一起，按比例倒进土擂钵中，擂成米粉，然后煮熬成糊状即可。饮用茶具均为土家竹筒，意在不走擂茶原味。喜咸者则加盐，喜甜者则放点糖，由君自取。土家擂茶幽香清纯，味道鲜美，是土家人吉庆喜日必不可少的上等茶点。

古丈毛尖为什么能享誉中外？

古丈毛尖茶始种于东汉，唐代即为贡品。1929 年获巴黎国际博览会金奖，1982 年被评为全国名茶，1983 年获外经贸部荣誉证书，并列为优质出口产品。古丈毛尖“狮口银芽”1986 年获农牧渔业部金杯奖；1988 年获中国首届食品博览会金奖；2000 年在武陵山区名茶评比会和杭州举办的国际名茶评比会，获一个金奖，四个银奖；2001 年参加在日本举办的国际名茶评比会上，古丈毛尖获国际名茶金奖。湖南农大专家曾以“古丈北泉水，青云山上茶；毛尖今胜昔，品质誉中华”的诗句评价古丈毛尖茶叶。

古丈毛尖茶，条索紧圆直，锋苗挺秀，色泽耀眼，白毫显露，香高持久，滋味醇爽，沁人心脾，回味无穷。

著名作家沈从文，居住北京四十余载，仍不忘怀古丈茶，他在文章里写道：“……山城那个古丈县茶叶清醇中，别有一种芳馥之气……”

20 世纪 60 年代，古丈籍歌唱家何纪光一曲《挑担茶叶上北京》，把古丈茶唱遍了大江南北，而新一代歌唱家宋祖英一曲《古丈茶歌》，更使其家乡毛尖茶妇孺皆知，名扬天下。

我国的“古茶王”位于何处？

如今在古溪州会溪坪的宋家寨，还生长着一株古茶树王。

这株茶树王，由其根部生出十余根臂膀粗的主干及密密匝匝的细茎。直径有 50 厘米，树高 3 米，树冠约 12 平方米。据古书记载：溪州早在唐代就以此茶入贡。这棵古茶树即为土司王炒制贡茶之遗存。

此茶树每年可产干茶十多斤，且初采时间早于附近茶园十来天。

来此观树品茗话沧桑，别有一番情趣。

古丈为何有“茶乡”之称？

要说古丈为茶乡，主要源于几个方面：

一是指古丈种茶历史悠久。古丈毛尖茶始种于东汉，唐代即为贡品，1929 年获巴黎国际博览会金奖，1982 年即被评为全国名茶。

二是有“茶乡”之称的古丈，以茶兴县。古丈是湖南最小的县，总人口只有 13 万，却拥有茶园 4.6 万亩，年产茶叶五百多吨，人均生产茶叶 3.4 斤，为全国之冠。

三是讲古丈是一个多民族聚居山区县，有着极其悠久的种茶历史和饮茶史，有着丰饶的茶文化土壤与萌生茶文化教育的社会环境和历史古根。他们在千百年种茶饮茶中，有所发现，有所创造，具有浓郁的地方民族特色。人们不仅重视饮茶习惯的艺能，讲究制茶工艺的精湛，还特重视茶文化教育对自然环境、人际关系、茶人心态、茶艺茶道的崇尚。古丈茶文化以中国哲学为母体，以民族传统道德为追求目标，展示着古丈茶文化教育的民族性和美学性。喝茶品茗成为古丈人清闲休息的独特方式，许多中老年人戒酒喝茶成为时尚。古丈茶道目前已进入社区，构成社区文化的一大特色。茶无不与古丈人生活联系在一起。因此，古丈是名副其实的茶乡。

古丈茶叶制作技术的奥妙核心是什么？

古丈茶和中国其他名茶一样，都是茶与文化相结合的产物，它与名胜风景、神话故事结下了不解之缘。至今，古丈还流传着这样一个美好的故事。

相传很久以前，观世音菩萨带着金童玉女途经古丈，看到这里风光优美，就降下云头，立于最高处四面观赏。

时值清晨，满山薄雾自下而上缓缓散去，展现出一幅精美鲜活的画卷：翠叶含珠，鸟语蝉鸣；牛羊戏于草坪，炊烟生于瓦楞。晨风吹来，神清志振，湿漉漉，甜爽爽地直达胸臆，观音惊呼“为何打开甘露瓶！”

金童玉女“扑哧”一笑，说：“这是山气。”观音问道：“何处仙山，何神掌管，有这般灵气？”

金童玉女答道：“不是仙山，是人间高山。”观音不信，命二人找一避风处打坐，要看个究竟。入夜，月光皎洁，山色空蒙，蛙声点点，灯光闪亮。观世音命金童玉女取来茶种植在山中，施以甘露。每年春天，由二人采茶制茶。制出来的茶色鲜味美，观音夸金童手艺好。玉女不服，一跺脚差点打碎玉净瓶，观音自知失言，有失公允，忙纠正说：“炒茶的是徒弟，烧火的是师傅。”

观音这句话，成了古丈茶叶制作技术的奥妙核心。火功，是古丈茶叶制作“第一功”。每当谈起这句话，古丈的制茶师就会自豪地说：“那是观音菩萨封的！”与传说相对应，观音当年落脚的高望山，就是今天古丈县的高望界；当年打坐的避风处，就是今天古丈县高峰乡的观音山。

苗族人的服饰有何特征？

男人喜欢头缠丝帕，身穿对襟（古时穿满襟）上衣，襟袖细长，裤筒短而大，喜欢青布裹脚。头帕有青帕、花帕两种，长三米以上，也有长十米的，戴时多缠成斜“十”字形。衣服颜色喜欢花格或全青、全蓝，以长条细格最具特色。除了夏天，一般穿多件，用衣扣开合显示层次，以示富有。衣扣一般有七对，依次往里层套一件，向上增扣一对，层层斜衣，一眼可见，别有一番情趣。

▲ 苗族人的服饰

妇女服饰更为精美，女衣为满襟，腰大而长，袖大而短，无领。胸前袖口均滚有花边，并加栏杆花瓣。有的在开衩和放摆前后两边缘刺云钩。女裤大而短，裤脚滚宽大花边。不论衣裤花边，均喜欢黑底彩绣，花色尤为鲜艳。

礼裙长而宽，围腰，前面大团彩绣，下脚边缘满绣花纹，并滚栏杆和大小花瓣，五光十色，鲜艳夺目。鞋头尖，鞋口大，满绣花草，后跟缀有耳子，以便穿脱。头帕多喜青布长帕，缠叠如螺丝塔，左右略呈角。未婚女子稍露发辫和彩绳。也有喜欢白布青纱刺绣的花帕。

首饰种类繁多，造型精美，有金饰、银饰、铜饰、玉饰等制作材料之分：有银帽、银盆、银链、银牌、凤冠、苏山、耳环、项圈、手镯、戒指、牙签、扣襻等佩戴种类之别；还有各种各样造型，如耳环吊耳瓜，银链配银牌吊上牙签、刀矛、小孩的八仙帽和罗汉帽等。佩戴起来，重达几斤，全身闪耀，铮铮有声。

你了解苗族人吗？

“果雄”和“华兹卡”一样，是苗族人的苗语自称。

远古时代，湖南被称三苗之地。也就是说，苗人在湖南湘西南、湘西北有很大的势力。历史同样可追溯到公元前4000多年的原始部落联盟时代。那时，黄河流域，繁衍生息着三大部落，分别由神话传说中的黄帝、炎帝、蚩尤领导。

黄帝部落居于黄河一带，炎帝部落聚居渭河流域，蚩尤部落则盘踞于江淮地区。这些部落间为了争夺地盘，为了自身的扩张发展，经常发生争战。后来，黄帝、炎帝联盟，打败并杀死了蚩尤。蚩尤部落中的部分先民留在黄河流域，部分先民向西南流入楚地荆州一带，成为三苗部落。

后三苗在此地休养生息，不断壮大，并向东扩张。大禹采纳善卷之计，在治水途中，打败了三苗。三苗先民被迫又进行一次大迁徙，一部分被放逐于三危地区，一部分则躲进西南，散居于湘、鄂、川、黔四省边界的广袤山区。成为秦汉时期的武陵蛮、五溪蛮和黔中蛮。

▲ 苗族人赶集

在以后漫长的岁月里，苗族先民中的少部分迁到外地，成为汉族和其他民族的成员，而大部分苗族先民则坚守在这片神奇的土地上，辛勤耕耘，繁衍生息，创造了自己独特的民族文化，并用自己创造的民族文化、风俗习惯，熏陶、同化那些迁入本地的其他民族先民，从而发展成为现在的苗族。

由于苗族人长期生活在艰苦的环境中，恶劣的生活环境造就了他们强悍的性格，同时养就苗族人善良、好客的个性。

你见过声震山谷的“苗族鼓舞”吗？

苗族的文化史就是苗族的一部发展史。许多重大的节庆活动、舞蹈等都带有先民拓荒的痕迹，也是苗族人纪念先辈，缅怀先民的一种表现形式；同时还有人在自然灾害面前显得无力时的敬畏，祈求神灵保护的虔诚。苗族鼓舞也不例外。

“鼓舞”苗语又称“雀龙”。传说苗族刚刚迁来湘西的时候，住在荒山野岭，草莽洞穴，常常遭受豺狼虎豹、蛇蟒毒蝎的伤害，生活十分艰难。为此，人们结庐为屋，群聚为寨，拓荒造田，狩猎为生。谁知天有不测风云，一群青面獠牙、血盆大口的山妖蹿进苗乡，苗寨被他们毁了三十三，苗民被他们吃了三千三。这时，一位名叫若雄的苗家后生挺身而出，他带领乡亲们在寨前寨后布陷阱、张云网、放铁套，人手不离梭镖、杉刀、鸟铳，同山妖浴血奋战了三天三夜，打死山妖无数，并在陷阱里活捉了妖王。乡亲们咬牙切齿，杀了妖王，尚不解恨，又把它的皮剥下来蒙在一截空心的树干上，拿着山妖的腿骨敲打。

▲ 苗族鼓舞

他们一边敲一边情不自禁地用与山妖拼杀

的动作手舞足蹈。随着山妖皮的干燥，那敲打声越来越雄浑响亮，吓得那些野兽和山妖再也不敢来苗寨残害生灵了。后来，人们还在这种舞蹈中加入了一些日常生产、生活的情节，慢慢地跳鼓就成了苗家喜闻乐见的一种风俗流传下来。

时至今日，“跳鼓”已作为一种大众民族体育活动列入全国少数民族体育竞赛项目。它集体育、娱乐、舞蹈于一体，以其雄浑的旋律，激越的鼓点，粗犷优美的舞姿及多变的套路独树一帜，是我国少数民族体育艺苑的一朵奇葩。苗家著名女鼓王石顺明曾多次应邀到北京表演，受到党和国家领导人的接见和称赞，并在少数民族运动会上获“金牌”及“苗家鼓王”的称号。

“跳鼓”形式多样，有单人跳鼓、双人跳鼓、多人跳鼓。不论哪种形式都须一人或数人“敲边鼓”，其节奏必须和表演者的鼓点相和谐。内容主要以生产、生活中的动作为素材，其套路多变，时有即兴发挥。经过多年整理加工，大致可分为“迎宾鼓舞”、“生活鼓舞”和“丰收鼓舞”三个部分。

苗族的“椎牛”是怎么回事？

每年春耕之后，苗家都要择日举行以椎牛为主要内容的祭祀活动，史称“椎牛”。它是苗族人民最古老、最盛大的一种祭祀仪式。

▲“椎牛”活动

很早以前，苗族统属一姓，即同属一“鼓”。氏族社会时期，苗族分为几大姓，即分属几大“鼓”。为了维系民族团结和生存繁衍，苗族便以一种宗教仪式把各鼓的人聚集在一起共祭祖先，这种仪式苗语称之为“农列不罗”，译成汉语即“吃牛合鼓”，即有吃牛而认祖归宗之意。

“吃牛合鼓”还有惩处叛逆的作用。相传，苗族祖先为躲避敌人追杀，终年隐居深山。一次，水牛供出了他们的住处，使苗家祖先惨遭杀害，其子女得知真相后，聚众把水牛杀死，以示惩罚。

椎牛活动一般由某一姓氏的苗族主持筹办，其他姓氏的苗族分别委以叔、伯、舅、爷等身份邀请参加，有天下苗家为一家之意。

椎牛活动的场所多为苗寨旁一处较为宽敞的草坪，坪坝中央立一根拴牛的木桩，其状如若干圆相叠，高约5米，彩色涂抹。离拴牛桩不远处，用石灰画一个大圆圈，为男女观众观摩之界。

椎牛活动由苗老司主持，苗老司述说椎牛祭祖的起源，赞美主人虔诚大方和供牛的健壮等。日高三竿，“祖宗临位”仪式之后，椎牛便开始。顿时，锣鼓铳炮骤响，吆喝阵阵应山，各姓苗家选派的椎牛手拿着梭标、杉刀、棍棒，将牛团团围住，跃跃欲刺。那被灌了烈酒的公牛受到惊吓，红着眼睛发疯般地绕着拴牛桩逃窜。按规矩，首先刺杀公牛的是舅舅，舅舅挺起梭镖，抓住公牛从眼前蹿过的一瞬间，对准牛的心脏部位猛力刺去，并紧握梭镖跑步紧跟逃窜的公牛，顺势刺破其心脏，直到公牛倒地而亡。随之欢声、吼声、鼓声雷动，庆贺椎牛祭祀成功。

倘若舅舅刺杀失败，人们在高声咒骂舅舅无能的同时，便一齐扑向公牛，刺的刺，砍的砍，打的打，直到把公牛椎倒在地。椎牛完毕，主家会搬出酒罐请大家畅饮，不喝酒的人们便聚在一起跳花鼓、耍武术、唱山歌、欢愉达旦。主持活动的苗老司还不能歇气，必须按约定俗成的规矩，主持大家把牛肉分割给各姓苗家；牛头及内脏归主家，主人将把牛头带回家挂在正屋的“母柱”上；

两只后腿分别送给母舅和妻舅；两只前腿分给叔伯至亲；牛胸肉是属于苗老司的，其他部位的肉则分给其他客人，从而以皆大欢喜圆满收场。

为什么说里耶战国古城和秦简是惊世发现？

里耶战国古城位于龙山县里耶盆地中部，东临酉水，城址呈长方形，现有面积 2 万平方米。现发现古城的城内、城外、城墙、城濠各部位不同时期的丰富遗迹和遗物，认定古城经历了战国至秦汉两个时期。

城内发现古井多座，已发掘 1 号井建于战国，废弃于秦末。井口离地表 3 米，井深 14. 3 米。圆形古井直径 4 米，井壁四周用厚 15 厘米左右的木板以榫卯方式嵌砌，从井底至井口构成井圈。井内堆积由明显的淤泥和生活废弃物构成，间夹十余厘米的草木植物，保存情况良好。而惊人的发现是从五层至井底，发现秦代简牍近 3 万枚，文字达二十余万字，字属于古隶，内容多为官方档案，涉及当时社会政治、经济、文化的各个方面，有通邮、军备、算术、记事、行政设置、职官、民族等。

中国考古界的泰斗、故宫博物院前院长张培忠实地考察后认为：在中国历史上，目前我国战国至秦这段时间有文字可考的资料极少，这次里耶出土的简牍是湖北云梦县睡虎地和全国各地零星出土简牍总和的 10 倍以上，是研究秦史的最关键性的资料。从目前来看，古城遗址是继秦始陵之后，50 年来中国考古的又一大发现。无论怎样评价都不过分，可以说北有西安兵马俑，南有里耶秦简牍。

为什么龙山有“溶洞博物馆”之称？

看过《乌龙山剿匪记》的人对乌龙山一定有印象，那茂密的森林，陡峭的山寨，密布的洞穴，是那样险要，易守难攻，特别是乌龙山众多的溶洞、风洞、水洞、火洞以及各种各样稀奇古怪的叫不上名的溶洞叫人目不暇接；真不知当年解放军是如何能肃清那些零星残匪的。

20 世纪六七十年代，全国“学洛塔”、学昔阳，他们战天斗地改造山河的精神，影响中国一代人。正因为有如此丰富的溶洞，洛塔人民才因地制宜，建造出地下水发电站。

这就是龙山！

发达的喀斯特地貌，造就了无穷的大自然美景。龙山不仅有着丰富的动植物资源、人文景观，而且在大地构造中，长期地下水侵蚀切割造就了龙山发达的溶洞景观。谁也说不清龙山到底有多少溶洞，三千、五千……只要有山有河就有洞，河中有洞，洞中有河，洞中有洞。正如著名画家黄永玉诗赞那样：“龙山二千二百洞，洞洞奇观不可知。”

尤其位于县城西南 35 公里处的皮渡河，它在 15 公里长的乌龙山峡谷，就密麻布满溶洞 200 多个，而尤以飞虎洞最为神奇壮观，洞深 60 多公里；而以神风洞为最奇，一年四季，风吹不断，百米之外可闻风声；石花洞最美，五彩缤纷的石梅花令人眼花缭乱……

有关专家说：这里门类齐全，简直就是一个溶洞博物馆。

皮渡河景区有何景观特色？

皮渡河景区位于龙山县西南35公里处，这里山峦起伏，群峰争秀，草茂林深，秀丽的皮渡河在乌龙山15公里长的峡谷里蜿蜒流淌，峡谷两岸200多溶洞密布，主要景点有通天洞、飞虎洞、皮渡河、惹迷洞、神风洞、夫妻树等。

皮渡河　清澈纯净的皮渡河，水从孪生的两个溶洞流出，从南向北贯穿火岩全境，形成峭壁峥嵘、险奇幽深的15公里峡谷，峡谷两岸古柏苍翠，修竹茂密，藏匿于树丛、悬崖的溶洞密布。皮渡河因洞水相连，故水中盛产“娃娃鱼”等珍稀动物。皮渡河幽静，但不沉寂，河水潺潺，蝉声唧唧，百鸟啁啾。还有那“乘龙桥”上老翁垂钓放线忙，古龙桥上土家妹子山歌对情郎，水面常有捉虾女、阿哥口含木叶吹的情歌绕着峡谷荡。其间泛舟，令人心旷神怡，醉意飘然。

飞虎洞　乌龙山峡谷有200多个古怪的洞穴，以飞虎洞为神奇壮观。飞虎洞共有四层，洞中有洞，洞中套洞，由多纵多横的洞穴构成。洞中有一大厅，垂直高度有340多米，可容纳万人。洞内阴河密布，奇山怪石，钟乳林立，神秘莫测，洞深60公里，传与湖北来凤磨刀溪相通，曾吸引世界各国探险家前来探访。

惹迷洞　它博大深邃，景色迷人，深2.5公里，高宽各20多米，以石幔、石柱、石花、石笋为主，我国著名美术家、原中央美院副院长古元教授游览后题词：“神宫仙境，奇景无双”。该洞有国内最高的钟乳石柱——“天师柱”，高30.5米。还有武陵春、玉瀑垂帘、画壁迎辉、双龙戏龟、仙女思凡等天下奇观。漫步洞中，你将思绪悠悠，如痴如醉。

石花洞　实是一个天坑，直下30米后向东南方向平行延伸，

200 多个景点造型各异，均由大小不一、错落有致的石花组成，绚丽多彩，令人目不暇接。特别是那石柱林立的“梅花林”，柱上绽开的五彩石梅花，洁白无瑕，令人拍手叫绝。

神风洞　在峡谷纵深 200 多米的左侧石壁中。除了洞内琳琅满目的景观外，更令人惊叹的是那冬暖夏凉，呼啸不止的风。人至洞口，扑面而来的风，使人顿觉飘浮之感，略疏忽便顺风而倒。洞中风向随着温差而变化，一般冬季向内吹，夏季向外吹，百米之外可听到风声，是独特的旅游避暑地。经测试风速每秒 12 米，相当于 6 级风力，可利用风力发电供洞内照明。

除此之外，还有天坑鼓、夫妻树等。

你见过透明的鱼吗？

在龙山的许多溶洞里，都会发现透明的鱼。由于这种鱼长期生活在没有光线的溶洞里，双眼退化成为很浅的皱褶，对光全无反应，故又叫盲鱼。这种鱼通体呈粉红色，全身透明，主刺、腹部五脏清晰可见。另外还有一种形如蝌蚪，鳍已退化，只有长长的尾巴，光照之下，闪烁着蓝色的荧光，游动时如蓝宝石，煞是好看，这种鱼称之为火岩溶洞盲鱼。

在这里看到这种鱼是继伊朗、云南个旧之后世界上第三处发现，但数量之多，鱼体之大（大约 10 厘米以上）实为罕见。

排碧阶为什么会被联合国国际地质委员会命名为“金钉子”地质剖面？

2001 年 8 月 31 日，18 个国家和地区的 80 多名地质专家来到花垣县排碧乡，举行国际寒武纪委员现场会。通过实地取样发现：

此地区岩层纹理清晰，含有丰富的网纹雕球虫子化石和三叶虫化石，是全球迄今为止发现的唯一的上寒武纪优质地质剖面。

2002 年 8 月，联合国国际地质委员会寒武纪分会通过投票表决，一致认为：花垣排碧的地质剖面具有发育清晰，古生物化石丰富的特点，是划分地理构成的理想参照物，是全球罕见的上寒武纪地质地貌，对研究地球的形成及运动具有重要意义。因而被命名为芙蓉统排碧阶“金钉子”地质剖面。

它的命名，不仅代表我国在地质研究领域具有国际先进水平，同时也为全球地质研究提供了一个宝贵完整的科研场所。

茶峒为何有“边城”之称？

茶峒位于花垣县西南部地处湘渝黔三省交界处，有“三峰标楚蜀，一水隔川黔，一脚踏三省”之称。过去，山城雄峙，城垣逶迤，河水悠悠，青石街整洁风雅，吊脚楼古色古香，白塔耸立，古渡泛舟，如诗如画。诗云：“边城胜景令人醉，疑是身在画中游。”大文豪沈从文驰名中外的中篇小说《边城》，就是以茶峒为背景而写的。

现在，城垣白塔已毁，但古风依存。《边城》等电影均在此拍摄外景。

为什么说花垣是蚩尤的故乡？

在花垣县南面有个古苗河蚩尤风景区，总面积 30000 公顷，其中森林面积 2667 公顷，沿河峡谷风景带长 15 公里。古苗河清新秀丽，蜿蜒曲折，峡谷两岸悬崖百丈，险奇秀美，大小景点数十处，其中许多都与蚩尤有关，并留下蚩尤的一些遗迹和传说。

传说，古时苗族的远祖蚩尤与黄帝大战于涿鹿，后兵败，退至今花垣一带，依托古苗河两岸悬崖天险阻击敌人，在一个月黑风高的夜晚，蚩尤把敌兵诱至古苗河七梯岩处，歼灭数万敌兵，黄帝大败，从此，兵马再不敢踏入苗疆。

蚩尤河　相传古苗河是蚩尤为解上游水灾带领侍从劈山修的，一共修了七七四十九天，才修到与酉水交汇处，从此根治水患，当地百姓为感蚩尤遂将此河命名为蚩尤河。又因此河发源于苗疆，是苗族人民的母亲河，故又叫苗河。

蚩尤碾　在蚩尤河中游有一瀑布，装有大型水碾，极其壮观，相传此碾是蚩尤修河时碾米造食之用，至今古貌依然。

七妃浴　在蚩尤河中游有七个彼此相连的天然浴池，浑圆溜滑，相传蚩尤在此修河时，其七个妃子早晚在此洗浴，因此得名。

白水河　古苗河有一股支河，洁白似乳汁，为古苗河又一奇观。相传有一恶龙残害百姓，蚩尤将它镇压在此，恶龙挣扎，流出的白涎水。

蚩母洞　在古苗河畔，有一酷似女性生殖器的古洞，故名蚩母洞，传说求子求嗣，灵验无比。

水底龙宫　在古苗河映龙潭瀑布旁的水底处，有一大型岩洞。此洞与众不同，它是洞口在水底，洞口大约10平方米，洞内容积很大，且高于水面。洞里有石桌、石椅、石床等，传说此洞原为龙宫。蚩尤被黄帝追杀至此，蚩尤无奈，潜入水中发现了龙宫，遂将龙

▲ 蚩尤铜像

王撵出，借此洞以安身，后卒于洞中。这就是史书从未记载过蚩尤死于何时，葬于何处的原因。

花垣的大小龙洞瀑布有何景观特色？

在花垣的高山峻岭中，蕴藏着丰富的水利资源。大地构造运动，雨水长期侵蚀，造就了丰富的自然景观。在花垣的大龙乡附近就有庞大的瀑布群，并以磅礴的气势，构成极为壮观的自然景观。大龙洞瀑布位于大龙乡附近山谷，水流从 214 米高的绝壁洞口中喷出，形成 20 多米宽的瀑布飞流直下，声如惊雷直捣石潭，气势磅礴，整个山谷水云弥漫，雾气蒙蒙，远看瀑布如白练悬空，近看似银河泻天。遇上晴天阳光斜照，水雾中幻化出五彩长虹，艳丽夺目，蔚为壮观。

小龙洞瀑布在排碧乡附近，距 209 国道 2 公里。那里有一“U”形山谷，悬崖高达 500 米以上，有小龙瀑、窟索瀑、护潭瀑、蟹将瀑等从百米以上的绝壁飞跌深潭，响声如雷，似万马奔腾。而尤以小龙瀑落差最大，达到 147 米。

人到此处，不得不为大自然的壮观而震慑，不得不赞叹大自然造化的伟大，巧夺天工。

有“神奇的东方艺术瑰宝”之称的辰河高腔源于何处？

泸溪县浦市镇，为湘西四大名镇之一，不仅名胜古迹很多，而且是辰河高腔的发源地。

辰河高腔是湖南古老的地方戏曲剧种之一，有 400 多年历史。不仅为湘西人民喜闻乐见，也为川东、鄂西以及黔东南地区各族人民所欢迎。据传，它是明初由江西移民带来的弋阳腔，流入沅水中上游地区，融合当地语言，加上民歌、号子、宗教、祭祀音乐等曲调演变而成的，在武陵山区、湘西地区盛行。

神话传说《目连戏》就是该剧种的保留节目，1988年应法国巴黎秋季艺术节之邀，赴巴黎、巴塞罗那等地演出，引起轰动，被誉为“神奇的东方艺术之瑰宝”。

你品尝过土家特有的酸鱼酸肉吗？

过去的湘西由于山高路险，交通极为不便，加之盐巴奇缺，土家人在长期的生产生活中，不仅创造了灿烂的文化历史，同时也创造了适应自己生存的饮食文化，酸鱼酸肉就是其中一例。山里人为了能使自己更长时间吃上鱼和肉，便把新鲜的鱼肉装在密封的菜坛子里，这样既能长期存放，又能保证肉鱼有一种醇正的酸味，这便是土家特有的酸肉酸鱼。这种酸肉酸鱼色泽金黄，肥而不腻，是极具特色的美味佳肴。

你吃过有“蛋白之王”美称的桃花虾吗？

桃花虾是因为产于三月桃花天而得名。这种虾其实不是我们平时所见到的、讲的那种河虾、龙虾，桃花虾实际是一种桃花虫。每逢阳春三月，湘西山溪里的桃花虫便大量繁殖。桃花虫小巧而细嫩，非常适宜油炸。它香酥味美，是下酒的上好食材。由于桃花虫含有大量的蛋白质，故有“蛋白之王”的美称。

酒鬼酒产于何处？有何独特之处？

“名水产名酒，名酒扬天下。”

著名的酒鬼酒，产于吉首。然则为何如此著名，有何独特之处？著名的画家黄永玉先生65岁寿辰时，品尝了酒鬼酒后，诗兴大发，挥笔写下了如此文章："湘西之水甲天下，楚之三闾大夫屈原曾浪游沅澧，歌骚风物边鄙之地，遂得以传焉。此酒即以兰芷之流泉，并采用古方酿制而成。此酒始于何时虽不可考，然其芳香醇厚之品位，数百年来仍不减其于万一也。"

由此可见，此酒出名，则名副其实也。

湘西最有名的土特产、工艺品是什么？

你到湘西旅游，看完了这里的山，游完了这里的水，品尝了这里的佳肴，领略了这里丰富的民俗风情后，千万不要忘了带点湘西最具特色的纪念品，要不，将是一种遗憾。湘西的蜡染、织锦和刺绣，都是极具湘西风味的纪念品。

蜡染　把镂有图案的软木板或硬纸板放在白布上，把蜡液倒入花模镂空处，然后把白布浸入用天然植物制成的染液中浸染，除去蜡块，就显现出蓝白相间的图案。蜡染因其独特的工艺而具有鲜明的民族风格和浓郁的民族韵味。

织锦　用丝线编织而成，根据需要编织出各种花鸟鱼虫、龙凤呈祥等栩栩如生的图案。这里所生产的壁挂、挎包等，以清晰的线条、美观的花色、古朴的风韵，为中外旅游者所喜爱。

刺绣　也叫绣花。它是在各种彩色面料上画好需要的图案，然后用彩线一针一针刺绣出来的。其产品有花衣、花裙、花被、花枕、鞋、帘、巾、包等，图案色彩鲜艳，动静相间，栩栩如生。

株　洲

株洲为什么又叫槠洲？

三国时吴国在株洲地界设建宁县，南朝时陈国沿而用之。据说古时此地多槠木，遮天蔽日，故又称作槠洲。隋以后至民国的近千年中，一直在湘潭县境，为乡镇。株洲之名，始自南宋，株古时泛指草木，或仍为槠、株之变。1951 年从湘潭县划出来成立县级市，5 年后升格为省辖市。

株洲今日已是湖南第二大工业基地，为我国南方的铁路交通枢纽。

株洲辖醴陵市和株洲、茶陵、攸县、炎陵四县，名胜古迹甚多，其中不少为著名旅游胜地。

奔龙公园是否真有青龙降伏过黄袍怪？

株洲市建设中路西侧紧邻湘江之处有座公园，占地 30 公顷，相传古时有黄袍水怪在湘江兴风作浪，为害四方百姓。有青龙从山中飞腾而起，与水怪搏斗多日，终于水怪俯首帖耳再不敢妄动。

世人为感青龙恩德，称此山为奔龙山，今日的公园也因此获名。

奔龙公园水榭楼亭点缀于湖光山色，其南面是峻岭盘龙，“山峦”指天，四龙盘踞，其北面是龙池，建筑面积4000多平方米，华丽壮美。红鲤悠闲地荷池在龙宫一侧，有草地相拥，有花廊相邻，信步其间，心神爽快。龙洞则在图书馆和展览馆中间的夹道尽头，深有半华里，洞中有洞，错综复杂，四季温暖如春。旱冰场、游艺场、动物园分设于园内，笑语欢声狮啸虎吼，游人不绝。

为什么株洲被誉为“中国电力机车之都”？

株洲电力机车厂创建于1936年，现有员工万余名，其中科研人员近3000名；有中国铁路工业企业唯一的中国工程院院士，已成为全球最大的电力机车研制生产基地，被誉为“中国电力机车之都”。

这里是专门从事电力机车、电动旅客列车组和城市轨道车辆等轨道电力牵引设备的研究、开发、生产、销售机构，拥有现代化的专业资源，包括世界上最大的电力机车总装工位，现代化机车转向架制造中心和大功率牵引电机制造中心，牵引及电力变压器制造中心，等等。

1998年，SS8型电力机车创造了每小时240公里的中国机车第一速；2000年，中国铁路机车时速最快、性能最先进的蓝箭交流传动动力机车诞生；2001年，拥有我国自主知识产权，性能优越的“奥星”交流传动机车和“中原之星”交流传动旅客电动车组诞生，总之，在中国大地上各种类型的机车基本出生于这里，故被誉为“中国电力机车之都”。

伏波将军马援何时来过株洲？

新莽末，马援曾任汉中太守，后为汉光武帝刘秀所用，击叛绥边，于建武十七年（41 年）受命南征五岭以南之交趾，赐伏波将军。马援挥军南下，择渌水北岸一山为往返屯兵之处，故以“伏波”名此无名之山，称伏波岭。

唐代建伏波庙于伏波岭上，大革命时期，毛泽东考察农民运动曾在此召开座谈会。今日伏波庙已被辟为革命纪念地，游人抚今追昔，思绪萦回两千年。

朱亭与朱熹有什么关系？

南宋哲学家朱熹，绍兴十八年（1148 年）进士，乾道二年（1166 年）以“监潭州南岳庙”身份入湘，曾应学子之邀在株洲县南 32 公里处湘江东学讲学。当日学子们筑小亭为朱熹遮挡风雨，朱熹走后感叹此事，称小亭为朱亭，并建龙潭书院。后该地形成乡镇，亦以朱亭名之。镇后有十里长山，林海茫茫，松杉竹木绿浪排空，茶林橘树，新香盖地，无涯无际，莽莽苍苍。林海中有路如带，蜿蜒飘拂。朱熹若九泉有知，魂游今日朱亭，定当结庐为去。

红拂女墓葬在何处？

据传隋末李靖以布衣投越国公杨素，杨之侍婢中有一执红拂者见李靖言谈举止不凡，深以为日后必有所为，于是夜半化装成差役模样私奔李靖，二人相见恨晚，星夜离去。后李靖归唐，从李世民征王世充，镇压辅公祏起义军，破东突厥，以军功封卫国公。李靖挥兵南下岭桂时驻兵醴陵西山，红拂女从征，病故于西山。李靖葬红拂女于此，筑墓今渌江书院中，清道光年间重修书院，即移墓葬于书院左侧山坡。红拂本姓张，因执红拂得名。唐人张说作小说《虬髯客传》，写李靖、红拂、虬髯三人结伴流寓于途的故事。明人张凤翼所著《红拂记》，渲染红拂的慧眼识珠和争取爱情，于是历代画家都视这两个版本为题材，创作《风尘三侠》画本，清初费丹旭和民国徐悲鸿所作是这个题材中的佳作。

西山红拂墓一直受到醴陵人民看重，历代文人墨客亦咏唱颇多。游人到渌江书院者，少不了一谒红拂之墓。毕竟此墓已历千百年，它铭刻着一曲唐朝名将的爱情之歌，伫立于墓庐之前，定会忆起明代诗人张叡所咏："泪竹湘娥怨未休，美人红拂又芫郊。功成不附卫公去，千古伤心水自流。"恍惚之间，怀古之情怅怅。

渌江书院为何闻名遐迩？

醴陵的渌江书院原址在青云山，南宋宁宗庆元三年（1197年）八月的一天，理学大师朱熹踏进了院门。明代理学家王守仁明正德元年（1506年）因言事谪贬贵州龙场驿丞，途经湖南，慕名而来渌江书院，游览之余讲讲学，盘桓多日，渌江书院名声大噪。清道光十七年（1837年）有诸葛之才的左宗棠应邀渌江书院做山长（主讲，也即院长）两年。

渌江书院早年从东正街青云山下迁至西山，宋明皆为学宫，清乾隆十八年（1753年）正式命名渌江书院。李立三、程潜、陈明仁、左权等都曾在这里求学。今日的渌江书院为醴陵教师进修学院。书院的头门讲堂、内厅、日新斋、又新斋仍保存原貌，历代名人碑刻保存尚完好。"书院"环境幽深而雅秀，绿荫盖地，鸟语撩人，盛暑炎天凉风习习，瞰览山下有渌水悠悠，足让人心旷神怡。

醴陵因何而得名？

醴陵汉代即为侯国，高后四年（前184年）长沙相刘越便封为醴陵侯，至东汉初始置醴陵县，醴陵之名颇有诗意。曹之璜曾撰文称“醴邑有泉区，吐自姜村石窦间，村有陵、陵下有井，味极甘郁”。这泉区在城北姜岭，其西有凤凰山，其东有梧桐山，凤凰乃栖梧桐饮醴泉之神鸟，甘泉即醴，于是便以醴陵称县治。醴陵八景之一，便是醴陵泉映月。今日“醴陵涌瑞”和“醴泉浸月”两碑尚存，为醴陵的今日和明天增色不少。

状元洲和渌江桥有何来历？

醴陵渌江横跨一石桥，九墩十孔，全长170多米，宽7.5米，建于南宋理宗年间（1225~1264年），距今740余年。但渌江水害为患，屡修屡毁。据说之所以屡为水毁，是因为桥墩用料不足，而用料不足是由于石料运输路线太远。后得仙人从远山将石料变成猪赶来帮助修桥，不料走到西山，被一路人识破仙人所赶之猪乃石，指点说笑一声，一群“猪”立即现出原身。今日西山岭背有许多巨石散落杂树草丛之中，相传即为猪石了。1924年醴陵人陈盛芳被何健（醴陵人）委为建筑工程师，负责修筑南岳驰道等，乘势倡资再次重修毁于战火的渌江桥，且建支桥与状元洲相连，始成今日之貌。

状元洲为淤沙积于江心而成，历数百千年，洲长510米，宽90米，明代辟洲为茶园，光绪年间辟为桑园。陈盛芳重修渌江桥后，状元洲改为公园，洲上芳草萋萋、林木葱茏，为休闲之所。

状元洲之名据说确与“状元”相关。清嘉庆《一统志》载“洲过县门前，醴陵出状元”，故古即有“状元芳洲”之称，当年红军回师赣南时，毛泽东率红一方面军攻克醴陵，曾在洲上居住数日。

八路军名将左权是哪里人？

左权1906年出生于醴陵县黄茅岭一个农民家庭，1925年加入中国共产党，黄埔军校第一期学员。1930年从苏联莫斯科军事大学学成回国，累迁至抗日战争时期任八路军副总参谋长，1942年6月2日在山西辽县（今左权县）麻田指挥作战时不幸牺牲。

醴陵人民为纪念家乡的伟大儿子，在渌江西岸建造了左权烈士墓，塑有左权烈士戎装立像，威风凛凛，栩栩如生，再现了将军的神貌与风采。

先农坛为什么会被辟为革命活动纪念地？

醴陵市东正街有个先农坛，清代也称神农殿，是祭祀神农氏以祈丰收的地方。

1926年，中共醴陵县委和县农民协会在先农坛办公，毛泽东考察农民运动时在这里召开过重要会议。今日的先农坛已辟为毛泽东革命活动纪念地，前厅有当年农民协会的办公室和毛泽东居住过的房间，室内床铺桌椅以及笔砚油灯等物，皆按原样陈列。正殿则为醴陵革命烈士事迹展室，左权、朱克靖、蔡中熙、陈觉等30多位烈士的光辉事迹在这里展出。正殿二楼是毛泽东召开农运骨干会议的地方，桌凳油灯等物按原貌陈设。

1976年，先农坛的一侧新建了“毛泽东考察湖南农民运动醴陵纪念馆”，展厅陈列有大量的图片、文字和实物，再现了毛泽东当年领导农民运动的史实。

李立三的故居为什么称为芋园？

李立三早年赴法勤工俭学，在法国接受了马克思主义，1921年回国后加入中国共产党，1922年受毛泽东委派赴江西安源，以推行平民教育的名义开展工人运动，与刘少奇一道组织领导安源路矿大罢工。此后李立三成为中国工人运动杰出的领导人之一，主持过中共中央的日常工作，一度左右了中共中央政治局对敌斗争的方针路线，犯了“左”倾冒险主义错误。新中国成立后，他历任中央人民政府委员、劳动部部长、全国总工会副主席、中共中央华北局书记等职，当选为第五、六、七、八届中央委员等党和国家要职，“文化大革命”被迫害致死，1980年平反昭雪。

李立三故居在渌江乡脚盆塘，当年这里遍种芋头，李立三的父辈称家居为芋园，是一座具有江南民居特色的平房建筑。坪前有照壁，中间是漆黑大门，门额有胡耀邦所题“李立三同志故居”祁阳石刻匾。两进拱形侧门，门额分别题写“迎祥”和“集福”。正屋堂上安放李立三同志半身塑像，神态安详，目光炯炯，一如生前。室内陈列有李立三少年时代、留法勤工俭学、开展安源工人运动、领导“五卅”运动、组织南昌起义、致力解放战争直至新中国成立后为社会主义建设而努力奋斗的一生的图片、文字和实物。

为什么说醴陵瓷是瓷中珍品？

在清雍正年间醴陵发现有丰富的“瓷土”，此后即有县东之沩

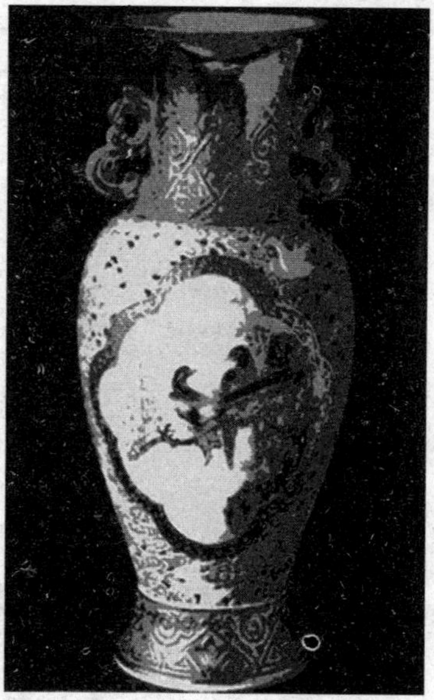

▲ 釉下五彩雕花双耳瓶

山办瓷厂烧造日用瓷。清末景德镇瓷器生产处于衰败时期，1905 年熊希龄、文俊铎在湖南巡抚端方支持下，于醴陵姜湾创办湖南瓷业公司，并于次年投入生产，1907～1908 年首创了釉下五彩瓷器，1909 年首次参加“武汉劝业奖进会”，荣获第一等金质奖章。1910 年大清国在南京举办“南洋劝业会”，醴陵釉下五彩瓷获第一等金牌奖。1911 年代表大清国参加在意大利、巴拿马举办的万国博览会上再获瓷业金质奖。景德镇因无先进的釉下五彩，屡次屈居醴陵之下。民国期间蔡元培先生发起组织南京陶瓷试验场，主持彩绘的吴寿祺即从醴陵选调。

新中国成立后，醴陵人于 1958 年发明了粉彩贴花工艺，并于同年为毛泽东烧制“胜利杯”，首次烧制“主席”用瓷。先后为中国军事博物馆、人民大会堂、钓鱼台国宾馆、周恩来总理接待外宾及出访礼品瓷、国庆国宴瓷、毛泽东用烟缸和餐具、联合国大厦用瓷、毛泽东在家乡亲自审定样品亦为生前使用的一套专用日用瓷、多位国家领导人出国访问礼品瓷等。尤其值得一提的，是 1974 年为毛泽东烧制的釉下彩薄胎双面纹饰饭碗，被誉为“20 世纪最荣耀的中国名瓷”、“瓷中王”，具有极其珍贵的艺术价值、文物价值和收藏价值。

醴陵太一街是纪念什么人的？

宁太一为宁调元的字号，清光绪八年（1882 年）生于醴陵东富乡，在长沙明德学堂与黄兴、张继相识而入华兴会，从此踏上武装推翻清政府封建统治的革命道路。光绪三十一年（1905 年）东渡日本，加入同盟会，归国前后创立过渌江中学、中国公学，主办过《民报》、《民声报》、《洞庭波》（后改为《汉帜》）、《帝国日报》等进步报刊。辛亥革命后，因策动湘鄂各省独立反袁而被捕，被袁世凯、黎元洪杀害于武昌。今宁太一墓在醴陵西山。醴陵人民为纪念自己的英勇斗士，将临渌江的一条街更名为太一街。

灵龟峰为什么号称“梅城第一峰”？

清康熙年间在攸县当县令的陈溥曾赋七律一首：“孤峰东抱大江迴，江上飞甍梵阁开。风钟金鼓摇海岳，月明蛟窟见楼台。千林晴霭熏吟屐，万壑流云泻酒杯。最是桃花飞涨好，惊涛吹作雪山来。”诗中描绘的景象，便是灵龟峰之所见。

灵龟峰屹立在城东 1.5 公里的洣水河畔，独秀于江岸，形似出穴之龟。峰顶有灵龟寺，晨钟暮鼓，轻烟冉冉。立峰上观洣水东去，望群山远拜，惊涛送雪，心境会豁然开朗。说它是“梅城第一峰”，实不为过。

皮水洞因何而得名？

清同治《攸县志》载，宋代有个叫皮文通的人隐居攸县鸾山乡皮佳村水头洞，自称楚水神仙，水头洞因之更名皮水洞。

皮水洞分两层，上干下湿，湿洞实阴河，有泉水从洞中流出，清净明澈，冬暖夏凉。干洞有深潭，落石下潭，久而不闻其声，深不可测。过深潭便见嶙峋怪石遍布，或似钟鼓，或似桌椅，或似竹笋，有的像田园“山”、“水”、“林”偕齐，可谓琳琅满目。形态各异，鬼斧神工。

皮水洞自古以来为游人乐而忘返之地，明、清两朝文人墨客慕名纷至沓来，至今可清晰见到其所题留诗句。赞美留恋之情，代代传颂不绝。

仙人桥是铁拐李施法而成的吗？

相传攸县漕泊乡的石桥是铁拐李施法而成，因此世称仙人桥。

原来此地为一座石山，恰恰阻住了一条清溪的去路，于是上游积涝而淹没田土无数，下游却干旱颗粒无收。八仙中的铁拐李路过此地，对百姓的生计深为关切，举起拐杖朝巨石一指，那石竟轰然洞开一个大口，溪水随即哗哗流向干裂的田地，上游从此也不再受涝，那石山就成了桥，大山里又平添了一道景致。仙人桥今日成了游人向往的佳境。从谷底到桥面高达 41 米，桥长 5 米，宽 1.5 米，两岸为壁立悬崖，桥下有深潭。桥面最窄处仅 0.6 米，独立其上，顿生凌空飞渡之感。

朱阳观为什么又称阳升观？

攸县凉江乡升观村有座阳升观，与司空山相距 8 公里。此观原为纪念南齐（479～502 年）司空张巴玉的，始建于唐天宝七年（748 年），名朱阳观。宋政和三年（1113 年）改建，徽宗御赐观名——阳升观。阳升观，长 86.5 米，宽 34.5 米，占地 3000 平方米。有正殿、后殿、玉书宫、蕊珠宫等，建筑巍峨壮丽、雕饰精美典雅，为湘东地区古寺观之一。

20世纪30年代的苏维埃兵工厂是什么模样？

1929年，彭德怀率红五军重返井冈山，使湘赣革命根据地得到恢复并进一步发展，以江西永新为中心的湘赣苏区十余县，包括湖南的攸县、茶陵、酃县（今炎陵县）在内先后建立了工农政权。1930年7月，攸县成立苏维埃政府，并在漕泊乡东冲设立兵工厂。兵工厂由旧祠堂改建，设置7座化铁炉，3座车枪架，日夜赶制梭镖、大刀、匕首、雷火枪和松树炮，有力地支援了红军对敌斗争。

今日“兵工厂”旧址已修葺如昨，设备虽简陋，产品虽粗劣，当年红军就是用它们杀敌，使敌人心惊胆战，打退敌人无数次围剿。

凌云塔有何特色？

平心而论，鸭塘铺乡马鞍山巅的凌云塔高28米，在三湘塔林中算不得出类拔萃，但由于塔建在马鞍山巅，七层八方，孤峰刺天，登塔顶即可尽览攸县和衡东边界风光，海阔天空，催人陡生凌云之志。

此塔为砖石结构，相传为清嘉庆二十一年（1816年）由县令赵襄倡建。塔内有石雕龙、水神，历百多年而完好无损，实属不易。

李东阳为首的文学派为何称“茶陵诗派”？

到明代，湖南的文学事业已有很大发展，产生了刘三吾、夏原吉、王伟等一批较有名的文学家，其中，明中、后期以李东阳为首的“茶陵诗派”最为著名。李东阳生于正统十二年（1447年），18岁登进士及第，殿试二甲第一，累官至太子少保、礼部尚书、文渊阁大学士、吏部尚书、华盖殿大学士，他为官50年，先后辅佐过明英、宪、孝、武宗四位皇帝。

李东阳天才秀逸，其诗文，始主平正典雅，后以沉博伟丽为宗，成为明代大诗人。其主文坛数十年，成为当时许多湘籍文人师法的对象。受其影响，文风相近，就形成了以李东阳为首的文学派，因李东阳是湖南茶陵人，故称“诗派茶陵”。它代表了明成化、弘治年间中国正统文学的倾向，冲破了“馆阁体”的束缚，为明后期的文学复古文风奠定了基础。

岳飞所书“光泉”二字现在何处？

茶陵县高陇乡光泉村因有泉名“光泉”而得名。相传当年抗金名将岳飞率兵路过此地，见一眼泉井清冽甘美，即下令造灶做饭，卸鞍饮马。岳飞见泉水在阳光下闪闪发光，顺手从田中拔起一蔸禾，在泉旁石壁上写上泥字“光泉”，后有人凿刻以作纪念。

今日“光泉”二字仍在，楷书，两米见方，刚劲有力。

“秦人洞”中有秦人吗？

《茶陵州志》载：“云阳山阴有上、中、下三洞，其水三伏三见。洞深睿不可入，时闻有声，铿若钟鼓。”并且有声有色地记载说，洞中有水，水上常年漂有桃花瓣。洞中不知住着从哪里来的奇人，以松柏之果为食，以草蔓织衣当被。入山打柴的樵子，不少碰见过这些奇人。问他们哪里来，只回说“秦代人”，却不知现在是什么年代。因此，远近之民称此三洞为“秦人洞”。

今日“秦人洞”仍在，为石灰岩溶洞，洞中钟乳石奇形怪状或形若奇花异果，或状似雕床画桌，一步一景，好不别致。“秦人”不知何处去，留下追思无限长。

为什么说皇雩仙寺是茶陵人的骄傲？

茶陵县水田乡东坑村皇雩仙寺后有七条清泉终年流淌，成为洣水支流茶水的主要源流之一。

皇雩仙寺建于后唐（923～936年）时期，庙址在皇雩仙（山）山麓。这里古木森森，山清水秀，紧邻江西的三湾，是大革命时期农民运动轰轰烈烈的地区之一。1927年“秋收起义”以后，毛泽东率领红军经三湾改编踏上了井冈山。红军第五次反围剿失败后，中共茶陵县委、县苏维埃政府迅速转移到皇雩仙山的密林中。凭借山高林密的掩护，办起了兵工厂、红军医院、缝纫厂和列宁学校。1934年，红军主力开始二万五千里长征，湘赣边区苏维埃和游击队充分利用边区复杂的环境和险恶的地形坚持斗争。尽管反动派多次提到“以茶陵、攸县交界之处，林密山深，素为共匪渊薮”前来清剿，皇雩仙的优越地理条件给前来围剿的国民党军队造成极大的困难，在皇雩仙深山中坚持斗争的红军游击队凭借天险，得以发展壮大，后组编成新四军北上抗日。

皇雩仙寺见证了湘赣边区和茶陵人民的革命斗争，是皇雩仙山优美景色的添花之笔，茶陵人谈起革命斗争故事，总会骄傲地说起皇雩寺镇护的皇雩仙山。

南浦的铁犀牛为什么千年不锈？

说起茶陵的名胜古迹，不能不说说南浦的铁铸犀牛。

古时洣水河常常泛滥成灾，在洣水河环抱之中的茶陵县城也就不能幸免，四乡更是谈水色变。南宋绍定年间（1228～1233 年），县令刘子迈为了降伏洪水，下令民间捐铁铸成铁犀牛镇水。铁犀牛重数千斤，昂首望江，形态威猛，是按“辟水兽”的传说设计的。700 年风风雨雨，铁犀牛仍然站立河畔，铿铿黑亮，寒光熠熠，似乎至今不忘刘县令和茶陵人民的厚望，日夜警惕地注视着河水。

古代劳动人民的冶铁技术不可谓不精良，千年不锈之铁犀，铸造时加入了什么“添加剂”，才有今日之功效，不得而知。游人抚犀叹息，追思答案……

谭震林何时担任过茶陵县工农兵政府主席？

茶陵县城东三角坪原为国民党县政府。1927 年，毛泽东率工农红军下井冈山，在茶陵县革命同志和工农群众大力支援下，一举攻克茶陵。建立工农兵政府，谭震林任政府主席，地址即原国民党县政府。红军在茶陵一带与敌人作战多次皆取得胜利，国民党遂调集优势兵力围剿，为避免无谓牺牲，毛泽东率部撤出茶陵重返井冈山。茶陵县工农兵政府虽只存在 40 多天，却是井冈山革命根据地创建的第一个县级工农政权，在中国革命史上具有重要的历史意义。

为什么说神农炎帝治天下是“至德之隆”？

神农炎帝据《绎史》卷四引《帝王世纪》说，是“人身牛首”，传说他“尝百草”并“鞭百草”，其实都是为了“播百谷”。所以“天下号神农也”。又因为他“尝百草”，以便为民看病，于是又以他为医药之神。而炎帝之称，则因他教人们使用并保存火种的缘故。

神农炎帝和黄帝在“阪泉之野”大战之后，才从“阪泉（今河北涿鹿东南）”迁来南方。史籍记载的神农氏是有道明君，《纲鉴》有记载，说他“以火德代伏羲治天下，其俗朴重端悫，不忿争而财足，无制令而民从，威厉而不杀，法省而不烦。于是南至交趾，北至幽都，东至旸谷，西至三危，莫不从其化”。炎帝治理天下的理论，是“民为邦本，食为民天。农不正，食不足；民不正，用不衷”，因而奖励农耕，关爱民生，连战国时期的思想家庄周也称颂他治天下“至德之隆”。

炎帝为什么会葬于炎陵？

神农炎帝在位 120 年，死后葬于酃县鹿原坡（白鹿原）。即现在的炎陵县鹿原镇炎陵村的白鹿原。因相传古时此处常有白鹿出没而得名。《帝王世纪》说，炎帝晚年为给人民治病而四处采药，在湖南误尝断肠草而中毒身亡，葬于长沙郡。《路史》的作者，南宋罗泌作了进一步诠释，说是“崩葬于长沙茶乡之尾，是曰茶陵（酃县南宋时由茶陵分置）”。而炎陵的发现又与宋太祖赵匡胤分不开。相传北宋乾德五年（967 年），太祖登基后，遍访天下古陵，夜梦仙人指引，在“白鹿原觅见炎帝陵”，始建庙奉祠祀。后历代帝王都到此祭祠，历经 20 多次修葺，规模一次比

▲ 炎帝陵

一次大，陵内留有历代碑刻数十方。

今日的炎帝陵，主体建筑基本上按清代形式修复，其午门、行礼亭、大殿、碑亭、两厢碑廊规模宏伟。重新塑造后的炎帝坐像端坐于大殿。白鹿原方圆一公里，远有云秋山翠耸西南，近有洣水送波坡前。坡上草木葱茏，有走兽啼拜，有飞禽来朝。万般景致全都沾了古风古韵而分外肃穆，中华儿女都视炎帝陵为追怀远古先祖的圣地。

炎帝为什么又叫神农氏？

炎帝神农氏是中华农耕文化的创始者，为中华民族的始兴和繁衍做出了开创性的伟大贡献。炎帝生于湖北的随州，长于宝鸡的姜水，名叫姜石年。炎帝的母亲叫女登，当她生下幼小的炎帝石年后，就去山上采摘野果去了。石年醒来饿得哇哇直叫，哭声被天上的九天玄女听到了，于是便命仙鹿给炎帝喂奶，作为他的奶娘，神鹰为他护荫，作为他的养母，这就是传说中炎帝的另外两位母亲。

炎帝晚年巡视南方，体察民情，为民宣医疗疾，因误食断肠草而“崩葬于长沙茶乡之尾”的炎陵县鹿原坡。炎帝陵主殿前回廊的两根大柱上，悬挂着一副楹联：“制耒耜奠农工基础；尝百草开医药先河”。概括了炎帝一生中最重要的三大功绩。主殿里，老祖宗端坐在金碧辉煌的圣坛上，慈眉善目，满脸微笑，左手持一束稻穗，右手拿两朵灵芝，两腿之间放着一只竹筐，里面装满他亲手采回的药草。这正是炎帝奠农工基础，开医药先河的具体体现。中国几千年来都以农业立国，而炎帝始制耒耜（原始的农具），教民播种五谷而食之，是我国农耕文化的开创者，被列入我国古代的三皇五帝，称农皇，故又称为神农氏。

炎帝神农氏的十大功绩指哪些？

在炎帝陵御碑园的照壁上，有一幅长达 40 米的《神农功绩图》，形象直观地表现了炎帝神农氏的十大功绩。

“弦木为弧，剡木为矢。”就是神农氏创造弓箭，以威天下。改进狩猎工具，提高劳动生产力，这是其一。“重八卦为六十四卦”，神农氏和厨师苏松子推究伏羲氏的八卦，并“重八卦为六十四卦”，应用于现实生产生活之中，此其二。“遍尝百草，宣医疗疾”，则是其三，后人为了记住神农氏的这一功绩，将我国医药史上的第一部医药书称为《神农本草经》。“教民耕种，种植五谷”，炎帝终日思虑改变人们捕无所获的情况，心怀天下苍生，感动了天帝，天帝便令布谷鸟衔谷种给神农，而神农就把这些种子分给先民，教他们耕种，从而解决了“民以食为天”的大事，是其四。为方便种植，神农氏“斫木为耜，揉木为耒”发明了早期农具，这是其五。“削桐为琴，结丝为弦”，发明五弦琴，又名神农琴，教化子民，祈求丰收，是其六。“始造明堂，相土而居”，神农氏想，如果人们也像鸟一样，有一个固定的窝，日出而作，日落而息，不再钻洞穴那该多好，就创造了明堂，此其七。“耕而作陶，埏（音 shān，用水和土成泥）填为器”，他发明陶器，大大改善了人类的生活条件。第九大功绩是“治麻为布，制作衣裳”，使人类社会向文明发展迈出了重大的一步。神农氏最后一大功绩是“日中为市，交易而退”，他首辟市场，提倡交换，互通有无。满足人民生活、生产需要。

今天我们的衣食住行都源于他的创造发明，炎帝这种开拓创新，无私奉献的精神，是中华民族的立足点，经过无数先辈的继承和发扬，已成为中华民族艰苦奋斗，自强不息的民族精神。

洣泉书院与“朱毛红军”有什么关系？

洣泉书院，坐落在炎陵县城西北，建于清乾隆年间(1736～1795年)。书院古色古香，门前立有四根大圆柱，房舍之间有回廊环贯，有天井相隔。院墙内古木苍翠，花草芳香，鱼跃清池，幽亭曲径，分外雅静。

1928年，朱德将湘南起义的部队主力撤往井冈山，毛泽东率部接应，消灭了尾追起义部队的敌人，回师井冈山，司令部设在洣泉书院。书院后厅右侧的那间屋，即毛泽东当年的住房。同年七月，朱德率中国工农红军两个团攻克酃县，司令部亦设在洣泉书院，也住后厅右侧小屋。

今日的洣泉书院保留当年原貌，并在书院一侧设革命文物陈列馆，保存“朱毛”在此小住的不寻常历史。

革命战争时期有多少仁人志士牺牲在炎陵县？

毛泽东率领中国工农革命军在井冈山竖起中国革命红旗后，井冈山周围各县都成了工农革命军的内、外围基地，炎陵县的大龟等地即为井冈山外围基地之一。1928年以后，红军打退三次敌人围剿，炎陵县成为革命根据地。而在艰苦的革命斗争中，这里牺牲的革命战士和工农群众、仁人志士达10000多名。1980年，当地政府在城西的一座小山上修建了“革命烈士纪念碑”。纪念碑高19.28米，巍然矗立，直指青天，与湘山古刹遥相呼应。

“漫步其间，尘意俱散”的“湘刹夹流”在何处？

与“革命烈士纪念碑”遥相呼应的湘山寺亦名“湘刹夹流”，此名源于古刹在潇水与其支流之间而得名。

湘山寺始建于明代，清咸丰年间再修，今日古刹乃咸丰再修原貌。寺之宝塔七级八角实心，石结构，巍峨凌空，为古刹点睛之作。登高远眺，寺在浓荫绿重之中，塔在枝繁叶茂之上，二水夹流，倒影成双，比“二泉映月”多了几分情趣。身居闹市能有省心皈佛之地，在这静幽的仙景中，“漫步其间”，能不叫人心旷神怡？一切凡事俗务，都会抛到一边，岂不“尘意俱散”。而登寺塔东望，城郭壮伟，市井依稀，远山近水如画，又别是一种风光。

炎陵县“桃源”在哪里？

县城东南40公里处，有个桃源洞自然保护区，总面积4万平方公顷，紧邻江西井冈山、宁冈、遂川和湖南桂东等县，是湘水和赣水的分水岭。区内群峦耸秀，沟壑纵横，险峰林立，青萝倒挂，鸟鸣兽应，是个林深草密的“世外桃源”。称其为“世外桃源”，还因桃源洞瀑布、白水寨瀑布终年飞珠溅沫，“雄狮滚绣球”石崖奇形怪状；田心里的云海茫茫，“大森林”的绿涛阵阵，其幽深壮丽一点

▲ 桃源洞瀑

也不逊色于常德的世外桃源。

这里是一座绿色的宝库，森林覆盖率达 90% 以上。其中，各种植物资源达 2000 余种，树种资源 81 科、191 属、478 种，堪称天然植物博物馆。其中有国家一级保护树种钟萼木，二级保护树种冷杉、巨紫荆和胡桃；三级保护树种青泉柳、福建柏等 10 余种。保护区内芳草如茵，百花似锦，不少珍贵中草药随处可觅。山深林密处，珍禽异兽出没无常，是个绝好的旅游胜地。

衡 阳

你了解衡阳吗？

衡阳之所以为此名，是因为位于南岳衡山之阳的缘故。

衡阳位于湖南省中南部，因居五岳独秀的衡山而得名。相传“北雁南飞”，至此歇翅停飞，故古时又称“雁城”。衡阳历史悠久，作为郡名首见于三国，作为县名始起于唐，作为市名初出于民国。从三国时始，为历代郡、路、州、府、县治所。衡阳是蔡伦发明造纸术的地方，是明末清初伟大思想家王船山的故乡；是湖南的第三大城市，现辖衡南、衡阳、衡东、衡山、祁东、常宁、耒阳七县（市）和南岳、雁峰、珠晖、石鼓、蒸湘五区。

衡阳“扼两广、锁荆吴”，地处南北要冲，既是历代兵家必争之地，又是各路商贾云集之域，历来为湖南重要物资集散地。京广铁路、京珠高速公路纵贯南北，湘桂铁路、322 国道横穿东西。水运四季可通航，有机场可供航空之用，已初步形成水陆空立体交叉交通网络，是名副其实的南北交通枢纽。地下矿藏丰富，是有名的“有色金属之乡”和稻香鱼肥的“鱼米之乡”。

衡阳山奇水秀，遍布自然景观和人文景观，旅游发展前景广阔。特别是南岳衡山，逶迤绵延800里，以山川形胜而独秀，以佛道共荣而扬名，是集古、秀、幽、险、奇于一体，具有览胜、探奇、度假、避暑等多种功能的旅游胜地。

蒋家山汉墓因何称作天子坟？

西汉初始元年（8年），王莽篡位，改国号为新。同时“改制”，法令严苛，徭役繁细，激起农民起义。地皇四年（23年），刘邦后裔钟武侯刘望亦起兵讨伐王莽，并自称皇帝。因兵败而亡，埋葬于衡阳市江东酃湖蒋家山，距市中心7公里许。墓地封土呈椭圆形，长13米，宽11米，高6米。民间称其为天子坟，皆因刘望自称皇帝，天子坟则世代相传。坟上有亭阁小憩，草木葱茏，天高云淡，为衡阳胜景之一。

朱熹为何夸赞石鼓山为“一郡佳处”？

石鼓山位于衡阳城北，左接湘水，右临蒸水，前横耒水，三水交汇之处，正当其冲，如中流砥柱，横截江流。背有岳屏峰、回雁峰映衬，山势之险，水色之秀，曾为多少文人骚客称颂。据载：“（衡阳）有石鼓，高六尺，湘水所经，鼓鸣则有兵革之事……扣之，声闻十里。”石鼓山面积约4000平方米，山上有一两米高的大石鼓，故得名。

石鼓山虽不高，但“有仙则名”。传说三国时诸葛武侯南巡四郡时曾在此指挥水阵，与洞庭鲁肃的水军对峙。宋太宗至道三年（997年），李宽的族人李士真在此创建书院，景祐二年（1035年）钦赐“石鼓书院”匾额。从此名声大振，与当时的应天、白鹿、岳麓书院并称四大书院。理学家朱熹和张栻都曾到石鼓书院讲学，朱熹赞颂石鼓山为“一郡佳处”，更使石鼓山闻名遐迩。

石鼓山留有韩愈、柳宗元、范成大、文天祥、徐霞客、王船山等历代名人足迹。山上曾有唐人修建的合江亭，韩愈题合江亭诗说“江亭枕湘江，蒸水会其左，瞰临渺空阔，缘净不可睡”，故又雅称缘净阁。石鼓山北山脚有朱陵后洞，唐杜光庭在《洞天福地记》中列其为“第二十二洞真虚福地”，王船山说“洞里瑶光应不夜，步虚人入水晶宫”，如今仅存“朱陵后洞”四字残迹，“洞门”紧闭，无处可入。

石鼓山峻峭耸拔，风景宜人，有“湖南第一胜地”之称。

擷翠亭遗迹何处寻？

岳屏山，因与南岳遥遥对峙，就像南岳的屏风而得名。相传东晋时，有黄葛二仙在此烧药炼丹，引来五彩珍禽飞集，故而声名鹊起，名胜倍增。

1944年日本侵略军作困兽斗，大举进犯湖南，企图打通平汉、粤汉铁路。在攻陷长沙以后，日寇飞机对城南岳屏山进行狂轰滥炸，山上擷翠亭、岳屏书院等古建筑被夷为平地。抗战胜利后，岳屏山修建砖塔一座，以纪念这场令全国人民世代难忘的血腥战争。此塔今已修葺一新，更名“衡阳解放纪念塔”。

“万里衡阳雁”为什么“寻常到此回”？

回雁峰虽不算高山大川，却声名远播。回雁峰位于湘江之滨，峰高仅96.8米。峰虽不高，但古时就传有“北雁南飞，至此歇翅停飞”倒是真的。因此自南北朝时期，就成为我国南北温差线的分界点。回雁峰的名字也由此而来。

▲ 衡阳雁峰公园

唐代诗人王勃的《滕王阁序》中就有“雁阵惊寒，声断衡阳之浦”的诗句，其后北宋词人范仲淹的《渔家傲》中亦有“塞下秋来风景异，衡阳雁去无留声”等名句，写的就是这一景观。宋王安石更有“万里衡阳雁，寻常到此回”的诗联。秋雁南飞，到衡阳却不再继续，大多栖留在峰渚沙洲一线，来年开春，从此北飞。这沙洲与湘江边上的回雁峰就构成一道景观，便是“平沙落雁”。

鸿雁为何一到回雁峰即不再南征，诗人毛令健说“山到衡阳尽，峰回雁影稀；应怜归路远，不忍更南飞”，不知当不当真。在回雁峰陡峭石壁上，有石牌坊一座，牌额上有王船山手书“上达”二字。石额之背则是著名书法家蒋铨所书“莫作等闲观”，是说回雁之趣，是观而不得的，遐想万里，始为“莫作”。

唐代杜荀鹤也说“猿到夜深啼岳麓，雁知春信别衡阳”，回雁峰为雁不南飞之处，看来是不假的。

万寿宫为什么改称船山书院？

王船山少年时就读于东洲万寿宫。万寿宫为明代所建，宫内碑石错落，古韵绕梁。东洲为衡阳著名景点之一，长近 200 米，宽百余米。粼粼绿波浮翠岛，极目云天看雁回，别是一种佳境。为纪念王船山，清末在东洲建起“船山书院”，就在万寿宫内。以人名命名学堂，“船山书院”首开中华文明史之先河。

吴三桂于何处称帝？

当年，李自成打进北京，有倾国之色的陈圆圆被其部将刘宗敏掳去。据守山海关的吴三桂怒发冲冠为红颜，放多尔衮入关，中国历史便开始了新的一页。后吴三桂被顺治帝封为平西王，割据云南……但不甘一隅的平西王终于耐不住寂寞，于康熙十二年（1673 年）爆发了以平西王吴三桂为首的“三藩之乱”。次年吴军攻入湖南，陷常德、长沙、岳州、澧州、衡阳等地，一时间，滇湘六省被占。康熙急派大军前往各省平乱。到康熙十五年（1676 年），清军在稳定西北局势后，全力进攻湖南，自湖北荆州，江西萍乡两路直逼长沙，吴军全军拒守，双方展开大战。康熙十六年（1677 年），闽、粤、赣先后平复。康熙十七年（1678 年），吴三桂在衡阳称帝，改国号周，改元“昭武”，改衡州为定天府。八月，吴三桂暴死，其孙吴世璠继位，改元“洪化”，退居贵阳。康熙十八年（1679 年），清军克复岳州、长沙、衡州等地，湖南尽复。

“湖之酒”为何如此醇香可口？

晋人张载作《酃酒赋》说“其造酿有秋，告成在春。备味滋和，体色淳清。宣神御忘，益气养神。遗忧消患，适性顺情。言之者嘉其美味，志之者弃事忘荣”，千百年来备受世人推崇。

所谓酃酒，即衡阳特产湖之酒，亦称强飞酒，乃沿用古法，采酃湖水酿造而成。其味醇香甜爽，却不醉人，为款待嘉宾的上好酒水。

衡阳古墓群属哪个时期？

今日苗圃和五马归槽之间，20 世纪 50 年代发现春秋战国时期古墓群，至 1981 年已清理古墓 53 座。这些古墓多呈长方形，深可达四五米。出土文物 300 余件，其中有各类兵器以及铜镜、纺轮、鼎、壶、谷纹料壁等，大多陈列在市博物馆。

“来雁塔”三字是谁人手笔？

“来雁塔”为衡阳胜景之一，为明万历礼部尚书曾朝节倡建。曾为临武人，万历五年（1577 年）中进士一甲三名，累官至国子监祭酒、礼部尚书，曾充太子侍讲，神宗欲召其入阁，曾以年老辞却。此人誉满三湘，倡议建“来雁塔”立成。清同治年间，水师提督、兵部右侍郎彭玉麟回籍，于同治十年（1871 年）主持重修“来雁塔”，并亲题“来雁塔”三字。

“来雁塔”高 28 米，七层八方，塔身内有两路石级盘旋而上。登高望远，可览江山秀色，能见雁阵徐来。

衡阳八路军办事处今何在？

抗日民族统一战线形成之后，1937 年中共中央派徐特立等同志南下湖南，设立八路军驻湘办事处。1938 年，龙潜、曹瑛奉命在衡阳设立八路军驻衡办事处，地址为长巷路 16 号。八路军驻衡办事处成立后，曾设立秘密的中共党训班，叶剑英、徐特立均前往授课。1938 年 11 月国民党放火焚烧长沙，周恩来等同志撤退到衡阳，即暂住八路军办事处，并前往国光戏院发表演说。

八路军驻衡办事处旧址仍在，60 多年沧桑巨变，却洗不尽办事处的光辉熠熠。

哪些伟大人物为湘南学生联合会增添了光彩？

1919 年 5 月 4 日，北京学生举行空前爱国大示威，号召全国人民奋起“外争国权，内惩国贼”。湘南学生积极响应，在省学联的支持下，6 月成立湘南学生联合会，组织发动学生掀起了大规模的反帝反封建斗争。夏明翰、黄静源在此主持会务。学联的活动受到社会各界广泛关注，毛泽东、刘少奇、李立三、何叔衡、邓中夏、恽代英、李达、毛泽覃都先后来学联作过演讲，湘南学联成为当年衡阳民主革命运动的中心。

湘南学联旧址在粤汉马路，为砖木结构的四合院式建筑，青砖山墙，小毛瓦硬山顶，面阔三间，共三进，当年学联办公室以及主要成员的卧室、会议室等皆按早先面貌复原。“毛泽东同志革命纪念地湘南学生联合会旧址陈列馆”辟在旧址的一侧，郭沫若题写馆名，馆内陈列大量的图片资料，反映学联成立前后的重要史迹。

湖南省立第三女师曾培养出哪些巾帼英雄？

湖南省立第三女子师范学校创建于辛亥革命的 1912 年，为培养革命青年做出了积极的贡献。从这里出来的何宝珍，1923 年与刘少奇结婚，1934 年被国民党杀害于南京雨花台。善骑射的双枪将伍若兰，是朱德的夫人，1929 年为掩护朱德脱险壮烈牺牲。毛泽东的堂妹毛泽健曾经是湘南学联的重要骨干，1926 年与丈夫陈芬一道开展农民运动，南岳暴动后坚持游击斗争，1928 年被捕遇害。今日的女师旧址仅剩一棵古迈肃穆的大樟树，它是历史的见证者，80年风雨摧不败，朝朝夕夕向后人讲述着革命斗争的坎坷和壮烈。

王船山之“枫马”今何在？

王船山（1619～1692年），名夫子，字而农，明清之际的思想家。晚年隐居在衡阳金兰乡石船山附近，人称船山先生。故居分称败叶庐、观生居、湘西草堂。草堂建于清康熙十四年（1675年），砖木结构二层三进，始为草屋，后由其子王敔改建为瓦屋。门前有一苍劲古枫，相传王船山亲手所植，其树干虬曲粗壮，宛如一马撒蹄飞奔，王船山戏称“吾之枫马”。“枫马”今日仍在，苍苍古迈，健劲不逊当年。

“草堂”厅堂正中悬挂船山先生肖像，门前有赵朴初所书“湘西草堂”匾额。

王船山在草堂杜门著说十八载，《读通鉴论》等一批重要著作都成书于此。

宋徽宗为什么要为伊山寺题“景德禅寺”大匾？

秦晋的淝水之战，使一代名将桓伊名垂青史，他同谢玄、谢石、谢琰等在谢安的指挥下，力挫苻坚之师，保住了东晋的偏安局面。淝水之战后，桓伊急流勇退，寻到衡阳县深山隐居，筑庐安居，清静读书。宋时山中已修寺，山因桓伊而得名伊山，寺即为伊山寺，三进之院，占地5000多平方米。宋徽宗仰慕桓伊名节，亲题“景德禅寺”四字匾。“景德”乃宋真宗赵恒年号，真宗用寇准之计大败契丹后却又用王钦若之法，“封禅以镇服四海”，徽宗为风流天子，竟在伊山寺题以“景德禅寺”，将封禅之德让给他的老祖宗了。

伊山寺有古“罗汉”苍苍古盎，枝叶如盖，笑迎四方来客。

大禹是否来过岣嵝峰？

岣嵝峰在南岳七十二峰中拔不得头筹，海拔没有超过1000米，但说起南岳七十二峰总不能不提及它。

岣嵝峰在衡阳县城以东，相传大禹治水时攀登此山以观水势，“七年不听乐，三过家门而不入”，在岣嵝山金简峰发现“金简玉书”，治水终于成功。因此，岣嵝山坡脊山石上留有大禹足迹。后人为纪念大禹，相继筑有禹王庙、禹王祠，并立禹王碑以志。禹王碑高3米多，宽2米，上有77字蝌蚪文，历代都有无数文人墨客在碑前流连忘返。山上还有仙人洞、仙人棋、龙井泉等景观，每一处都是一个千古之谜，流连其中，看群山叠翠，其乐无穷。

夏明翰是哪里人？

夏明翰衡阳县人，出生于扎梓乡。

夏明翰为早期学生运动领袖之一，“五四”时期主编《湘南学生联合会刊》，当选为湘南学联第三任总干事。1924年以后，先后任中共湘区委委员、农民部长、组织部长、长沙地委书记、全国农协秘书长、湖南省委委员兼组织部长、平（江）浏（阳）特委书记，湖北省委委员，1928年不幸被捕。临刑前，夏明翰挥笔留下诗一首：“砍头不要紧，只要主义真；杀了夏明翰，还有后来人。”实为浩气长存之作。

今有故居供人瞻仰。

五岳独秀所指何山？

南岳衡山，位于湖南衡山县南岳区，距衡阳市50公里，这里自然景色秀丽，自古就有“五岳独秀”的美称。隋文帝时封为南岳，从此与中岳嵩山、东岳泰山、西岳华山、北岳恒山列为五岳。它以优美的自然风光，深广的文化渊源和佛道两教的宗教景观著称于世。清魏源在谈到五岳时说“恒山如行，岱山如坐，华山如立，嵩山如卧，惟有南岳独如飞”。这是“五岳独秀”的关键之一。

早在远古时，黄帝、舜帝就曾来衡山祭祀天地，禹也曾在此杀白马祭祀，此后，历朝历代中都有很多帝王来此巡狩，祭祀。南岳素有“东南亚佛教圣地”之盛誉，衡山摩崖石刻多达375处。南岳是历朝历代隐士栖身之所，文人墨客如云，贬官谪官视其为流寓。南岳书香漫漫，仅书院就有10多所，历代均有名臣大儒来此讲学。大诗家杜甫、韩愈均有题吟，多达3700多首。清代皇帝乾隆、道光、咸丰等御书石碑林立……明代王诏说“平生梦想祝融峰，几欲登临路未通；今日乘闲来绝顶，恍疑身在五云中”，独秀之独，一言中的。

为什么说南岳大庙建制“取则帝制”？

南岳大庙前临寿涧水，后枕赤帝峰，坐落在南岳古镇，是一座集民间庙宇、佛教寺院、道教的宫观于一体的规模宏大的古建筑群，是一座祭祀南岳之神的主庙。大庙建于何时，已无确切的记载，清南岳志记载“盖自秦汉以来有之矣”。开元十三年（725年）唐玄宗诏建南岳真君祠；天宝五年（746年）封南岳司天王。

韩愈路经南岳，说：“森然魄动下马拜，松柏一径趋灵宫。粉墙丹柱动光彩，鬼物图画填青红。”可以想见当时南岳大庙，不仅环境幽美，而且规模之大，装饰宏丽。

大庙四周红墙环绕，四隅有角楼高踞，前后纵深 380 米，左右阔 160 多米，总面积 98500 平方米。中轴线上主体建筑由四重院落，九进房屋组成，建筑总面积 41600 多平方米。布局严谨，造型别致。最高正殿 31.11 米，最矮为东西长廊仅高 7 米，面积最大正殿 1877 平方米，最小的钟鼓楼仅 53 平方米。屋面结构上也造型各异，有歇山二重檐式，有四角直檐的爪角翘飞……整个建筑群各栋标高、朝向、间距、造型，以至于绿化、水池、道路等都有严格的规定，周密的布局，鳞次栉比，有条不紊，既完整又崇丽，轩敞深邃，廓落大方。古人说它“取则帝制”，一点儿也不过分。

圣帝殿的 72 根石柱代表什么意思？

圣帝殿也是南岳大庙正殿，为岳庙的主体建筑，它由七间重檐歇山顶式建筑构成，高踞御书楼后。殿高 31.11 米，建在一座高 2 米，面积 2300 平方米的花岗岩石基上，它前有月台御道，围以白色大理石浮雕各异的栏板 144 块，后有寝宫，保存宋代工字殿形制。

全殿由 72 根花岗岩石柱支撑，寓意南岳 72 峰，其中正殿前面两根突出的大圆檐柱，由整块花岗岩石凿成，高 6 米，重 28000 斤；其余 70 根圆柱，均由两截连接。回廊四周围檐柱 30 根，各周长 2.5 米；殿内 40 根，各周长 3.05 米。石柱上叠木梁、木柱，联以斗拱，施朱丹彩绘。檐下木枋雀替间雕刻人物故事，生动逼真，屋子覆盖皇家的黄色筒瓦，屋脊正中高耸 4.55 米青铜葫芦，两端各竖一柄长约两米的青铜宝剑，四角翘首凌空欲飞，整个大殿恢宏壮丽。

为什么南岳有“千蛟护岳”之说？

南岳自古就有“千蛟护岳”的神话传说，为的是保护圣帝。由于这种悠久的历史文化承传，使南岳大庙成了龙的艺术世界。因此，南岳大庙不仅是圣帝的居所，而且是一座精美雕刻的艺术宫殿，不论从殿基、雀替、殿顶及门窗、格，还是磴、栏，所有构件工匠们都巧妙地利用每个空间进行艺术处理，仅龙雕就有800多条，这就是“千蛟护岳”的由来。殿前丹墀内外是一组石雕群，两边台阶中间的一块白色大理石浮雕龙，昂首奋张，浪花四溅，在祥云托日下，跃跃欲飞；殿后的花岗岩雕的“五龙捧日”，五爪大张，争捧旭日，形态生动；圣帝殿后墙有三龙戏珠，殿四周的檐板则是丹漆绘游龙，加上四檐翘角下的陶龙、泥龙和石栏上的雕龙……这些数以百计的雕龙塑龙，更渲染了“千蛟护岳”的神话，充分突出南岳的地方特点。在这诸多雕塑中，尤以奎星阁下戏台中央音斗里的盘龙最为精致，故有“盘龙亭”的雅号。

南岳大庙雕刻取材于何处？

如前所说，南岳大庙正殿高31.11米，为七开间重檐歇山顶，宽53.68米，长34.84米，面积1877平方米，有石柱72根支撑，寓意南岳72峰一统帝驾之前。最为壮观的是殿四周，建于康熙四十四年（1705年）的大理石栏板都是双面浮雕。288幅浮雕画面有飞禽走兽、花鸟鱼虫、田园阡陌等不同造型，幅幅形态逼真。画面生动，刀法刚健，线条流畅，构图精巧。这些精美的雕刻，

▲ 圣帝殿

内容都取材于《山海经》等古籍记载的吉祥如意图案。

而正殿隔扇上的浮雕，大多取材于神话传说和戏曲故事。四角雀替上的木雕，更具特色。其深浮雕中就有从盘古开天辟地、精卫填海、大禹治水到神农尝百草、文王访贤、张良纳履、曹操煮酒论英雄、岳母刺字……集远古传说和历朝故事之大成。多是歌颂仙佛圣贤，寓扬善劝恶的教化于艺术教育之中。

祝圣寺的500罗汉“浪迹”何方？

祝圣寺距南岳大庙仅半里地，为南岳六大佛教丛林之一。相传为唐人在舜帝南巡的清冷宫故址上所建，现为清康熙五十三年（1714年）重建。四周古木森森，庙宇肃穆雄伟。

祝圣寺最吸引人的，是罗汉堂左右两壁青石镌刻的500罗汉画像。据古籍记载，南北朝时印度高僧偌俱那僧领800弟子入中原，遣500名往浙江天台山，300名往浙江雁荡山，是为800罗汉之说。但《十通律》和《法华经·五百弟子授记品》都只提到佛为500罗汉授记，全无名号。直到《大明续藏经》问世，方收入南宋所录《乾明院五百罗汉名号碑》，今佛寺之500罗汉，均依此列名。光绪年间，祝圣寺心月和尚，毕三年之心血，雕刻500石罗汉置寺内。心月手出的500罗汉造型逼真，或俯首深思，或闲卧山林，或慷慨说法，或降龙伏虎，形神皆妙极，是石雕刻艺术中的奇葩。不料在“文化大革命”中，500 罗汉被当作“四旧”砸坏，今日仅见当年罗汉们的残躯百余块。好在心月之作早有拓本留存，不然，该是天大的憾事。

飞仙石为何又称魏夫人飞升石？

衡山集贤峰下有羽道观一座，距南岳大庙仅 1.5 公里，有正殿、过殿和厢房，为清乾隆年间砖木建筑。道观前有一大巨石，题刻“飞仙石”三字，其上有天工脚印，相传为魏夫人直上天界的起飞点，因而又名魏夫人飞升石。

▲ 飞仙石

魏夫人为晋代司徒魏舒之女，在南岳修炼 16 年，得《太上黄庭内景经》，后代道士因建观于天柱峰下，楚王马希曾下令重修，呼其为“魏阁”，宋时更名“紫虚元君之阁”，至政和五年（1115 年）始改称“黄庭观”，清乾隆年间搬移集贤峰下。道观突兀而起，环流一深涧，终年泉琴不断。近处有魏夫人祝丰坊，内殿有魏夫人亲书“黄庭经”石刻。

祝融峰老圣殿为纪念何人而建？

相传，轩辕皇帝有火正官为祝融君，受轩辕之命去南方巡视，见衡山一峰高可及天，便停下来暂住。祝融君为发现并最先利用火石燧人氏之后，带领人民渔猎度日，教会人民用火并保存火种。黄帝南巡时见祝融君受到人民爱戴，封其为“火正官”，举其为司徒，主管南方事务。祝融君死后葬在南岳之巅，因此而称祝融峰，为南岳七十二峰之首，海拔1290米，虎踞南天。韩愈说“祝融万丈拔地起，欲见不见轻烟里”，写足了南天一柱一览群山的气势。

▲ 祝圣寺

祝融峰今日有轻车熟路直达，沿途风光很能撩拨游人心弦。半山亭前古木参天，会仙桥下暖泉低吟，祝融峰高耸入云，雾中看山，山中有雾，过眼诸峰皆臣服。宋人黄山谷说“祝融万丈插紫霞”，因而明人王诏便“平生梦想祝融峰，几欲登临路未通；今日乘闲来绝顶，恍疑身在五云中”。

祝融峰留下不少古人石刻，“山矗天上”记载着惊叹，“一柱擎霄”镌刻着敬畏，“天根月窟”叙述着疑惑。至于铁脚道人巽才食梅花白雪丸而独登祝融峰仰天诵唱《秋水篇》的故事，会仙桥上仙人横吹洞箫的故事，还有罗汉洞、舍身岩、老女观的传奇，不由得人不去联想蓬莱仙境。

祝融峰顶有望日台，踏着晨曦，放眼四顾，如独处仙境。当那火轮从远山雾障中冉冉升起，金色的阳光便染红了天上人间，你就会忽然悟到，天上和人间，原来只隔着一缕阳光。

祝融峰顶有祝融殿，亦称老圣殿，不知始建于何时。明万历年间改建为祠，清乾隆年间重修为殿，石墙铁瓦，庄严肃穆。殿右侧有一刻有“唯我独高”的空兀之石，有石栏相护，名为“望月台”。老圣殿和祝融峰一样，都是为了纪念祝圣。

南天门因何而得名？

从南岳镇远眺，南岳前、后分界处似乎为最高点，只见烟云缥缈处，南天门在祝融峰下，登上南天门，北可仰观祝融摩天，南可览湘江五曲。左右观石柱楹联，“门可通天，仰观碧落星辰近；路承绝顶，俯瞰翠微峦屿低”，南天门之险要和奇妙，数语传神。顶额有“南天门”三个大字。

南天门有祭祀真武祖师的祖师殿，殿为石墙铁瓦，敦厚庄重。殿东侧有“皇帝岩”，岩顶有“寿岳”两个石刻大字，据说为宋徽宗当年在南天门歇脚时所题。旁边有“讲经台”、“山中天上”等石刻题字，是明人赵璘所书。驻足凝眸，每一处都有引人入神的幻境。

磨镜台典出何处？

磨镜台处半山幽谷之中，传说中的“怀让磨镜”便发生在这里。唐朝时，中国佛教禅宗分成南北两宗，南宗主张天下无佛，我心即佛，因此不打坐，不念经更不持戒。北宗与此相反，主张打坐、念经、持戒以力求成佛。唐玄宗李隆基先天年

▲ 磨镜台

间，南宗创始人慧能大弟子怀让为了说服北宗名僧道一停止终日打坐念经，取青砖在道一打坐地之盘石上打磨。道一见其怪而问其缘由，怀让说要磨其为镜。道一笑道：“磨砖岂能成镜？”怀让立即答道：“磨砖不能成镜，打坐又岂能成佛？”而后讲述了“顿悟”的道理，道一“顿悟”，停止打坐并拜怀让为师。磨镜台之名，由此而来。当年之盘石，后人刻“祖源”二字，今日仍然格外醒目。

磨镜台一侧的庵，传为当年道一居所，名马祖庵。台后有“七祖塔”即怀让墓，石碑镌“最胜轮塔”四字，相传出自唐朝裴休手笔。

福严寺“六朝古刹，七祖道场”门联何所指？

▲ 福严寺

掷钵峰下有福严寺，磨镜台近在咫尺，建于南朝，重建于清晚期。初名般若禅林，又名般若寺。北宋年间福严和尚倡导寺僧植树十万株，以作修寺之用。后屡有扩展，般若禅寺随之改为福严寺。寺依山而建，砖木结构，硬山顶式，辟有僧房、藏经阁、大雄宝殿、岳神殿、山门和过殿。山门横额刻有“天下法源”，两侧为“六朝古刹，七祖道场”。寺后拜经台上刻有“极高明”三字，传为李泌遭杨国忠所忌，遁迹山林时所书。其旁有一大“佛”字，两侧有联云：“高天见顶相；明不借他光”。左近有前年古杏一株，树围 5 米有余。

原来，禅宗南宗七祖怀让曾将福严寺辟为南宗道场，而寺始建于南朝，不正是“六朝古刹，七祖道场”吗？

南台寺为什么有“天下法源”之誉？

南台寺亦为六朝之物，有六祖慧能高徒行思禅师弟子石头和尚希迁将此寺辟为道场。见寺东有状如台之石，便结庐于上，故有“石头和尚”之称。宋人作《高僧传》，有《唐南岳石头和尚希迁禅师传》。《日本僧藏经记》称：日本六休为石头和尚四十二代孙，因而日本佛教曹洞宗视南台寺为祖庭，至今仍将希迁的《草庵歌参同契》作为必读晨课。

▲ 南台寺

因南台寺为南岳最古老的佛教道场，又为日本佛教曹洞宗之祖庭，故有“天下法源”之誉。

“水帘洞之奇”奇在哪里？

南岳水帘洞位于紫盖峰下，它其实不是个洞，而是南岳最大最奇的一处瀑布，之所以称洞，相传此处为朱陵大帝居所。唐代杜光庭《洞天福地记》载“朱陵小有洞天”，为“第二十二洞真墟福地”，因而称为朱陵洞天。

“水帘洞之奇”，历来被誉为“南岳四绝”之一，清《衡山县志》载：“水帘洞之源从紫盖峰来，流经山涧，汇入水潭，潭阔二三丈，深不可测。潭满而溢，遂为水帘，高二十余丈，石峭立如壁。”而南岳旧志对其描述更为形象，“水帘高二十余丈，跳玉喷珠，雪溅雷鸣，最为奇绝”。水从紫盖峰谷口飞流直下，“白练劈天，空青远翠”；似垂帘挂壁，银光四射，水声轰鸣；远在几里路外，就能听到“雷声”，看到“白练”。石壁上有“夏雪晴雷”石刻。宋人毕田诗谓“洞门千尺挂飞流，玉碎珠帘冷喷秋”。明代张居正诗咏“水晶帘挂五云头”，都是对水帘洞的最好写照。水中石上还留有宋人章誉所刻“冲退醉石”，明人计宗道挥笔所题“天下第一泉”比之李商隐的“南岳第一泉”就显得有气魄多了。

大禹得金简于何处？

在祝融峰前，南天门东侧，有一峰名金简峰。东与石廪峰毗连，西与芙蓉峰相接，峰下有禹王城。相传大禹治水到南岳，曾在此驻跸。大禹治水历七年而不竭，听说黄帝曾把一部以金简为页，青玉为字的宝书埋在南岳。于是，他就杀了一匹白马，祷告天地，希望告知宝书下落，故夜梦元夷苍水使者，告以金简玉字之书。于是登山发石，果得金简玉书。因而尽知天下山川地形和治水方略，历数年之功，终使百川纳海，水患永除。

后来，人们就把大禹杀白马祭祠的山峰叫“白马峰”，把挖出宝书的山峰叫“金简峰”。峰下有黄帝岩、龙门洞、圣灯岩、玉沙泉等胜景。站在岩前，可眺一马平川，历来为游客必游之地。峰侧还有飞来船，石上所刻“蓑之钓月”清晰可辨。

“方广寺之深”为何能位列南岳四绝？

从藏经殿往西南行 10 余里的莲花峰下，有一四面群山环抱，似莲花瓣的地方，在花蕊的位置上，屹立着一座古刹，它就是方广寺。方广是佛教说“十方广布”的意思。这里悬崖深壑，寒流阵阵。故有“不登祝融峰不足以知其高，不至方广寺不足以知其深”的说法。

方广寺建于南北朝，南朝时南岳十八高僧之一的惠海和尚曾设道场于此。明末王船山对此进行修整。寺为木结构，正殿和祖师殿两进。为纪念朱熹、张栻曾到此讲学，寺侧建有“二贤祠”。寺前有惠海禅师洗衣的“洗衲池”，池旁有惠海补衲衣的“补衲台”。不远处有石涧潭、黄沙潭、黑龙潭，潭潭瀑布飞扬，瀑声如雷，声传数里。方广寺四周有小山八座，宛如举荷。每当轻烟袅袅，钟磬齐鸣之时，一幅“深山藏古寺”的画卷就活脱脱地展现在面前，令人不得不赞叹这天人合一的美妙景观。

“藏经殿之秀”秀在哪里？

相传南朝时，藏经殿由佛教天台宗三祖慧思和尚所建。朱元璋曾送来大藏经给僧众，于是改小般若禅林为藏经殿，同时大加修缮，面貌一新。其秀一在殿宇建筑雅秀。石柱矗立，碧瓦红栏，有宫殿的富丽堂皇。二在其环境秀美。殿四周有500年树龄的白玉兰，有

▲ 藏金阁

夏开黄花而果实如铜钱串串的金钱柳，有短柄青钢枝缠叶绕的“连理树”，有青刚树和山毛榉的“同根生”树。还有3米多高的云锦杜鹃，花开云锦满树，艳丽逼人。尤其白玉兰香飘之时，隔

山醉人，十里闻香。金钱柳结实之日，一阵风来，满树“叮当”作响，犹如摇钱树摇钱，奇妙至极。说它秀美，言之有据。

邺侯书院与哪位历史名人紧密相连？

邺侯书院在烟霞峰下，原名端居室，是唐朝宰相李泌隐居的地方，据说李泌7岁能写文章，受到唐玄宗的喜爱，燕国公张说称他为“奇童”，宰相张九龄呼他为“小友”。

李泌数度隐居衡山，结庐南岳读书，原址在福严寺“极高明”石刻之下，名端居室，又称明道山房。他在这里，除学神仙道术外，就喜读书；韩愈《送诸葛觉往随州读书》诗中就有“邺侯家书多，扦架三万轴”，可见他家藏书之多。李泌死后，其子李繁为纪念其父，在南岳大庙的左侧建南岳书院，宋代又被迁到集贤峰下，并更名邺侯书院。现存建筑是在明、清两代基础上重建的，门前石柱有联云：“三万轴书卷无存，入室追思名宰相；九千丈云山不改，凭栏细认古烟霞”。

南岳忠烈祠为何称“小中山陵”？

在南岳香炉峰下，坐落着国民政府唯一一座纪念抗战烈士的大型陵园。1940年动工，历时3年，仿南京中山陵式样建造，坐南朝北，依山而筑。它沿中轴线共分为牌坊、纪念碑、纪念堂、致敬碑和享堂五部分，占地面积23400平方米，长眠着国民党第九战区和第六战区部分抗日阵亡将士。

忠烈祠正门为花岗岩砌成的三拱单檐牌坊，正上方有湖南省主席兼第九战区司令长官薛岳题写的“南岳忠烈祠”。来到中心广场，“七七”纪念塔造型奇特的雕塑，是由五颗四小一大倒立炮弹组成。它代表着我国汉、满、蒙古、回、藏五大民族，于“七七”卢沟桥事变后，同仇敌忾，共御外侮，掀起了全民抗日的高潮。炮弹倒立直指青天，直指太阳，寓意“抗日”。忠烈祠第三进是纪念堂，由前中央民革主席屈武题写“纪念堂”匾，由薛岳将军撰写《南岳忠烈祠纪念堂碑记》，刻于纪念堂正中6米高的汉白玉石碑上。由纪念堂后门走出，两排石级依山势而上，共276级，代表抗日牺牲的276位将官，两排石级中用大理石镶嵌着“民族忠烈千古”，“民主、民权、民生”大字。石级共分九层，第六层之上有一座“致敬碑亭”，亭左有一石碑，上面刻着“游人到此，脱帽致敬”八个大字，要求无论官民，到了这里必须肃立低首，脱帽致敬，缅怀英烈。

▲ 忠烈祠

拾级而上，忠烈祠最后也是最主要建筑是享堂。享堂正门上方镏金巨匾“忠烈祠”，为蒋中正真迹，而享堂两侧山坡上，有三十七军六十师、七十军十九师等集体墓葬7座，胡鹤云、郑作民等将军个人墓陵10座。这些公墓都掩映在苍松翠柏之间，先烈英灵与青山长存！

金紫峰因哪位烈士而名载史册？

1928年毛泽东的堂妹毛泽健在耒阳不幸被捕，在衡山县城马五坪英勇就义，年仅24岁。毛泽健生于1905年，1921年随毛泽东去长沙入长沙崇实女子职业学校读书，1923年加入共产党，曾任衡阳省立第三女子师范学校中共学生支部书记，当选为湘南学联女生部部长，1926年后曾任中共衡山县妇女运动领导人。其丈夫陈芬，与她并肩发展农民运动，开展对敌武装斗争。“马日事变”后双双投入南岳暴动，随即转移至耒阳发展游击斗争。

毛泽健烈士墓在金紫峰下，登96级石级，便是墓坪，坪中有8米高花岗岩纪念碑，碑上有烈士遗像，毛泽健安息于此。

“农民运动好得很”是毛泽东在何处所说？

1923年，党组织派刘东轩、谢怀德等赴衡山开展农民运动，建立了湖南最早的农民革命组织——岳北农工会，会员发展到10余万人，革命斗争如火如荼。1927年，毛泽东到衡山考察农民运动，在岳北农工会旧址召开座谈会。农民运动“好得很而不是糟得很”的论断，就是在这里作出来的。

新中国成立后，岳北农工会旧址经多次修葺，基本保持原貌，为省重点文物保护单位。

欧阳海是在哪里推马救列车的？

衡东县西北有个新塘镇，京广铁路从镇东经过。铁路一侧的丘陵上，塑有欧阳海烈士推马救列车的全身雕塑像，高10米，占地面积3000平方米，塑像旁有纪念馆，陈列有烈士生平事迹照片资料及实物。欧阳海就是在这里推马救列车的。

南湾村是哪位开国元勋的故里？

罗荣桓元帅戎马一生，为新中国的建立做出了卓越的贡献。元帅为衡东县鱼形乡南湾村人。光绪二十八年（1902 年）出生于这里，1927 年加入中国共产党，随即参加秋收起义，跟随毛泽东上井冈山，历任红军、八路军、人民解放军要职，1955 年授元帅军衔，中共“八大”当选为中央委员、政治局委员，是中国人民解放军杰出的指挥员和政治工作者。

罗荣桓故居为木结构古祠建筑，共三进，面阔三间，厅屋、书斋、卧室、厨房等皆按原貌复原。故居陈列有元帅少年时代使用过的部分家具和用物，还有其他文献史料，为省重点文物保护单位。

清泉山为何能名驰“五衡”？

衡南县有座名驰“五衡”（衡南、衡山、衡东、衡阳县、衡阳市）的小山，面积仅 2 平方公里，海拔不到 160 米高，就这么一个小山因何名驰“五衡”呢？原来清泉山下有一巨泉，其水一碧如洗，明澈似镜，山因泉得名清泉山。

以此泉酿酒曰“醽醁酒”，味醇厚而甘美，异香扑鼻。《清泉县志》载有清代朱佩莲颂扬“醽醁酒”的诗，“清泉山下出清泉，万顷醽湖逗一泓。醽醁见珍张载赋，原来缩酒贡南荆”。这张载（字孟阳）者，为西晋文学家，官至中书侍郎。足见“醽醁酒”为贡酒已有千年历史了。

为什么说江口鸟洲是不可多得的罕见奇观？

江口鸟洲位于湖南南部湘江支流耒水下游，衡南县江口镇的耒水与沙河交汇之处，这里因是鸟的世界而得名。

鸟一般都喜欢在人烟稀少的湖泊、海岛和森林里生活。我国的青海湖、洞庭湖、鄱阳湖等都是举世闻名的鸟类王国。这些地方地域辽阔，水域浩渺，沟港湖汊很多，自然环境独特。而在人烟稠密、地势平坦的江南，尤其是在闹市附近，出现集中栖息繁衍着 100 多种，10 万只以上鸟类处所，实在少见。

鸟洲四面环水，由三个内陆河洲组成，总面积 15 万平方米。这里气候温和，四季常青，绿树成荫，草木丰茂，常年生长着 100 多种植物，四周水域鱼虾成群。丰富的果实和鱼虾贝类为鸟的栖息繁衍提供了良好的条件。据中国鸟类学会等 10 多个研究单位的专家学者多次考察认定：江口鸟洲有鸟 17 目 37 科 182 种，总数 10 万只以上。不论鸟的种类还是数量均超过青海湖鸟岛，被专家叹为“奇迹”，是“人群中鸟的天堂”。

这里是鸟的世界，这些鸟类中属于国家保护的一、二类珍贵鸟类有 40 余种。特别是鹭鸟，全国常见的 12 种，这里有 11 种，数量在 3 万只以上。它们有的洁白无瑕，有的绿得像玛瑙。其中有一种鸟特别漂亮，洁白的羽毛，头上长着两条长长的辫子，修长的腿，迈着潇洒的舞步，俨然白马王子。许多国家为获取这种羽毛，竞相猎捕，以致它们几乎绝种，而在这里却数以万计。“飞时疑是万朵云，落时恰似千堆雪。”难怪许多外国游客看后都说：“此景只应天上有，人间一睹是奇观。”

祁东名桥知多少？

祁东的桥很多，其中尤以状元桥和清江桥最为著名。

状元桥，在归阳镇，横跨白河入湘江的汇合口上。桥为五拱六墩，长 80 米，高 10 米，宽 8 米，古朴典雅。石桥建有桥亭，供路人小憩，观览水陆景色，凭栏放眼，湘江远去，波光粼粼。

清江桥，横跨祁水，在清江桥乡西坪村，桥为七拱八墩，长 84 米，高 9 米，宽 5 米，始建于清乾（隆）嘉（庆）年间，至今 200 余年。桥南有宽阔沙洲，芳草萋萋，林木葱翠，伫立洲头看大桥，如长虹天落，似彩练当空。

“小诸葛”的精锐之师在何处被解放军围歼？

桂系三杰之一的白崇禧，以善于用兵、足智多谋在国民党军内享有“小诸葛”的美称。一度被蒋介石委以统兵大任，并主持国防部的工作。1949 年 4 月，人民解放军以摧枯拉朽之势，突破国民党固若金汤的千里长江防线，蒋介石数百万军队顷刻土崩瓦解。“小诸葛”白崇禧率部 5 个兵团，20 余万精锐之师，妄图凭借湘江、资水天险作困兽斗；然后退守八桂，凭借十万大山天险，进可以为反攻基地，退可以封建割据，出走“金三角”。谁料他的军队才刚刚集结于衡阳、宝庆地区，就被人民解放军第四野战军、第二野战军几个兵团在衡阳、宝庆地区歼灭四个主力师。其精锐之师，全被解放军围歼于祁东黄土铺、马杜桥一带。“小诸葛”江郎才尽，也只好亡命孤岛。

蜀相蒋琬故里在何处？

蒋琬祖籍祁东县砖塘乡，三国到唐朝，为永昌县治，距今县城42公里。此地曾发掘大批汉砖而得名，还出土有一石碑，刻有“蒋侯故里”四字，“蒋侯”无疑指蒋琬。今日尚可寻觅到古老护城河遗迹，亦可见城墙遗址。昔日的烽火硝烟今虽不在，四顾青山，怀古之情油然而生。

康家戏台因何成为省重点文物保护单位？

常宁有个水口山，民国时期为中国最负盛名的铅锌矿。当年全国工人罢工风潮涌动之时，刘少奇、李立三派蒋先云、谢怀德等到水口山帮助组织工人俱乐部。为“提高工人地位，增加工人工资，改进工人福利”等条件而斗争，迫使矿局答应工人俱乐部全部条件，壮大了当时三湘风起云涌的工人运动声威。

今日之康家戏台仍保存完整，为极具南方土木结构风格的一座民房。这里曾是当年水口山工人俱乐部旧址，毛泽东和中共湘区委员一些同志都曾在这里与工人见面，发动工人运动。旧址陈列有水口山工人俱乐部领导工人大众同矿局英勇斗争的文献资料，为省重点文物保护单位。

桓侯张飞来过常宁吗？

常宁名胜有“茭潭晚渔”，茭潭上方有陡峭石壁，上有“张飞到此”四个石刻大字。据说当年桓侯张飞经过此地，见“渔舟泊其下，每晚歌声断续，响答遥天”，乃欣欣然用丈八蛇矛在壁上划下四字，经后人凿，保留至今。

你知道蔡伦是哪里人吗？

造纸术是我国古代科学技术“四大发明”之一。纸的发明，在中华文明史上是一件具有里程碑意义的大事，是对世界文明做出的十分宝贵的贡献。而采用树皮、麻头以及破布、渔网等纤维性材料造纸之法，同时对造纸技术进行改革，大大提高纸的质量的确是湖南耒阳人蔡伦。

▲ 耒阳蔡伦故里

蔡伦是东汉桂阳（今湖南耒阳）人，先后在朝廷做过太监，后来官至尚方令。蔡伦才学好，善思索，主管监制御用之物后，一心改革西汉以来麻质纤维纸。和帝元兴元年（105 年），御批推广蔡伦造纸法，时称“蔡侯纸”，为纸的进一步改良和发展奠定了基础。蔡伦故居在耒阳市城北蔡子池畔，后人在此建祠纪念。

蔡侯祠为砖木结构，一正间两偏间，四合院式。祠前厅石屏风上，镌刻有蔡伦生平事迹。后厅有一石臼，相传蔡伦曾用其舂料造纸。蔡伦之墓在祠后，为衣冠冢，石碑上刻有“蔡伦之墓”，为郭沫若手书。

为什么“谷郎碑”比谷郎其人更重要？

谷郎为三国时孙吴人，故里耒阳。先在耒阳供职，迁浏阳令，后任广州督军校尉、九真太守。谷郎为官勤勉，有惠政，因此耒阳人在谷坳筑有九真太守墓，高仅60厘米，直径5米，麻石护砌，保存尚好。有“吴九真太守谷郎碑”，保存完好，现存蔡侯祠内。为青石镌刻，高1.76米，宽0.72米，上刻18行，每行24字，简要记述谷郎生平事迹。碑文系隶书，结体和笔势皆有隶楷过渡的特征，对研究我国书法的演化过程有重要的价值。

耒阳名胜谁为最？

耒阳市城东南有通津门，傍耒水建有八角亭一座，人称望江楼，高30余米，盝式四层，八角雕花飞檐。望江楼层层八面花窗皆可眺水天之色，因而得名。

耒水旁还有环秀楼，堪与望江楼媲美，高20余米，四层，最上层为八柱亭顶，层层飞檐风铃。角檐有彩雕，皆狮、豹、麟、鹿类。

两楼为耒阳最为著名的名胜之一，建于明代。环秀楼还有传奇人物洪武进士、永乐翰林学士兼右春坊大学士解缙额题，殊为难见。

“鸭婆洲”为什么又称“靴洲”？

相传杜甫避兵祸来到耒阳，船泊耒水中之洲。此时正是花红柳绿之时，蜂飞蝶舞，鸟语啾啾，诗人登洲畅饮，流连忘返，竟至醉而丢靴。后人据此传说，称此洲为靴洲，原“鸭婆洲”渐被忘却。

靴洲静卧城东耒水之中，长500米，宽200米有余，为休闲游乐之佳境。

邵　阳

为什么说邵阳是湖南最大的地级市？

邵阳市位于湘中偏西南，处于资水上游。东临衡阳，南接永州、桂林，西与怀化交界，北同娄底毗连。东西横距 234 公里，南北纵距 168 公里，总面积 20829 平方公里，占全省总面积的 9.8%，总人口 720 余万，现辖邵东、新邵、隆回、洞口、绥宁、新宁、邵阳、城步苗族自治县八县和武冈市及双清区、大祥区、北塔区三区。全区有一个苗族自治县，20 个民族乡，居住着苗、瑶、回、侗、土、满、壮、白等 39 个少数民族 42 万多人。因此，无论从国土面积，还是从人口来讲，都是湖南最大的地级市。

邵阳为什么又称宝庆？

宋代时，全国分为十五路，邵阳属荆湖南路。南宋理宗赵昀做太子时，曾被封为邵州防御使。他登基做皇帝后，年号为“宝庆”，就将邵州升为宝庆府，以年号命名封地，以做纪念。邵阳在宋代的宝庆府，除包括原唐代的邵州的邵阳、武冈两县外，还增加了新化、绥宁、新宁三县。元代设宝庆、武冈两路，各设总管府。

明代降武冈为州，属宝庆府，增设城步，但将绥宁划归了靖州。宝庆府辖邵阳、新化、新宁、城步四县和武冈一州。经清到民国一直未变。宝庆之名，从南宋开始，沿袭 700 多年，毛主席和周总理等革命前辈提到邵阳时，也多称宝庆。

“爱莲亭”、“爱莲池”与《爱莲说》有什么关系？

“爱莲亭”、“爱莲池”大家不一定都熟悉，但一提到《爱莲说》，都会想到这是周敦颐的名篇。它是以莲“出淤泥而不染，濯清涟而不妖，中通外直，不蔓不枝”的君子形象、品格而名传千古。人们知其《爱莲说》，一点也不为怪，然这“爱莲池”和“爱莲亭”与作者却大有关系。邵阳人也正是为了纪念这位北宋的理学家而建“亭”和“池”的。

池是一长为 80 米，宽约 60 米的圆形池，池里长满了荷花，芬芳四溢，池周垂柳如丝，随风摇荡，将池紧紧包围。周敦颐就是在如此优美的环境中写下了《爱莲说》，正因如此，后就将该池改为“爱莲池”。物换星移，原爱莲池不复存在，邵阳人便在邵水河畔建了爱莲亭。

周敦颐（1017～1073 年），原名敦实，字茂叔，北宋哲学家，道州营道（今湖南道县）人，因其在故里濂溪筑室讲学，也称濂溪先生，为一代儒学大师，是宋明理学的开创者。宋朝著名的程朱理学的门人程颢、程颐亲受业于其门，被人列为“宋五子”之首。而人们所熟悉的则是其文学作品《爱莲说》，这只是其理学道德思想在文学著作中的具体体现，是历代学人君子追求的道德风范和人生目标。因周敦颐在此居游讲学，留下了业绩。到明代，邵阳人为了纪念这位有功于邵阳的名人，还建了“爱莲书院”。

邵阳水府庙为什么别称“双江楼”？

邵阳市资水与邵水交汇处有座水府庙，明万历年间（1573～1620年）修建，清道光二十六年（1846年）重修。水府相传即河神，这水府庙是祭祀萧天任的。明成祖永乐皇帝派郑和出使西洋，忽遇飓风，船队几乎覆没。幸得萧天任英灵赶到驱散风雨，船队得以继续航行。永乐皇帝得知这一消息，即封萧天任为英佑侯，诏镇江海之水。

水府庙主体建筑为戏楼，纯木结构，挺拔而高秀。但见雕梁画栋，斗拱飞檐，龙凤脊吻向青天；戏楼阙望“魁星点斗”，楼后粉墙壁书“双江秋月”，凭栏一览，美景入怀。因水府庙立于邵水和资水交汇处，故名双江楼。

双清亭有何特色？

与水府庙相伴相依的双清亭，位于邵水之东资水南岸的砥柱矶上，邵资二水汇集其“脚”，故有“双清”之名。据明《一统志》载，亭始建于宋代，历代虽有整修，其规模仍保持旧制。

双清亭为纯木结构，六角重檐，脊饰龙凤，雀替斗拱，腰栏回廊，居高临下而背城面水。登临双清亭，凭栏望，几叶轻舟飞弋，一江碧水从容，天高地远，引起无限遐思。

双清亭为历代文人墨客慕名览胜之处。“砥柱矶”三字为“金陵三俊”的明刑部尚书硕璘亲题。清代思想家、史学家魏源乘兴手书“屿扼双流合，江涵一炯郭”，写尽“双清”春秋。亭外有清末诗人徐小松写的楹联一副，上为“云带钟声穿林去”，描画幽深清丽；下联为“月移塔影过江来”，绘写清宁秀雅，可谓入微入妙。

今日双清亭存有古人石刻碑记十余种，徜徉其中，必有感悟。

宋理宗是在哪里亲书“江山一览”的？

邵阳市中心有座六亭山或称六亭岭。实为天池、铁局、望仙、六一、八角、麓头六座小山。相传南宋理宗赵昀任邵州防守使时，以为六山有奇趣，竟各山筑一亭，互为呼应。登其中一亭皆可鸟瞰市井，商贾迎客，路人匆匆，酒旗风动，长街处处车马声。宋理宗亲书“江山一览”和“烟雨奇观”为六亭岭壮色；天池山腰有清泉，铁局山下有太平寺，麓头岭后有白鹤观。观前是饮鹤池。“绣谷遐观”、“苍雪寒碧”、“楚望丹林”、“月池杏冈”等景观分布六岭之间，沧桑几度，今日多已被岁月淹没。1927年六亭山辟为中山公园，11年后邵阳各界人士在这里修建了“抗战阵亡将士纪念碑”纪念抗日救国的阵亡将士。

邵阳名塔知多少？

佛教徒建塔，本为藏佛舍利，因有七宝装饰而称宝塔。民间广修宝塔，是尊尚佛法的表现，但“宝塔五重，金刹高耸（《洛阳伽蓝记》）”，渐成了名胜佳境。邵阳市楼亭宝塔皆为胜景，宝塔即有三座。

一为东塔山上的东塔，始建于南宋，清代重修。东塔高27米，七层八角，角角悬铜质风铃。塔内有旋梯直达顶层，极目远眺，多娇江山无涯无际。风起时，数十只风铃叮当作响，胜似天外仙乐。今日东塔已重修并辟为东塔公园，方圆7公顷，翠绿成荫，繁花浮香，并有望江、三角两亭，南北而立拱卫东塔。

二为资水北岸的北塔，与东塔遥遥相望。北塔始建于明万历元年（1573 年），高 26 米，七层八角，砖石塔身而盖铁顶，有旋梯登极。登临塔顶，资水南岸砥柱矶上的亭外亭扑入眼帘，此呼彼应，碧水传声，情趣盎然。

三为九井湾后山上的猴子塔，塔顶蹲坐一大理石雕刻的石猴，高 70 厘米，托腮望远，憨态可掬。据说石猴有灵，每当除夕之夜，必兴奋地大叫三声，叫时面朝向哪一方位，来年这方位定然人寿年丰。此塔始建于清乾隆三十九年（1774 年），清咸丰年间重修，七级而实心。因为石猴的传奇故事，世人皆以面对石猴为喜，以期吉祥如意。今日的石猴显然不会自己选择方向挪动蹲坐姿态了，游客则必须寻到面猴的方向盘桓……

桃花洞后的巨石为什么称为“石云根”？

邵阳南乡桃花村有个桃花洞，洞前遍种桃树，春天纷纷扬扬的桃花瓣飘落洞水之上，又从山后小溪流出，桃花洞名因此而来。

经洞达洞顶，有洞盘旋而出。见洞后有一巨石，高 15 米，耸立巍然。明代翰林钱邦芑，明亡后削发为僧，他游桃花洞时曾作诗云“夏云多奇峰，云具山之状，熟知云之根，乃在兹山峰”。说的就是洞后之石，于是有人在石上刻下“石云根”三字。

邵阳竹雕、棕雕为什么声名远扬？

邵阳竹雕最早见于清乾隆年间，其翻簧竹刻不单为文人雅士奉作清供之物，亦为地方官员当作贡品献给朝廷。20 世纪初，曾在巴拿马国际博览会荣获银奖。此后，邵阳竹雕历届博览会皆占有一席之地。北京人民大会堂湖南厅，悬挂有邵阳竹刻画屏潇湘八景。

邵阳翻簧竹雕刻作品，以楠竹竹簧与红木或乌木为原料，黏合造型而后精雕。其工艺包括线刻、浮雕、镂空、镶嵌等，刀法精腻、线条流畅、造型生动，纹饰广罗花草虫鸟、飞禽走兽、山水人物；器型有挂屏、座屏、桌屏、围屏、花瓶、茶叶盒、文具盒、糖果盒、笔筒等。既有装饰性，又有实用性，清雅悦目。

邵阳棂雕已有200多年历史，为窗棂之上雕刻的各式纹饰，花鸟虫鱼、游龙飞凤，吉祥寓意无所不有。题材以花果为常见，尤以牡丹为多，这是因为牡丹有宝贵的意思。吉祥寓意和各种人物题材亦常见，故事典故，多子多福等，带有浓重的民俗气息，为大众喜闻乐见。今日古玩集市上，邵阳棂雕被收藏者视为珍藏，现代家居亦好以其为风雅点缀。棂雕之浑朴古雅，之刀笔精妙，之吉祥瑞利，在江南木雕艺术品中占有重要地位。

白云岩为什么能成为八方朝拜的佛教圣地？

相传峨眉山大雄宝殿，历来由青、白二龙护卫，后来青龙厌倦其单调护法任务，独自离开峨眉山漂游九州，见新邵新田铺境内有百仞高岩如擎天玉柱，遂在此定居。青龙定居之地即为白云岩，这里山高壁峭，险峰群立，绵亘十里。据说旧日星月朗夜，群峰亦熠熠生辉，远近如同白昼而不夜。为使其安居，复雕白龙一条相伴，并在龙尾筑一亭，名关龙亭。

宋代有名叫宝鉴的僧人，披荆斩棘入山，见一石像栩栩如生，知有缘，即在像前盘坐而辟五谷。有樵子看见，觉得奇异，于是往来供养，并凿一洞，宝鉴坐化其中，成为白云岩佛地始祖。白云岩因此而声名鹊起，不日威震三湘，引来文人墨客无数，善男信女如云。古人说“宝鉴禅师葬古寺，声名堪与峨眉齐”，并非不实之词。

白云寺胜景很多，依山迭现，过关龙亭有会仙桥，石拱状如飞虹，石苔漫漫，青藤倒挂，朴拙古盎。过桥拾级可到毗卢寺。毗卢寺为白云岩胜地，殿宇坐北朝南，依山而建，层层叠叠，气势雄伟，看紫气神烟，听晨钟暮鼓，宛若人间仙境。大雄宝殿有观世音金身两大一小，三像次第而立。殿右塑有关羽、关平、周仓金像，关帝面如重枣，身披绿袍，威风凛凛。过毗卢寺，登千余级，即达妙音寺，属白云岩之巅一巨洞，殿门宽约 17 米，高 6 米有余，纵深 30 多米。与洞门平齐，肃穆而森严，神秘得令人肃然起敬。洞正中有一墓，相传即宝鉴禅师葬地。其侧有一水池，终年莹明清澈。殿中塑有观音像，结跏趺坐，法相慈悲。洞外悬崖绝壁，古木森森，石径蜿蜒，幽深神秘。妙音寺殿门额匾为“恰似普陀”，远近香客络绎不绝，果然“堪与峨眉齐”。每逢农历二月十九日、六月十九日、九月十九日观音“圣诞、成道、出家”三日，游客更是摩肩接踵，多时一日达万余人。白云岩香火旺盛，成为八方朝拜的佛教圣地。

岳平顶之名有什么来历？

新邵县城东北有卧龙山，其主峰海拔 1513 米，林立云表。因与南岳高度相等，故而得名岳平顶。

岳平顶山顶有药王庙，为唐代高僧隐山和尚居所，庙内有池，面积不到 1 平方米，深不及 3 尺，但居高承天露，故称天池。水虽少而常年不涸。奇异之处在于峰之左右各有一井，峰左之井流入龙山河，峰右之井流至坪山而后入涟水。峰顶筑有望日亭，可遥观祝融日出之壮丽。岳平顶为龙山主峰，须晴日，可见云雾缠腰，有云时则直插霄汉。

石门滩为什么又称铜柱滩？

号称资水第一险滩的石门滩，位于石门山下，资水奔腾南来，至新邵石门山夺隘而下，狂泄之水顿成险滩，两岸绝壁悬崖，奇岩怪石夹立，水似脱缰之马，汹涌如吼，只有礁石横阻，行船视为畏途。为此，古人曾铸铜柱于岸，用以拖挽轻舟重舸免为石碎，滩也因此有“铜柱滩”之名，为资水第一险境。江岸则凿有壁上小径，入口处仍称堑门口。抬头青峰如削，俯瞰急水似风，险峻无比，景象万千。

济公是否来过济公岩？

相传神通广大、佛法无边的济公和尚，曾在邵阳县河泊乡一个岩洞中修炼过，并在洞内水宫洗过脚，因此，这里便有“济公岩”之称。

济公岩是个山洞，洞中景物天工造化，有滴水宫、葫芦宫、千佛厅、塔林宫、大雄宝殿、奏乐厅、斋戒室等大小12个厅，厅厅相通；红、黄、白三色钟乳石将其装扮得粲然生辉。入洞下70级台阶，过葫芦宫进千佛厅，依次是塔林宫、大雄宝殿、蘑菇宫，变幻莫测，雄奇诡秘，目不暇接。其中一钟乳石柱高达10余米，有“刺破青天锷未残”之气势。四处石瀑似的石幔，从近20米高的悬崖一泻到洞底，气势壮观，令人拍案叫绝。小的钟乳石随处可见，有的像济公鞋子，有的像济公念珠，有的像济公酒葫芦，有的像佛前香炉，真是鬼斧神工。

济公洗脚的水宫有一潭水，清澈见底，水寒刺骨。当年济公能安然洗脚，不是仙骨岂能不畏寒?

廉桥为什么有“南国药都”之称?

廉桥坐落在邵东县廉桥镇，地处湘中腹地。说起廉桥，在中医药界没有不知的，比县城闻名得多，是有名的“南国药都”。

廉桥中药材专业市场源远流长，早在隋唐时，这里的老百姓就以种植和经营药材为业，千百年来，成为全国最著名的中药材专业市场。出现了楚天春、三益庄、松龄堂等一些有名的药店。成为国家首批批准的国家级中药专业市场，拥有营业、仓储面积5万平方米；从业人员达8000多人。经营品种1000多个，自产自销品种2000多个；市场辐射全国，年成交额在8亿元以上，年上交税费800多万元。

由于市场发展壮大，也带动了湘中地区药业生产的发展，现邵东县拥有中药材乡8个，专业村26个。玉竹、百合、栀子、丹皮、芍药等全国有名的传统产品的种植面积达到15000亩以上，形成了产、供、销一体的服务体系，是名副其实的“南国药都”。

崀山之名何来?

湖南新宁崀山，是我国为数不多的国家地质公园，国家重点风景名胜区，它以奇山异水而闻名。相传舜帝南巡至此，见此地山水特别秀美，不由摇头赞曰：“此山良好，可谓崀山”，由此“崀山”之名被叫开来。

崀山风景名胜区总面积108平方公里，主要由八角寨、牛鼻寨、骆驼峰、紫霞洞、扶夷江五大景区构成，共18个小景区，200多处景点，是典型的丹霞峰林地貌。其主要景点有“将军石”、“天生桥”、“天下第一巷”、“八角寨”“骆驼峰”、“辣椒峰”等，景区还有10多处景观和一些各具特色的溶洞。

一线天为什么有“天下第一巷”之称？

牛鼻寨景区位于新宁县东南13公里处，这里飞瀑流泉，有玉池三叠、义军寨、遇仙桥等大小景点数十处。尤以中国科学院院士、地洼学说创始人陈国达教授命名的“天下第一巷”为最。

▲ 天下第一巷

“天下第一巷”为两石缝陡崖相夹形成，东西走向，全长239.8米，石壁高100多米，宽不盈尺。巷道弯曲，人处其中，前不见去人，后不见来者，前后看不到尽头，只见顶头一丝天光，真是鬼斧神工，天下一绝。

据说，陈国达教授到了崀山，看到被誉为“丹霞之魂”的八角寨景区，感慨不已。如果早几十年到崀山，看到这样的地貌而不是到广东仁化丹霞山的话，地质学上将只会是“崀山地貌”而无“丹霞地貌”。正是感慨于此，挥笔写下了“天下第一巷”。

世界著名蜘蛛人徒手攀岩挑战吉尼斯纪录是在哪里举行的？

世界著名蜘蛛人，阿兰·罗伯特，法国人，是一个世界知名的人物，身高1.64米。他从12岁起便从事攀楼攀岩活动，他曾成功徒手攀登过包括世界第一高楼——马来西亚双塔石油大厦在内的30多个国家的55座摩天大楼。如美国的芝加哥银行大厦（罗伯特第一次攀登的摩天大楼）、巴黎埃菲尔铁塔、美国旧金山跨海金门大桥、香港远东金融中心大厦、日本东京新宿大厦等，是世界公认的攀登第一奇人。

▲ 辣椒峰

罗伯特的活动一直受到全球各大媒体的极大关注，美国三大电视网对他的攀登活动进行多次报道。2002年年初，中央电视台在《地球故事》节目中，专门播出两集“蜘蛛人”专集，介绍罗伯特的冒险运动生涯。

2002年9月14日，由湖南旅游文化产业公司举办的世界蜘蛛人阿兰·罗伯特徒手攀岩挑战世界纪录，在崀山辣椒峰举行。崀山作为他的中国首攀地点，对他来说，是一次挑战。

辣椒峰高180米，像一个倒立的辣椒，上大下尖，犹如奇特的擎天巨柱，四面绝壁，刀劈斧削，壁陡度大于90度，抬头只见石壁斜压下来，令人心悸。无论人们怎样担心，然而蜘蛛人却坦然攀顶，完成中国首攀。

古扶夷侯国今何在？

古扶夷侯国始封于汉武帝元朔五年（前124年），从封到废，共传六世，历130多年。扶夷江是流经扶夷国的主要河流，因其流域大部分在扶夷侯国境内，古时就得名，意即扶夷侯国的河流。这个古时的边夷侯国，如今已是人们向往的旅游胜地。前面，我们已经见识了崀山的伟岸，现在就去漂流，感受一下扶夷江的温柔。

美丽的扶夷江碧流澄清，两岸奇峰异石似一飘带贯穿全境。扶夷江与漓江同源于广西资源县的猫儿山，自金子山分袂南北，县境内流长 230 公里。因新宁县古为“扶夷侯国”而称扶夷江。扶夷江漂程 22 公里，其间落差仅 16 米，水流平缓，途经十二滩、十二景。极目远望，江流石转，犹如崀山奇观的艺术长卷。这段水域被青山染得碧绿，被奇山拥得温柔。

▲ 将军石

舟行江中，但见水色天光，相互辉映；蓝天白云，百鸟集翔；两岸杨柳滴翠，怪石追舟。诗人艾青看了这画一般的扶夷江，给崀山人写了一副上联：“树影横江鱼跃枝头鸟宿水”，留有下联供人对。

不知不觉，已来到崀山六大绝景之一的“将军石”。“拔地芙蓉耸翠痕，嶙峋千尺指天门；扶夷江水平如掌，红云捧日朝圣樽。”这首诗生动形象地展现了它迷人的风貌。将军石，原是一座山体，丹霞地貌发育到晚期，就形成石柱。高 400 米，周长 40 米，顶部略小，上下等粗。10 里之外，仍可见其独立云表的英姿。

“三渡牌坊甲天下”是否当真?

旧中国牌坊并不少见，但雕刻得精美的却并不算多。新宁县三渡水乡有座“圣旨旌表节孝坊”，倒是精美绝伦之作。

牌坊为青石构造，建于清道光年间，高10余米，四柱三门，三层结构。牌坊是为纪念道光皇帝下圣旨褒表族人中节烈忠孝者而兴建的。牌坊高浮雕牵牲荷犁、坐道参禅以及节、孝内容的人物图案15幅。时人有唱词说“宝庆狮子永州踏，三渡牌坊甲天下”，可见其雄伟壮丽名不虚传。

“千里来龙到石田”所指何处?

崀山有个八角寨，这“寨”实为一险山，四面峭壁悬崖，唯一可进“寨”之门，是一道两侧陡峭的鱼脊似山背，只能一人单行。寨的最高处是云台山，顶上古木参天，甘泉成井，别是一方天地。峰顶有八个绝险之角向四周伸出，活脱脱像中草药中的“八角”，故名八角寨。

▲ 蜡烛峰

八角寨之左为“龙角香”，沿陡峭山脊悬空延伸，而后翘首向天，俨然巨龙之角。而在翘起的“角”尖上，竟奇迹般地建有一座山神庙。登临八角寨放眼四望，“一览众山小”。但见千峰万壑，云来雾去，好比那礁山浮海，缈缈缥缥。扶夷江水有如碧带盘缠着一线石山蜿蜒北去。石山或似直指青天之塔，或若金盔金甲之将军……每逢红日喷薄出山时，红霞满天，奇峰尽染，轻云薄雾一如波光粼粼的浩荡之水，于是尽可以想象那群峰就是游龙之背脊，红霞笼罩的叠叠峰峦便是一川石田。而奇峰中有蜡烛峰，顶峰有红霞染赤，正是红烛一炬，恰如古人唱颂的“千里来龙到石田，一支蜡烛照青天”。

清魏源故里在何处？

清代著名思想家、史学家魏源为邵阳人，乾隆五十九年（1794）生，道光二十四年（1844）进士。先后任东台知县、高邮知州，与思想家、文学家龚自珍，禁烟名臣林则徐友善。著有《圣武记》、《海国图志》、《古微堂诗文集》、《元史新编》、《老子本义》等传世，是近现代史上的著名人物。1947 年邵阳县析置隆回县，其故居即在隆回境内。

魏源故居在隆回金潭乡学堂湾，始建于清嘉庆年间，为一坐西朝东两正三横的长方形四合院，纯木结构。住宅背山面水，有雪峰山脉抵御入骨寒风，有辰水河支流让主人先知水暖，环境幽静而清雅。今日故居几经修整，陈设有魏源童年的书房及其他相关资料。

为什么说“滩头年画”是中国民间艺术园中的一朵奇葩？

滩头年画，相传兴起于清雍乾年间，至今已 200 多年历史。最盛时有 108 家作坊，两千余人从事年画的生产。产品远销黔、滇、粤、桂、鄂、赣、陕及香港等地，年销量达 700 多万张。

滩头年画有着广泛的群众基础，以祝福新年为主要内容，反映着人民的情感、愿望和审美意识，为群众喜闻乐见。滩头年画的制作方法是采用水版印刷（木版套色水印），经过绘制、刻版、套印、修描等工艺过程，使用高纯度三原色套印，即以暖色调为主，又重大块的冷暖变化对比，使画面单纯、明快，具有强烈的喜庆吉祥气氛。在印刷完成后，再用手工开脸，加绘五官、胡须，使人物的形象更趋完整。

滩头年画构图简练、集中，主体造型突出。一般选择一个主体为构图中心，图画留有较多的空白，因而简练、明快、集中。它运用夸张的手法，使形象生动完整。滩头年画，产生于民间，扎根于民间。因主要制作、生产、销售都在隆回县的滩头而得名。是中国民间艺术园中的一朵奇葩。

回龙洲为什么成了鸟的乐园？

回龙洲在隆回县城东南平溪江的江心，沙洲四面环水，有桥与城相连。此洲古来称回龙洲，有飞龙恋岛之意，其森森古木，浓荫蔽日，在市井之侧可谓世外之地。回龙洲长约 1 公里，面积 30 多公顷，有古树生机盎然，青萝如织。其迈迈古气耐人玩赏。四季有落叶如金，有绿叶似碧，花开花落无尽期。如此一个草木繁茂的天地，自然也就成了百鸟的天堂。春夏之日，画眉婉转枝头，黄鹂啁啾翠柳，白鹭群起群落，带给回龙洲无限生机。炎炎夏日，寻到洲上纳凉避暑的人盘桓不去，听百鸟齐鸣，看草木葱茏，览清波碧浪，其乐无穷。

回音湾的仙人石椅为谁所造？

桐山风景区位于洞口县桐山乡境内，是一个由涌泉、飞瀑、溶洞、珍稀动植物组成的自然风景区。这里山清水秀，到处飞瀑流泉，是理想的旅游胜地。黄湾村的泉水有温冷之别，泉群中的温泉有30多处涌泉，水温达44℃；相距不到100余米远的地方，却又是冬暖夏凉的冷泉群。西去二里有九龙村，有落差300米的飞瀑三处，水响珠鸣，终年不绝。还有长40余米、高达10米的回音石，静立在石壁前四五米的地方讲话，长达百米的回音湾均可听到洪亮清晰的声音。回音湾内有仙人石椅一张，椅背屈曲有度，形态优雅，乃天工造化之物。此椅久为人坐玩，光滑平整，可排坐20余人。相传当年有九天仙女下凡在瀑布下沐浴，休息时便搬来一张石椅坐歇，此后留在湾内。

绵羊溪为景区内一条山溪，长20余公里，两岸有原始森林相拥而立，至今人迹罕至。当地人常见有野羊、野猪、野牛、虎、豹、熊、鹿亦不绝踪迹。其中有叫独角羊的，据说是世间相传为吉瑞之兽的麒麟。这里尤为奇特的是雪花树，四季常青，下雪时即开白瓣黄蕊花，雪越大花越盛，煞是好看。蝴蝶树常年青绿，其花仅两瓣，一大一小，大者粉红，小者灰白与粉红相间，薄如蝉翼，娇媚异常；尤其花柄部有绿豆大颗粒两颗，花如蝶翅，“绿豆”如蝶眼。夏秋之际，有蝴蝶千百万只栖歇树上，真假蝴蝶难分难辨。还有那红螃蟹、黄皮蛙、千年龟等珍稀动物，无不为景区增添光彩。

蔡锷将军故里在哪里？

我国近代史上声名赫赫的民主革命家和杰出的军事家蔡锷，清光绪八年（1882 年）出生在今洞口县水东乡杨湾村大坝上。将军 1911 年领导云南新军起义，被举为云南都督；两年后因反袁被袁世凯软禁。1915 年逃离北京，同年年底发动护国军起义，反对袁世凯复辟帝制；后任四川督军，1916 年赴日本治病，病逝东瀛。

蔡锷公馆位于山门镇回龙街，坐东北而朝西南，前后三进，各面阔五间，进深两间，占地 1300 多平方米。一进为牌楼和戏楼，二进为礼堂，三进为神主堂，祀有将军塑像。公馆大门石刻“修文演武双能手；护国倒袁第一人”佳联。屋面为单檐硬山式，青砖小瓦，为中国传统建筑。

“秀云南岳殿”是朱元璋的手迹吗？

洞口县山门镇有座秀云山，山虽不高，却秀雅绮丽，为名重湘西南的佛教圣地。秀云山顶有南岳殿，始建于宋，明洪武年间朱元璋敕额“秀云南岳殿”，自此香火旺盛，香客终年不绝。秀云南岳殿背倚鸡公山，立山门可览黄泥江春色。

南岳殿占地 5000 多平方米，有牌门、大雄宝殿、正殿、佛殿、偏殿和地母殿，分别供奉有南岳圣帝、关圣帝，四大天王、八大金刚、观音、十八罗汉等佛造像。今日的南岳殿（中殿）高 18.6 米，雕梁画栋，斗拱飞檐，摩天触地，气势非凡。

洞口三塔说的是哪三座塔？

洞口县有三座著名的石塔，一为文昌塔，位于平溪江北岸与回龙洲相望。文昌塔建于清咸丰年间（1851～1861年），高达43米，七级八方，飞檐翘角，铁顶铜铃。有趣的是，塔顶长有一棵树，冠似华盖，常年挂绿，往来白鹭择栖其上者动辄数十百，成为路人争相一睹的奇观。塔内保存有古人书法碑刻10余件，另有花鸟、山水、人物彩绘一批，丹青翰墨，香袭游人。塔门有一联："碧水环流，地凝蓬岛；青云直上，人在琼霄"，沿梯直上塔顶，果然赏心悦目。

二为云峰塔，位于高沙镇的云峰岭，俯视蓼水日夜奔腾，与高沙镇隔江相望。有诗为"万道银波寒射塔，宛如金剑吐珠光"。说的便是塔畔有深潭，水碧而寒，流水触石，散作飞花的景况。

三为青云塔，位于洞口镇大胜村。青云塔建于清同治年间（1862～1874年），通高19.5米，八方五层，层层塔檐皆为砖叠涩式，覆以小青瓦，鳌鱼尾翘，彩绘檐边，为楼阁式砖塔。塔门有联为"胜居山河钟洲气，先联奎壁启文明"，可谓赞美有加。

法相岩雅号知多少？

法相岩在武冈市资江南岸。

所谓"法相"，为佛门派系之一，亦称法相宗。佛经中有"一切世谛，有为无为，通名法相"之说，武冈东部之石林以此为名，法相岩之称因袭相传。

法相岩为典型喀斯特地貌，地上苍松古迈，绿荫如盖；地下洞洞生奇，瑰异幽险。有太保、芙蓉、朝阳、迎阳、隐仙等八洞相连，入得洞去，宛若置身虚幻之境。南宋诗人陈与义曾作《法相洞天》诗，其中有“洞门正在云深处，谁想人间别有天”。天柱石、云根石、擎天一柱、龙宫、千丘田、玉女妆台等惟妙惟肖，都是游人盘桓难去之处。除此之外，还有历代文人骚客留下的摩崖石刻70余处，石林中有黄埔军校第二分校旧址、李明灏将军别墅、革命烈士纪念塔等诸多人文景点。

《武冈铭》为何人所书？

武冈城北有同保山，位于新东乡境内。此山形如圆锥，石林参差，环翠绕绿。山虽不大，却有春秋战国范蠡之女隐居之古仙院。元至正年间，武冈路总管柳不华屯兵之元帅岩、明万历年间监察御史读书处，以及唐、宋、明、清石刻30多处，都是这同保山不可多得的人文景观。石刻中尤以唐人柳宗元撰写的《武冈铭》见长，武冈之风雅、之野趣，收尽笔底。宋代至王安石以“半山”为识题字“砂岩”字大如斗，笔力遒劲，至今清晰可见。自然景观则以九音岩为佳境，其为伏流回动。声如铃、铎、钟、磬，尤有趣味。亦有泉涌成溪而逶迤于石笋竹木之间的没底江，深不可测，引人入胜。

武冈云山为什么被道家称为“六十九福地”？

清光绪《武冈州志》载，云山有73峰，其中一峰飞去靖州遂成胜景，留下各峰之名多已不详，唯紫雷、日华、月华、芙蓉、香炉口碑相传，称道家六十九福地，成为湘西南佛教中心，古有“楚南胜地”之誉，历代香火不绝。

云山至今保存有大批古建筑，唐代高僧光孝、寿佛曾挂锡于此山，宋代汪立中任郡守时倡建有七十一峰阁，胜力寺、宝顶庵、观音阁、玉虚宫、真人祠、半山庙等庵堂寺庙皆隐约于深山幽谷，鼓磬金钟，相与呼应。今存碑刻19处，道光菊月谷旦所撰《补修别云峰塔前坟墓碑记》、嘉庆《重修燕君和尚塔记》即其中之一。明崇祯年间礼部主事潘应星曾为云山题有10景，即一瀑飞涛、两华耸翠、仙桥横汉、崖前帘水、云处钟声、竹台风埽、丹井云封、石畔遗踪、洞门余影、杏坞藏春，各有奇秀之风采，斗夏争春，美绝一方。

武冈文庙前的古银杏寿高多少？

武冈文庙位于市中心的渠水北岸，始建于宋代，至绍兴八年（1138年）迁现址。庙前有古银杏一株，屹然而立。离地尺许，干分两杈，一杈围约6尺，高约3丈；一杈围丈许，高近两丈，因年久中空，树中又长出一株香樟，葱郁如故，也算是对后人的慰藉。相传此树为陶侃在东晋咸和年后都督荆州、交州等八州军事时，在现文庙地址亲手所植。虽遭雷击电焚，仍屹立如初。文庙历经元、明、清几代修葺，至清再修时越加严谨，庙前石狮威猛，一侧有“官员人等至此下马”石碑。当年崇孔尊师注重修文的气氛，今日仍未散去。

为什么会有“武冈城墙盖天下”之说？

“武冈城墙盖天下”之说，并非真是古城墙天下第一。就小小武冈而言，当年也不过州治而已，却有长5874米，高6.6米，宽3米的坚固城墙，小皇城、内城、外城全系巨大青石砌成，可谓固若金汤了，由此有“武冈城墙盖天下”之说。城墙始建于宋代，现存残段480余米，登临其上，仰望苍天，不觉便会忆起杜甫所言“落日照大旗，马鸣风萧萧”来，征战御敌，城墙是最好的见证。

武冈花塔为什么又称东塔、斜塔？

在武冈东门外云台岭上，有一座微微斜立的素色宝塔，雄伟壮观，为古城更增姿色。它就是武冈花塔。塔高30.5米，以精奇的建筑技巧和精湛的壁画艺术称奇。

一说它的建筑技巧精奇。30多米高的塔，立于云台之岭，而倾斜6.22度，历经千年风雨，却安然无恙，堪与意大利比萨斜塔媲美，正是这斜立于云台岭上的倾城之美，赢得了又一个名字——斜塔，名来于形；东塔之名，源于塔位于城之东，名来于位。

二说它的壁画艺术精湛。花塔共七层，各层尺出短檐，翼角高翘，檐口构形图案，七层各异。塔有八面，各面用白泥涂墁，瑰丽多彩的壁画绘饰其上。《武冈州志》称其“字画端好，精妙绝伦”。飞禽走兽，亭台楼阁，草木花开，菩萨天仙，缭绕祥云，栩栩如生，远远望去，深似色彩斑斓彩练。花塔之名，也许就是这样得来的吧！

多桥镇上桥多少？

武冈桥之多，中南几省恐无几处可比。仅县城数得上名的桥即有十几座，其中八座保存至今，飞虹处处，绿水绮丽。这些桥有纯板木结构的平面桥，亦有石砌的石拱桥，还有风格各异而精巧的风雨桥。桥若能言，叙说的修桥史话，一定感人肺腑。

邓家铺乡有关风桥，为两孔一墩长廊式木桥，长40米，宽5

米。桥廊木梁柱整齐工谨，间嵌以木栅，重檐廊顶覆以青瓦，桥头为石级，建有亭阁，与桥中亭阁相呼应。山水间点缀廊式长桥一座，无疑添色不少。

木瓜桥在邓元泰镇，亦为长廊式木桥，长40米，宽5米，却有4墩。此桥东峙石岭，西连前拥，北枕茅后，桥下黄潭水势奔腾。当年邓小平、张云逸所属红七军自广西北上途经此桥，写下许多宣传标语，今日桥头石上，“共产党万岁”五字仍依稀可辨。

石羊桥、三元桥等都素有盛名，民间传颂的关于桥的故事，至今为人津津乐道。

“世之名鹅”出武冈吗？

武冈江河密布，湖塘如鳞，早在明代之前即养鹅成习。明嘉靖年间，武冈因养鹅多而其肉鲜嫩驰名。官宦皆称武冈鹅为“世之名鹅”。武冈鹅体形中等，颈细长呈弓形，头有肉瘤肉垂，后躯发达，羽翅油亮，见客能亮翅远迎，夜间稍有动静会大呼小叫示警，深受主人喜爱，世称铜鹅。因此，嘉靖年便因铜鹅而冠武冈以“铜鹅之乡”，武冈以鹅传名，铜鹅因武冈而旺盛。今日铜鹅的养殖已成乡风，常年保持在30万羽左右，雏鹅一月便可达1.2公斤，6月即成五六公斤“大汉”，加工成板鹅、红烧鹅、清蒸鹅、米粉鹅、血浆鹅等佳肴，肉质鲜美而可口。“全鹅席”五花八门，品尝过的人更是久难忘怀。武冈一游，不尝铜鹅肉，可算美中不足。

六鹅洞因何得名？

仙女下凡的故事口颂书传的皆有，绥宁县黄桑坪乡境内有六鹅洞瀑布，相传也是与仙女相关的。

▲ 六鹅洞瀑布

六鹅洞瀑布在县城西南，这里乃水头江穿岩冲槽之处，两侧峭壁削立，水帘直下 30 余米，咆哮之声相闻数里。瀑布遮掩一洞，瀑布下有冲积深潭。相传天上六位仙女看中这里的神秘和雅丽，相约来深潭洗浴，日久成为常事。不料一日正裸浴嬉戏，忽有一渔翁寻来潭边渔猎，仙女们羞得无地自容，即刻化为六只白鹅躲进瀑布后的石洞。从此，六鹅洞便传开了。今日古洞犹在，两侧杂树繁密，青藤似网，太阳直射之时，水光如虹，洞口幽深莫测，意趣盎然。

为什么说回龙桥独具特色？

出城步县西南有一古桥，建于清乾隆十五年（1750 年），卵石砌基，供行人避风躲雨。此桥全长 34 米，宽 3.5 米，有桥亭 14 排，桥中有高 7.5 米的双层楼阁，重檐飞角，古朴风雅。桥两侧设有靠背栏杆和木柱栅，便于行人歇息。不知从什么时候起，乡人称其为回龙桥，赞其雄伟雅致。桥两岸是森森林木，湖南杉树王——李天保神树，即矗立桥头。

“地胜人争至，楼高月早临”说的是何处之楼？

出城步西南行有岩寨村，村中有一侗族鼓楼，为清嘉庆二十三年（1818 年）所造。楼有石基 3.6 米见方，高 2.4 米。楼高 4 米，为六柱八角四方形。楼顶大梁书有“皇图巩固，帝道遐昌，风调雨顺，国泰民安”，镂雕有“二龙戏珠”和“鳌鱼八桂”图案。楼脊角翘，背道而飞，楼檐下有满幅“卐”字格，中嵌古龙钱雕花窗。楼内设鼓形水浪靠背栏，悬“高阁凌云”、“规模雅俊，气象峥嵘”、“星辰可摘”三匾。门联“地胜人争至，楼高月早临”，横披“闲来聚会”。鼓楼庄严古雅，既不失堂皇之气，又有民俗风情，是侗族人家农闲组织人文活动，男女老少聚会之所。欢歌笑语，其乐融融。

南山为什么有“南方的呼伦贝尔”之称？

南山坐落在城步苗族自治县西南边陲，地处湘桂边境的五岭山脉越城岭北麓，平均海拔 1760 米，总面积 200 平方公里，有草山 23 万亩，是我国南方最大的高山台地草原，有“南方呼伦贝尔”之称。这里气候宜人，冬暖夏凉，夏季最高气温 28℃，年平均气温 11℃，是我国南方极具个性的避暑度假胜地。在这里不仅可欣赏到江南山川的瑰丽俊秀，还可以看到北方草原的粗犷雄浑。留下当年红军足迹的老山界，极富生物基因研究价值的原始森林，美丽壮观的日出和云海，鬼斧神工般的天然盆景，“天苍苍，野茫茫，风吹草低见牛羊”的草原风光，都使人心旷神怡，流连忘返。

南山在哪里，是那么遥远、神秘，其实只要读过陆定一的《老山界》、毛泽东《长征·七律》的就不陌生了。“五岭逶迤腾细浪，乌蒙磅礴走泥丸”写的就是这里。老山界在五岭之一的越城岭北麓，当年萧克、王震率红六军团就是由广西东田越老山界进入湖南城步的。王震望着这一望无际的天然草场说：将来革命胜利了，要在这里办个大牧场。

南山本是草的王国，而山腰却有茂密的原始次生林，形成一条巨大的绿带，将南山紧紧围住，构成密不透风的绿色城堡。这里有原始次生林 3 万多亩，植物种类繁多，有国家二级保护树种银雀树、香果树等。这里也是野生动物的乐园，共有野生动物 28 种。

紫阳峰牧区是八十里大南山草原风光的缩影，上有四十八坪，坪坪绿草如茵；下有四十八溪，溪溪清水长流。这草原上千千万万个蒙古包式的翠岗，个个披上绿装。王震还记挂着南山。1979 年，中国南方草原开发的第一个中外合资项目就诞生在这里。

这里，峰峦叠翠，云起雾涌，瀑飞泉流，盆景群立。如茵草原，牛羊满坡。它以草绿、林深、水秀、雾奇、路曲闻名于世，像一颗璀璨的明珠，镶嵌在湘西南的山河中。15200 公顷草山连成一片，构成我国南方最大的高山草原。这里还是湘桂两省区的分水岭，山上的清水是两江的源头，向南奔向柳江；向北，流入沅江。它是养育两江人民的母亲河，它们来自同一母体——南山——“南方的呼伦贝尔”。

千年古杉今何在？

城步南部的长安乡，这里不仅风景优美，民风淳朴，而且有一道奇观：一株千年古杉，耸立在南山西北麓海拔 900 米的长安乡大寨附近的悬崖上，俨然苗族传说中守卫山寨隘口的顶天立地英雄。这株杉树高 30 米以上，胸径 2. 45 米，胸围 7. 7 米，冠幅 28 米，枝繁叶茂，遮天蔽日，立木蓄积量达 50 立方米，要 5 个大人手拉手合围才抱得住。据省林科所鉴定，它是我省目前发现最大的古杉树。

据初步考察测定：此树为古代原始森林遗物，属原始种。已有1400多年的高龄，大约诞生于北朝时期。它将为我国林业科学，尤其是种源研究提供活的原始依据，为林木改良、遗传育种提供可靠的资源。

“白云”奇洞知多少？

城步苗族自治县城东，有远近闻名的白云洞风景区，它由白云洞、玉龙洞、碧云洞、洪溪洞、羊角洞组成洞群，总面积4万多平方米，为典型的喀斯特地貌溶洞。洞群屈曲相通，分上下6层，全长4200余米。洞府最高处达48米，洞厅最大者约4200平方米。置身洞中，处处可见奇险，迈步即有惊异，平缓处有大小不等的“府院”、“厅堂”、“居室”；险峻处藏“曲径”、“田园”、“村庄”于幽深。但见石笋、石幔、石帘、石花、石瀑、石禽、石兽俯仰皆是，形态万千，非鬼斧神工所不能。途中小憩，掌击身旁之石，不少竟作鼓瑟之声。自古文人墨客入洞游者，多有在壁上题咏石刻，赞美者有，感怀者有，为幽美之溶洞增添了不少文化氛围。

▲ 白云洞

白云洞居洞群之首，汉代以来即享誉远近州县。每每秋冬时日，便见洞口白雾冉冉，宛若深山饮烟，白云洞故而得名。洞中奇瑰之处目不暇接，似禽似兽、似花似木，美不胜收。洞中有河，浅处为溪，汩汩作唱；深处为潭，神秘莫测；宽处为河，鱼虾戏水；玉龙河还可行舟，逶迤画中游。明时洞口建有白云庵，清时建有白云书院、魁星阁、文昌阁、霭然亭。这里南接桂林山水、龙胜温泉、南山牧场，北连云山，东临崀山，可谓独有一番风采。电影《炎帝传奇》就是在此拍摄外景，通过影视屏幕已展现了它的动人的姿色。

永 州

永州之名何来？

自西汉元鼎六年（前 111 年），汉武帝置零陵郡以来，尽管历经历史的变迁，行政区划变动，但零陵、永州基本是一地两名。

零陵乃古地名。帝舜时属三苗之地，《史记·五帝本纪》中载：“舜代尧践帝位三十九年，南巡狩，崩于苍梧之野，葬于江南九嶷，是为零陵。”长沙马王堆出土的《西汉初期长沙国南部地图》在今潇水之南，绘有九嶷山，并注有“帝舜”二字。“陵”本指大土山，引申为帝王之陵墓。九嶷山有一条河名冷水，古时因冷通“零”，故零陵即冷陵也。

永州名扬天下，得幸于柳宗元《永州八记》。永州之名始称于隋开皇九年（589 年）。隋帝灭陈，重新统一中国，是年更改零陵郡为永州总府管。据称，永州城西南双牌县境内有一座山名永山，山下有永水，这里“山水回抱，秀气所聚，如环如璧，林茂田腴”，永州依此得名。

你了解永州吗？

永州位于湖南省南部，境内潇湘二水际会，俗称“潇湘”。“挥毫当得江山助，不到潇湘岂有诗。”千百年来，无数名人游子，慕名前来永州观光，不断地丰富了永州名胜古迹的内涵。华夏始祖帝舜“南巡狩”，葬于江南九嶷，汉司马迁来永州考证帝舜陵寝之所在。唐元结任道州刺史，曾读于芝山朝阳岩，卸任后因“爱浯溪胜异，遂家溪畔”。柳宗元谪迁永州司马十年，寄情永州山水，作成千古绝唱《永州八记》。宋周敦颐少时就读于道县月岩，后“悟道”，开宋明理学之先河。

综观名胜，山有九嶷之神，阳明山之险，舜皇山之秀，闻名中外；洞有月岩之奇，朝阳岩、阳华岩之幽，令人流连忘返；碑刻有唐颜真卿于浯溪所书《大唐中兴颂》，以文奇、字奇、石奇，世称“摩崖三绝”，宋李挺祖所书汉蔡邕《九嶷山铭》堪称稀世珍品。还有李达、陶铸、唐生智近代名人故居，别异其趣的瑶族风情等，都是旅游的好去处。现有全国重点文物单位两处，省级保护单位 19 处。

永州辖冷水滩、芝山两区及东安、道县、宁远、江永、蓝山、新田、双牌、祁阳八县和江华瑶族自治县。人口 560 多万。永州“据水陆之冲，当楚粤之要”，区位条件优良。南毗两广，北有铁路、水路、公路通武汉、长沙，即将通航的永州民航和高速公路构成便捷的立体交通网络。齐全的服务设施，欢迎八方宾朋来永州观光旅游。

柳子庙是为纪念谁而建的？

柳子庙始建于南宋，清光绪年间得以重修。位于永州市区柳子街，旁有潇水日夜北去，是为纪念唐代著名文学家柳宗元所建。

柳宗元（773～819年），字子厚，河东解县（今山西运城解州镇），贞元进士。授校书郎，调蓝田尉，后迁监察御史里行，因参与王叔文等人的革新，升擢礼部员外郎。革新失败后，柳宗元被贬为邵州刺史，赴任途中再贬永州司马。居永州10年，撰有《永州八记》，成为中国文学史上山水文学的瑰宝。

柳子庙为砖木结构，三栋进深，前栋为戏台，歇山顶。越青坪，后为中殿、后殿。庙内有苏轼“荔子碑”和清代《重修柳司马先生庙记》等碑刻。“荔子碑”位于柳子庙正殿后墙上，碑文起首为“荔子丹兮焦黄”，故称其为“荔子碑”。“荔子碑”共4块，每块近3.3平方米。其文为唐代著名文学家韩昌黎所撰；碑文由宋代著名文学家、书画家苏东坡所书；记叙歌颂的是柳宗元的事迹。三者皆不凡，故世人称“荔子碑”为“三绝碑”。

大书法家怀素的“笔冢”为什么在永州？

唐代大书法家怀素为长沙人，自幼酷爱习字，稍大即广求碑简学习，相传秃笔成冢。永州东山绿天庵，曾是怀素出家修行并种芭蕉当纸练字之所，秃笔被埋在庵后而成“笔冢”。冢旁有“砚泉”，为怀素取水研墨处。庵后有洗砚池，怀素的身影常常映现其中。怀素所书《千字文》石碑立于石亭之内，其字如急风骤雨，有气贯长虹之势。据传怀素当年曾草书过不少《千字文》，今日流传的有单刻帖《怀素草书千字文》，墨迹本《怀素千字文》等，其书不但如龙蛇之动，古朴淡雅，而且遒劲洒脱，千百年来为书人所钟爱。

碑亭之旁芭蕉滴翠，有“绿天蕉影”之誉，并筑有“醉僧楼”，塑有怀素像，扩辟为怀素公园，成为潇湘旅游胜地之一。

缘何而建回龙塔？

自古以来，百姓深受水患之苦，历代都有仁人志士治水治患，救百姓于水火，为人颂扬。吕藿为零陵人，明嘉靖年间进士，屡官兵部、工部、吏部郎中，晋为佥都御史、提督操江，为官注意民事，近贤而远小人，受到百姓敬重。吕藿所建回龙塔为砖石结构，高近 30 米，5 层，有旋梯登临塔顶。与别处回龙塔不同之处，在于其可从四方券门出塔而绕塔身周行，尽览四方景色。而每层平座与腰檐皆有不同程度的落差，导致塔之立面出现变化多端的新颖节奏。腰檐之下设计有五镇砖石斗拱，带有宋代建筑的特点。吕藿初衷虽不能靠一塔实现，后人却是见塔如见斯人。

今日回龙塔门额“回龙宝塔”四字庄严肃穆，宝塔静立于市区潇水东岸，默默地守护着一郡百姓。

朝阳岩“绝胜”在何处？

唐代文学家元结为天宝年间进士，安史之乱时曾组织义军保全了 15 城，后任道州刺史。永泰年间游永州，“维舟于西岩下”，见朝阳初升，岩壁如金，即兴为其取名“朝阳岩”。此洞位于市区潇水西岸，故而前人多称其朝阳岩。

朝阳岩洞口朝东，分上下二洞，皆深邃幽远，通后山“青莲峡”而上“听泉亭”。洞中怪石不可言状，泉垂如鼓瑟击磬，景致十分雅静。除元结外，尚有唐代文学家柳宗元、宋代文学家苏轼、哲学家周敦颐、名臣张浚以及明代地理学家、旅行家徐霞客，都曾到此游历，并留有许多诗刻。“朝阳洞”三字，为宋代张子谅题，大气开张，景致与字相得益彰。

永州绝胜之“朝阳旭日”即在朝阳岩。黎明之际立于朝阳岩顶，参差古树如阵，“阵”中小亭可倚。只见氤氲之中红日冉冉，云烟皆着彩，潇水染霞光，习习晨风夹带仙气，人犹如在九天瑶台。朝阳岩的“朝阳旭日”吸引了历代无数文人墨客，实为湘南之胜景。

萍岛“潇湘夜雨”诗情画意知多少？

萍岛原名浮州，亦称湘口，位于潇水和湘江的汇合处。相传，很久以前，这里还是一个很小的沙洲。萍岛北有湘水自西而至，东有潇水自南而来，二水相汇于此。往来船只如梭，风帆与洲中竹林相映，橹声与岛上鸟声共鸣，诗情画意，风物宜人。故有“萍岛春涨”美称，为永州名胜之一。柳宗元写的《湘口馆潇湘二水所汇》诗，讲的就是这里迷人的风光。其独特的地理位置，为它披上了诗画一般美丽的彩衫。雨帘迷茫日，萍岛如舟，在风雨中飘零。朗月中天夜，渔舟晚唱，有渔火回荡。秋声又起时，黄叶丛中，古渡舟楫声声。夜宿萍岛，涛声催眠，浪声入梦……岛山古木森罗，有蜂飞，有蝶舞，有鸟鸣，幽雅而秀美。昔日的

▲ 萍岛风光

“萍岛书院”虽已不在，但旧址地却依然可尽览江天风月。

柳宗元聆听“山寺晚钟”在何处？

柳宗元为永州司马时，曾在今永州城内之法华寺居住多年。法华寺始建于中唐，宋代曾更名万寿寺，因地处东山之巅，而东山亦名高山，后人惯称其为高山寺，约定俗成，唐宋时法华寺、万寿寺之称渐已淡忘。故后人只知其为高山寺也就不为怪了。

高山寺僧人每日于日落之时，必撞钟击鼓，声催暮色浓，远近十里皆闻其声，因而有“山寺晚钟”之说。该寺明万历元年（1573 年）毁于战火，于万历四十一年（1613 年）重建，至清乾隆年间夷为平地，道光八年（1828 年）迁建于东山之北。规模虽不及中唐宏伟，其瑰丽幽雅却更胜一筹。今日的高山寺存有大雄宝殿、武庙各一座。武庙前四条浮雕云龙的青石柱保存完好，飞龙雄猛，流云飘逸，雕琢精妙。寺周有青松翠竹相拥，暖晴之日立寺前远眺，竟一览永州无遗。

香零烟雨，何处寻觅？

柳宗元作《登蒲州石矶望横江口，潭岛深回斜对香零山》一诗，有“日出洲渚静，澄明晶无垠”一句，说的便是香零山之景色。其实香零山乃潇水河心一小岛，南北宽 15 米，东西长 25 米，但高出水面 12 米，有山之势。《永州府志》注，之所以叫零山，是因其独生香草之故。汉人张衡说“其香草则有薜荔蕙若，薇芜荪苌，唵暖蓊蔚，含芬吐芳”，足见名贵不俗，后人便以香草喻忠良之士。“零”字古亦通“苓”，茯苓乃“千年之松，下有茯苓”，入药，称香零，自然便有宝山之意了。

清同治四年（1865 年），湘军名将王德榜与地方名将黎盛倡建观音阁于香零山，木石结构，香火旺盛。近年观音阁得以维修，重现昔日风貌，与“山寺晚钟”一样，同为永州胜景。

▲ 香零山

柳宗元《永州八记》中的八景今何在？

如《始得西山宴游记》中的西山，南自朝阳岩，北接黄茅岭，绵亘数千米。唐元和四年（809 年），柳宗元住城北东山法华寺，偶尔于西亭遥望对河风光，竟觉出了西山林木葱葱如泼碧铺翠，潇水粼波叠彩似一江散玉。于是呼舟过渡，写下了这篇散文，西山胜景，今日犹在。

《钴鉧潭记》中的钴鉧潭位于柳子庙右侧西北。柳文中所述“盖冉水自南奔注，抵山石，屈折东流”一如既往，而“行其泉于高者而坠之潭，有声潨（音 cóng，水声）然”的泉，今日仍清澈如镜。只是岸上镌刻的“钴鉧潭”三字，今已被水淹没，涸水时方可得见。

《钴鉧潭西小丘记》描述的是一处小丘的迷人风光，为永州一带山水的浓缩。小丘位于柳子街旁的愚溪一侧，今日溪岸仍是竹丛摇曳，竹丛下可见许多乱石，参差若齿，相互挤推，倒悬水中，极像饮水百兽。柳文中提到“其嵚然相累而下者，若牛马之饮于溪”，就是指这种景致。

《石渠记》描述的石渠，位于永州市南行 2.5 公里处。柳文说

“潭幅员减百尺，清浑多鲦鱼”，昔日的景况一定透逸秾丽。今日虽已缩小为不大的水洼，却仍能引发游人许多沧桑之感；历史在前进，文化在传承。

《游黄溪记》中描述的黄溪，位于永州市邮亭圩区福乡庙门前。柳宗元在元和八年（813 年）五月伴韦使君去黄溪祈雨，而后游黄溪。昔日庙宇已不存，遗址赫赫，仍可觅柳司马旧迹。

《小石城山记》中的小石城山位于愚溪之北，与永州近在咫尺。小石城山西面陡壁巉峨，山上青石逶迤，有如巨木横陈者，有似城头雉堞者，幻异无常。桃江冲之桃水傍陡壁北去，偶有渔舟一叶，极有古风古韵。柳文中提及的“有积石横当其垠”、“土断而川分”，都是小石城山景状，今日仍可觅到旧貌。横当其垠的积石下，水井亦在，捧饮甘泉，会不由然想起柳司马来。

其他尚有记小石潭一文，记愚溪一文，今日皆能寻到旧迹。千年岁月，虽然抹去了许多古韵野趣，倒是增添了不少想象空间。

“八仙”中的何仙姑是永州人吗？

唐宋时期盛传“八仙”之说，后来又演绎出成语“八仙过海”，指各有各的能耐和才智。“八仙”中唯一的女性，名何仙姑。宋人魏泰作《东轩笔录》，说北宋永州有何氏女，“善言祸福，人称何仙姑”。而《续道藏·吕祖志》却说，何仙姑为采茶女，吕洞宾度她为仙。今有永州何仙姑乡，相传即何仙姑故乡。乡境内有个红玉洞，何仙姑曾在此修炼。今日洞内石笋参差，窾（音 kuǎn，空处，中空）穴逶迤，有洞厅宽敞如室，内有石台、石灶等，向为远近奇幻之境。

“潇湘”何时成为湖南雅称？

湘江发源于广西临桂县海阳山，南纳诸川，于零陵（今永州）会潇水称潇湘。清同治进士，湖南巡抚吴大徵说“湘潇奇气钟浯溪”，而在此之前有人说“登山水之胜首潇湘”。显然，潇湘此时早已成为湖南的雅称。宋代有书画家宋迪，嘉祐八年（1063 年）春游永州，画成潇湘平远山水八幅，后有著名书画家米芾作诗唱八景。与唐诗人杜牧，北宋词人柳永赞颂潇湘的诗画互有拔助，“潇湘”于是成了诗化了的湖南的代称。

永州石棚为什么被史学家称之为“巨石文化”？

“巨石文化”一说，源自永州市城西 15 公里处黄田铺中学考古发掘的发现。

考古发掘的遗址令人惊讶，有由 4 块青石堆垒而成的“棚”状穴，为顶石一块，墙石 3 块，顶石重达 2 万斤以上。“棚”之出入口宽 1.4 米，“棚”内空间高 1.2 米，“棚”后也有出入口宽 2.1 米，“棚”之进深 3.4 米。“棚”基为天然基石，墙石却有明显人工磨平整的痕迹，可见经过人力加工。令人寻味的是，如此巨大的石块，原始人类是如何搬移堆垒的？

考古学家认为，“棚”或为新石器时代坟墓，或为宗教标志物，亦有学者认为石“棚”是上古时代人类栖居之穴。游人观览，没有不“啧啧”连声的。的确，在人类史上，洞穴不少见，而石棚罕见。炎帝神农氏正是感叹于人类居洞穴既不安全，又不方便，常年思虑，后见鸟垒巢而发明建明堂，使人类由地下洞穴走向地面。此处确有相似之处。

永州“玉葱”为什么又称“红衣葱”？

永州产的洋葱别有风姿，根弦纹状，叶圆筒形，中空；叶浓绿，伞形花序，白色。葱头有10数层，外衣粉红，肉白嫩，因而有“玉葱”之称，又有“红衣葱”之雅号。红衣葱独特之处在于能做水果食用，而且口味殊佳，有清凉解毒之效。

今日红衣葱种植面积达1500公顷以上，产品远销我国香港及新加坡、印度尼西亚等东南亚国家和地区，供不应求，前景看好。到永州旅游者，除一览永州风光外，不妨也买点红衣葱而一饱口福。

九嶷山因何名闻天下？

九嶷山距宁远县城30余里，又名苍梧山，南接罗浮，北连衡岳。由舜源峰、娥皇峰、女英峰、桂林峰、石城峰、石楼峰、朱明峰、箫韶峰、杞林峰九峰相连相拥而成。因其峰雄浑秀甲一方而又非常相似，高深莫测，故有“九嶷山”之称。舜源峰为九嶷山主峰，居中间位置，其他八峰如众星拱月，簇拥舜源。相传帝舜驾崩后就葬于此山之下，九嶷之舜源因而得名。九嶷山的九峰中，舜源峰最高，有“万里江山朝九嶷”的说法。舜陵位于舜源峰下，陵前建有舜庙，秦汉时舜

▲ 舜陵

庙移至玉琯岩前。唐宋时毁，直至明洪武四年（1371 年）朱元璋再建舜庙于玉琯岩前。2002 年，湖南省社会科学院曾对舜陵、舜庙遗址进行了考察，湖南省文物考古研究所在舜庙遗址一带进行了发掘。发现了 12000 年前人类早期的稻作文化，14000 年前的原始陶片，显现出原始耕作与手工业曾在这一带出现。新发现的秦汉乃至唐代所筑舜庙存遗址及其他秦汉和唐代遗存文物，表明《山海经》、《国语》、《左传》、《水经注》以及《史记》所载帝舜归葬九嶷山确凿无疑。秦汉时期即筑庙于玉琯岩前亦非传说。因此，课题组得出一个前所未有的全新的结论：中华文明的最早发源地不在别处，而在舜帝归葬之乡永州！此说石破天惊，有些专家学者和史学界表示认同。西汉马王堆考古发掘曾获得帛绘的《地形图》一幅，为长沙国南潇水流域和岭南地区县治内容。今九嶷山方位标有九根柱状识记，柱头为山形，旁注“舜陵”二字，与课题组考古发掘的相一致。帝舜的生前活动在宁远一带，当是毋庸置疑的了。

今日舜源峰下重建的舜庙，已恢复明洪武年间的雄伟气势，建筑面积近 3000 平方米。包括正殿、拜殿、午门、仪门、神道、厢房、碑廊等。正殿重檐斗拱，覆黄琉璃瓦，帝舜塑像端坐殿中，庄严肃穆。

“九嶷山铭碑”为何人所书所刻？说的是什么内容？

九嶷山玉琯岩上有“九嶷山铭碑”，高 0. 53 米，宽 0. 63 米，铭文为 9 行，字径约为 5 厘米，有 5 行跋语，字稍小。铭章为东汉文学家、书法家、高阳乡侯的蔡邕所撰。宋淳祐六年（1246 年），郡守李袭之嘱郡人李挺祖书。碑文为“岩岩九嶷，峻极于天，触石肤合，兴播建云。时风嘉雨，浸润下民，芒芒南土，实赖厥勋。

逮于虞舜，圣德光明，克谐顽傲，以孝杖杖。师锡帝世，尧而授徵，受终文祖，璇玑是承。太阶以平，人以有终，遂葬九嶷，解体而升。登此崖嵬，托灵神仙”。碑文歌颂了帝舜的功德，清楚地铭记了帝舜的归葬之所。

▲ 九嶷山铭碑

宁远文庙为什么被列为全国重点文物？

文庙为祭祀孔圣人之地，亦是地方学宫所在。然江南最大的文庙为宁远文庙，它不仅气势恢宏，规模庞大，布局合理，主次分明；而且造型精美，古朴庄重，雄踞湖南省文庙之首，也是江南最大的文庙。

宁远文庙，始建于北宋乾德三年（965 年），时称学宫，现为晚清重建。全庙占地 10420 平方米，南北长 170.6 米，东西宽 60.2 米，呈中轴线对称式建筑。在我国现存文庙中，仅次于山东曲阜孔庙。

文庙主体建筑大成殿为重檐九脊歇山顶宫殿式建筑，面阔五间，宽 21 米，进深三间 12 米，高 16.5 米。红墙黄瓦，气势非凡。正面二层檐下悬挂的大成殿金色匾额上有浮雕九龙纹饰，檐下及梁上均有木雕彩绘。大成殿周围墙上，画有记载孔子生平的《圣迹图》。殿前有石砌月台，长 16.2 米，宽 7.4 米，四周绕以石栏，栏板上刻有龙凤花鸟纹饰，望柱上塑小狮。月台前为丹墀，为兽蹄须弥座，刻五龙戏珠等浮雕图案，神态逼真，堪称一绝。更值得一提的是庙内 20 根通高 5 米的大理石龙凤石柱为全国古建筑所仅有，其石雕工艺精湛，造型生动逼真。1995 年全国著名古建筑专家罗哲文、郑孝燮先生考察宁远文庙时，连声称赞龙凤石柱群“不愧为国之瑰宝”。

文庙除主体建筑大成殿外，还有泮池、棂星门、登圣坊、步贤坊、腾蛟门、起凤门、乡贤祠、东西庑、明伦堂、善经阁、崇圣祠等，整个古建筑群落 7000 多平方米，中轴线上的大成门、大成殿及崇圣祠及登圣、步贤二坊屋顶覆盖黄色琉璃瓦。大成门、大成殿及崇圣祠檐下饰卷棚。墙体为铁红色，与金黄色琉璃瓦相互衬托，交相辉映，蔚为壮观。

徐霞客为何在紫霞洞一住就是三天三夜？

紫霞洞位于九嶷山舜源峰左侧之地，当地人称之为前岩。岩前草木披拂，怪石峥嵘。洞口在 40 米高的紫红色岩壁下，明洞宽阔可容纳千人。洞中有暗洞，有前后两处，前大而后小，三洞相连，极似三节葫芦。暗洞中有泉水涓涓，滴落飞溅时，又似细雨霏霏，人们趣称为水帘洞。岩壁上有烟熏火燎的陈旧痕迹，许是古人留下的行踪。暗洞幽深，象形钟乳石极多，或似太公钓鱼，或如猴子钻洞，或像水漂莲花……

紫霞洞留有明代著名地理学家、旅行家徐霞客的足迹。徐霞客曾三勘紫霞洞，为细察洞中情景，竟一连三天未出洞。有天下雨，他在洞中“闲则观瀑，寒则煨枝，饥则饮粥”，盘桓不舍离去。正因为如此，才发现紫霞岩泉瀑不同于别处，是从覆石之底，如水从漏斗口滴答而下相似。

史载唐人元结，北宋名将寇准，都曾在洞中流连忘返。

宁远状元楼和文星塔为谁而建成？

状元楼为宋人建造，以纪念唐大和二年（828 年）及第的李郃。状元楼位于宁远县下灌村元冷江、沐水、白水东侧。此地三水相汇，实为文曲之地。状元楼塑有李郃神座和塑像，楼宇气息古朴。为纪念李郃，下灌村还建有五级八角的文昌塔，砖石结构，造型美观。

李郃，按族谱其姓名被称为李郃，延唐（今宁远）下灌村人，唐大和二年（828 年）应贤良对策制举，昌平人刘宋直言朝政，主试官视为奇才，然慑于权贵，竟让刘宋居二，擢李郃为第。李郃知此情后，上疏请仍授第一于刘，未果。李郃历官河南府参事、贺州刺史，官声极佳。李郃去世后葬故里，今下灌村有其墓。

你知道唐生智的传奇人生吗？

唐生智（1889 ~1970 年），字孟潇，法名法治，号曼德，1889 年 10 月 22 日（清光绪十五年九月十八日）生于湖南东安。早年立志报国，投笔从戎，毕业于保定陆军学校。大革命兴起，赞成孙中山三民主义，率部参加北伐。先后任国民党第八军军长兼北伐军前敌总指挥，第四集团军总司令，国民政府委员、国民党中央政治局委员。为打倒军阀，抵御列强，完成北伐，卓建功勋。先后两次起兵反蒋。“九·一八事变”后，唐以陆军上将衔任军事委员会常委，筹划国防。抗日战争爆发，他忍辱负重，带病出任南京卫戍司令长官，坚持抗战，反对汪精卫投降。

反对内战、反对独裁，拒绝参加蒋介石召开的国民代表大会。拥护新民主主义，追求进步，谋求解放。1949 年在中共湖南地下党领导下，创导并组织湖南人民和平自救，策反迎解，为湖南和平解放做出了重大贡献。

历任湖南省人民政府副主席、湖南省副省长、政协湖南省副主席、中南军政委员会委员、第一、二、三届全国人大代表、全国人大常务委员会第二、三届常委，第一、二、三、四届政协常委、国防委员、民革中央常委，为社会主义革命和建设做出积极贡献，1970 年 4 月 6 日，于长沙逝世。

他曾寄语佛教同仁：“当机弘扬，改革佛教。”

他是 20 世纪 20 年代新派军人，20 世纪 30 年代反蒋派先锋和抗战派将领，40 年代主和派首领，50 年代亲共派人士，最终成为与中共肝胆相照、荣辱与共的典型。

他是军人、将军、一级上将，同时是一个虔诚的佛教徒！

这就是他的传奇人生。

舜皇岩奇妙知多少？

舜皇岩位于舜皇山东麓，在东安县大庙口乡境内，为上下二层楼厅式结构石灰岩溶洞。洞深 700 余米，平均高度 10 米以上，最宽处达 40 余米，面积 12000 平方米，可同时容纳万余人。

舜皇岩洞有五“宫”十八“殿”，天工造化的钟乳石满目皆是，有的似文臣武将朝贺舜皇，有的似娥皇、女英在千里寻夫，有的似神农开垦的田园阡陌，有的似大禹修筑的堤坝河防。还有玉宇琼楼、古柏迎宾、双龙戏珠、金猴戏水、嫦娥奔月、瑞兽朝阳、金狮戏龟；而石笋、石幔、石瀑、仙人桥、莲花塔比比皆是，惟妙惟肖。五彩缤纷、霞光紫气，别是一个洞中仙境。人在洞中游，钻“绿树”成荫的林莽，涉清莹见影的“瑶池”，信步蜿蜒曲折的“小径”，攀缘高入“云汉”的天梯，过飞架南北的渡仙桥，曲径通幽，如梦如幻……

舜皇岩顶有“舜峰极顶”石刻，今日古迈苍苍，已不知何人书刻。岩洞四周还密布有大小溶洞，处处可供游览。以神奇般的瑰丽和玄妙，吸引着中外游人。

“舜皇绝顶”以什么取胜？

出舜皇洞可登舜皇山顶峰。

舜皇山顶峰海拔1882.4米，巍峨雄伟，直插九天。山顶至高处石壁有“舜皇绝顶”石刻，凿刻遒劲苍盎。旁有天宁寺，金碧辉煌，香烟终年不息，为湘、桂两省香客朝拜的圣地，有“南岳第二”之誉。此外尚有盘古庙、龙王庙、舜庙、鼻神庙、金凤寺等庙宇，晨钟暮鼓相闻，常年有轻烟冉冉。金凤寺保存有古人题咏碑刻，石佛端庄慈祥，溶洞幽深。

舜皇绝顶不仅高，而且奇险。悬崖陡壁，如刀削斧劈；藤萝如织，古树如盖。杜鹃花开的三月，山峰如巨烛，红艳似火。远眺群峰都在脚下，仿佛置身南天门外。

花桥之名如何得来？

东安县城西，有个花桥村，其名因境内东溪江上一桥而来。

清乾隆三十三年（1768年），东溪江上建了一桥，清光绪二年（1876年）重修。此桥三拱，纯为石灰岩方石砌成，长36.6米，宽4.6米，拱高6米，雄浑壮美。桥上建有木质长廊，上有17间盖覆小青瓦的天罩，由70根木柱支撑。桥中部建有亭阁，歇山顶式，高7米。桥头各有17级台阶，三重檐牌楼式辅亭。桥两边有低栏可倚坐小憩。亭阁廊檐雕刻有各种纹饰，花鸟人物，走兽虫鱼，栩栩如生。因此前人自称为花桥村人。此桥为东溪江两岸人民往来要道，夏日纳凉，春天聚会，唱歌跳舞，鼓乐喧天，桥上便成了“文娱室”、“歌舞厅”。因此，世代称其为广利桥，有广利民众之意。

张飞岭为何又称诸葛岭？

东安县城西有紫溪镇，旁有南岭，海拔270余米，山巅为张飞岭，有壕沟相通，方圆8000平方米，相传张飞曾在此驻兵。又传说诸葛亮曾驻兵于此亲督零桂军队。也许两者都是对的，因自古以来，湖南都属三苗之地，三国时，为征五溪蛮，他们的确先后到过这些地方。岭北石壁上有大明万历年间朱应晨题刻的“汉营古迹”四字，款书“万历己卯年”，笔势遒劲，虽经岁月磨蚀，今日仍清晰可辨。

江边一崖为什么称兵书岭？

湘江流经东安县城蜿蜒北去，距城不远处的江畔有一悬崖，四面刀劈斧削，危不可攀。悬崖上叠有4块黑色长方形石板，形状奇特，极似四本巨书堆叠于悬崖之上，令人“啧啧”称奇。相传古时有个姓郎的东安县令要据“兵书”为己有，于是，他派人从悬崖上搬走了“兵书”，然后雇了一条船载往他处。船行至洞庭湖口，郎县令正翻至“兵书”的“风书”卷，忽地狂风大作，船毁人亡，“兵书”竟飞回了原处。从此，这处悬崖便叫兵书岭，所处江段便叫兵书峡。清道光年间《永州府志》说“峡石上有兵书峡，峻峭不可攀跻”，指的即兵书岭，今日已成湘桂之地名胜之一。

大庙口的晚风为什么神奇而诡秘？

舜皇山东坡有个叫大庙口的地方，位于扬江河口，地势低而平坦。此地并无瑰丽景致或高伟的建筑，而到此者络绎不绝。引人到此的不是美景佳肴，也不是神话传说，人们到此为的就是一睹这里的奇观——晚风。无论春夏秋冬，每到黄昏时节，便有风从扬江河口吹来。大庙口晚风四季恒稳，自古即有“山外扇扇子，大庙口盖被子”的说法。这里没有炎热，一年四季花开花落，樱桃、杜鹃、野菊、白兰交替飘香。不仅如此，霏霏细雨之日，只要此风一来，顷而云散天开；倘若久晴不雨，此风一停，随即蒙蒙。当地人已经习惯看当日晚风安排明日的农活，晚风成了“气象预报”。风尘仆仆之人，到大庙口一吹晚风，心神即刻舒爽万分，这已是屡试不爽的旧闻了。这种奇异的气象奇象，至今无科学之解说。

东安子鸡为什么享誉四方？

东安子鸡是湘菜中的一道名菜，因最早产生于东安，故名东安子鸡。至少在唐开元年间便名满天下，至今已有 1200 多年历史。

东安鸡肉嫩而骨脆，味美而爽口，其制作方法别具一格。选取嫩母鸡、干红椒、花椒子、姜、醋、葱、熟猪油、绍酒、芝麻油，经一定程序精制，香、甜、酸、辣、嫩、脆六味并出，品尝过的人没有不交口称赞的。到东安来的客人，不尝“东安子鸡”这道菜，等于没来东安。

中共创始人之一的李达是哪里人？

李达（1890～1966年），字永锡，号鹤鸣，是中国共产党的主要创始人之一。我国著名的马克思主义启蒙思想家、卓越的哲学家、经济学家、法学家和教育家，国外知名的马克思主义理论家。1921年参加中国共产党，出席中国共产党第一次全国代表大会，当选为党中央宣传主任；主编《共产党》刊物，编辑《新青年》，创办并主持党的第一个出版机构——人民出版社。1922年7月，应毛泽东邀请，担任毛泽东创办的“湖南自修大学”校长，主编《新时代》刊物。新中国成立后历任湖南大学校长、武汉大学校长、第一届政协委员、党的“八大”代表、三届人大代表，“文化大革命”中被开除党籍而含冤去世，1980年恢复党籍平反昭雪。

李达故居位于永州市冷水滩南的岚角山镇油榨头村灌塘李家，旧居背靠湘江，两边群山环抱，绿树掩映；整个旧居为清代建筑，坐北朝南，前后两进，中间天井，系砖木结构，盖小青瓦。室内木壁间墙，方花格门窗，古朴大方，占地面积1260平方米，为李达同志1938年回家隐居时改建。

豸山胜景知多少？

江华瑶族自治县沱江镇东有豸山，半山腰建有庵寺，即豸山寺。

豸山寺始建于明万历四年（1576年），木结构。寺内有观音阁、文昌阁，均雕刻精美，古色古香。豸山顶有凌云塔，砖木结构，七层八角，建于清同治年间，巍然于峭壁之上，直刺云天。

山下有浪石亭，在沱江一侧渡口，倚栏闲坐，望江水迭迭生波，听涛声从容再起，满眼的翠绿山峦，最是舒怡心神。

“西佛拱秀”指的是何处景色？

江华瑶族自治县沱江镇的西佛桥，横跨于镇东南角的西河之上。长120米，宽6米，七拱六墩，青石建造，石桥有1米高的石栏，遍刻人物、花卉和鸟兽，刀法古拙，造型生动。桥头各有石狮一对，憨态可掬。此桥建于清光绪二十四年（1898年），因其石刻精美，如两幅“长卷”挂于桥的两侧，而石桥的造型亦古朴大方，故有“西佛拱秀”之称。

“溪江晓雾”因何成为天下奇观？

历代文武百官、文人学子皆喜欢集结于江华县东田乡蒋家寨村牛尾道东侧，为的是一睹“溪江晓雾”奇观。

原来蒋家寨村旁有一洞，名叫“得仙岩”，其山的东、西、南三面皆为削立之壁，洞口朝北，洞前有溪水流过，洞内供有萧何、韩信、张良三人神位。有趣的是，每每晴日拂晓，便有薄雾从上游码市娘娘庙地段升腾而起，沿冯河而下至黄牛渡飘然过岭至牛尾道，如银绢蜿蜒，又似白龙巡行，绕洞口盘旋数周，而后飘然入洞，消失在洞中。太阳升起时，洞外白雾便慢慢消失，这就是著名的“溪江晓雾”。百姓不知其故，百官不解其谜，成为江华奇谈。

元结所言“泉石如阳华殊异而可嘉者”在何方？

阳华岩位于江华县沱江镇东竹园寨回山之下，由石灰岩构成。山势向阳，陡峭如劈，岩下有洞，洞中有石英钟磬，敲击声音美妙。下有清泉，冬暖夏凉，是历代游人游览胜地。唐代文学家元结，安史之乱后任道州刺史时，游览了阳华岩，曾作铭刻在岩上，序言说“吾游处山林凡三十年，所见泉石如阳华殊异而可嘉者，未有也”，可见阳华岩具有迷人的魅力。

“不老泉”喝了能不老吗？

在江华黑山口乡虾塘村有甘泉，相传为“乳水松膏所渍，泉甘宜稻，饮之者长寿”，故名之为“不老泉”。泉旁有石碑，刻“不老泉”三字。泉溪之畔产兰，兰花盛开时节，溪之两岸幽香扑鼻，因之有“回溪兰”之趣称。当地人常年饮此水者，确有不少年老而不衰者，故有“回溪寿城”之美称，这种长寿现象引起了人们的关注，也引来不少探秘者。游客闻此，前来捧饮者终年不绝。

“秦岩”是秦人开辟的吗？

秦岩位于江华秦山脚下的小贝乡的秦岩村，村中有石犀面向岩口，岩口不大。入得洞来，即豁然开朗，入洞有大厅，大厅宽敞，可容纳数百人。循洞而进，“犀牛望月”、“老鼠偷桃”、“八仙过海”、“金山雨岭”、“杨梅落地”、“擎天玉柱”、“马鹿含花”、“麻拐喝水”、“无字天书”、“狗望腊肉”次第入眼。千奇百怪，妙趣横生，全为钟乳石天工造化。洞长5里，故称“秦岩深处”，历代游人墨客游此者甚多，并留有石碑铭题。洞口崖壁上有“秦岩”二字，斗大一个，据传为汉代大文学家、书法家蔡邕手笔。洞中是否为秦人避兵之所，今日已不得而知。

徐霞客为什么说“道州月岩第一”？

月岩距宋代理学家周敦颐故居仅4公里，位于道县道江镇西的清塘乡。这里山峦重叠，石峰林立，土地肥沃，碧水萦洄。云溪自西而东穿过月岩南端的穿岩洞而入濂溪。远古时，由于河流长期的冲刷，形成了河道穿过溶洞奇观。后来洞的顶部塌陷后，堵塞河道，使河流入地下，从附近的岩洞流出，这里便成了天然的岩室。

唐代道州刺史元结惊其风光绝异，遂建亭于岩中，赐名“月岩亭”，月岩因此而得名。

月岩有东西两洞，东洞洞口宽65米，高40米；西洞洞口宽105米，高60米，雄奇壮伟宛若洞中城阙。入洞如庭宇，洞顶变幻莫测，抬头望洞顶如巨月悬空。徐霞客游月岩洞后，称赞“道州月岩第一”。唐宋以来，名人骚客游历月岩，或题名留款，或赋诗勒石。朱熹、周敦颐、徐霞客、王会、洪秀全等都留下了咏赞月岩的诗篇，现可辨认的名人石刻达54方。既是历史的见证，也是书法艺术的瑰宝。

周敦颐著《太极图说》受什么启发？

周敦颐为一代儒学大师，是宋明理学的开创者，湖湘学派的创始人。其理学继承《易传》及道家的某些思想，以太极为理，阴阳五行为气，变化无穷，以形成宇宙构成图式。以“诚”为“人极”，“主静”、“无欲”，才能“立诚”，从而达到道德最高境界。程颢、程颐受周亲授，传之朱熹，使道学得以盛极一时，对宋明学术界影响极深，并被推崇为宋明理学鼻祖。

他的代表著作《太极图说》，开理学之宗，但其理为月岩所致。周敦颐的家乡道县，有一处山奇、洞奇、景奇的岩洞叫月岩。他在这里读书悟道数十年，著作等身。其探究宇宙运行之根本，源于他在月岩奇景所启发。

月岩为远古河流冲刷形成的奇观，月岩岩室中空，有东西两洞口，宛若洞中城阙，周围圆洁。洞中顶部塌陷部分形成一个大圆形天窗，如明月悬空，从东往上看为上弦月，从西往上看为下弦月。人在月中，月在眼前。他就是长期在这个环境中读书，著书，由此悟出月之圆亏，宇宙之运行都与阴阳五行有关。宇宙之大，之奇，之变，均不脱离太极之变，太极之理主宰。然后他又将自然的发展规律引入社会人文科学之中，开创了宋代理学之先河，高扬人文道德的旗帜，闪耀着人文之灵光。

蔡邕题写的“天水一色”所指何处佳境？

蔡邕是否游过道县含晖岩无从考证，但道县西南的上关乡中山村有个叫含晖岩的地方，洞外刻书的“天水一色”，据传为蔡邕所书，却由来已久。蔡邕曾入嵩山学书，据说于石室中得一秦书，讲解李斯及史籀笔法，因而读诵三年，竟精熟于笔下。他题写的“天水一色”确也“骨气洞达，爽爽有力”。暖晴之日，洞外云霞蒸蔚，极为壮丽。

道县的红瓜子为何名扬海内外？

顾名思义，道县的红瓜子颜色红艳，人见人爱。红瓜子籽粒饱满，味道鲜美，肉厚嫩而入口含香，是款待嘉宾的上好食品，在广州交易会上屡屡获得好评。

红瓜子为瓜子瓜种子，瓜子瓜是西瓜品种中的一种，个体小而籽多。每年春天播种，秋后成熟，收获时将瓜砸烂，取出籽瓤放在箩筐里揉搓，淘洗得籽，晒干即成。红瓜子含有丰富蛋白质、脂肪和多种维生素，有利尿、助消化等功能。到道县一游的客人，没有不带上红瓜子告别道县的。

元结与浯溪有什么关系？

浯溪风景区位于祁阳湘江大桥南端，面积约 16 公顷，却保留了自唐以来历代名人诗词书法摩崖石刻 505 方，既是书法石刻宝库，又是文学艺术殿堂。

浯溪，原本无名小溪，只因唐广德元年（763 年），元结出任道州刺史，舟过祁阳，见这里怪石林立，悬崖峭壁，景色异常优美，就爱上了这个地方。后弃官不做，干脆来这里隐居，并自创“浯、庴、峿”三字，命溪为“浯溪”，山为“峿山”，建厅堂为“庴庼（音 qǐng，小厅堂）”，合称“三吾”。祁阳县城原名“三吾镇”，即来源于此。

我们知道“吾”在古代就是“我”。“吾者我也”，表面看来，元结太自私了，把这里的山水都说成自己的，其实不然。正因为他“为自爱之故，命曰浯溪”，表达了他对这里的至爱和情有独钟；古人说得好：“人皆得而吾之”，人人都可说“吾”，谁说吾就代表谁。元结当年之“吾”是他的，今天我们说吾就是我们的。况且正因为元结爱之至深，才请大书法家、颜体创始人颜真卿把他所作的《大唐中兴颂》大字正书，刻在浯溪的崖壁上，历代名人才慕名而纷至沓来，留题勒石，才慢慢形成了现在的浯溪碑林。可以说没有元结的最初之私举，也许就没有今日之社会的文化瑰宝。

为什么说“公者千古，私者一时”？

浯溪的历史与碑林密不可分。正如湖南巡抚吴大澂在其所撰的《峿台铭》中所说的那样：“园林之美，家富所私；山川之美，天下公之。公者千古，私者一时。”“大贤已往，民有去思。思其居处，思其文辞。次山私之，谁说不宜？”次山是唐代大诗人元结的字。他把这里当作私有，谁说不适宜？一个封建的地方刺史，在这荒野之地建点亭台，将溪水说成是他私有何不可，无话可说。作为家富所私，乃园林之美，但“私者只一时”，公者方才千古。

▲ 浯溪碑林

正因为元结当年私之，方可有今日浯溪碑林之公。没有元结当年私举、之私心爱之，请来文人墨客，也就不会有今日浯溪之碑林。碑林之所以存在，完全是“大贤已往，民有去思，思其居处，思其文辞”，故而就形成了摩崖上无数的石刻，形成了人类共同的文化遗产，留下了今天这个“天下公之”的“山川之胜”地，乃千古之公也。

无名小溪为什么叫“浯溪”？

浯溪本为入湘江的无名小溪，尽管它小，可别小看它，一定有其过人之特色，要不怎么元结当年首先叫它“浯溪”呢？当年元结正是因为爱小溪“凝流绿可染，积翠浮堪撷”，才来这里隐居的。后人有诗赞：“一湾流水玉飞声”，好一个玉飞声，声色并茂，将浯溪之美，概括殆尽。看：这蜿蜒的溪水，清澈见底，淙淙不绝，穿过石洞，浪花飞溅，阳光闪耀，粼光万点。两岸争艳的鲜花，将一溪碧水染红……这落花无情，而流水却有意，香入心脾。

这溪光、溪色、溪声能不叫人陶醉？实在是太美了，实在是太叫人爱了！难怪元结当年叫它“浯溪”，这胜景就称“浯溪漱玉”。明代曹耒旬来到浯溪，赋诗赞美说“水抱青山路，渠道沧海家，龙宫开玉闸，泄出碎琼琚”，这也就不为怪了。当代无产阶级革命家陶铸同志也说“闻道浯溪水也香”。

浯溪上有一小桥，它和其他地方的桥没有太多的不同，只是比别地的桥更古朴、更典雅一些，只要听听它的桥名就够了。古桥叫“渡香桥”，这是因为古人说“两崖细蕊浓花，游人裙履俱染余香矣”！人从桥上走过，带来了两岸的花香而称“渡香桥”。“却想老仙明月庭，渡香桥上听溪声。”

浯溪就是由这溪光、溪色、溪声构成的画。

“唐庼六厌”是什么意思？

元结隐居浯溪后，便在溪口的山峰上建了一座厅堂，叫“唐庼”。这唐庼就是三吾中的庼了。这一胜景叫“唐庼六厌”。既然

▲ 浯溪全景

元结因爱之，才称之为三吾，为何唐庼有六厌呢？只要看一下元结的《唐庼铭》就知道了。铭文中说：“目所厌者远山清川，耳所厌者水声松吹，霜朝所厌者寒日，方暑厌者清风。”他把一年四季在亭上的耳、目不同的感受全写出来了。这远山、清川、水声、松吹、寒日、清风，不正是六厌吗？文人儒士喜欢的就是这份清雅，实则“厌，不厌也；厌，犹爱也”，即六爱的意思，这正是他们所追求的意境。他还说“瀛洲言无，由此可信”。他把这里说得比海上的仙山琼阁还要美了。浯溪尽管不如黄山那么俊美，也不如桂林山水那样富丽，但它小巧玲珑，宛若天成，是那么宁静、清雅、秀丽。

为什么峿台能“壹纵心目”？

俗话说登高方能望远。峿台为浯溪的最高点，虽只 104 米高，但“山不在高，有仙则名”，况且它屹立于湘江之滨，气势本就不凡。当年元结在这里“登临长望，无远不尽，谁厌朝市，羁牵局促。借君此台，壹纵心目”。的确，在这里可登高远眺，晴天可观日出，晴夜可赏皓月，雨天可赏云烟，举杯可以对饮，临风更可放歌，确实是畅舒胸臆的好地方，可以“壹纵心目”。

这里还流传有一个美丽的传说，称为“窊尊夜月”。相传当年元结凿出的这窊尊是装酒的，每逢月夜，即邀颜真卿等好友围坐窳尊畅饮，赏月、赋诗，可惜每次酒都不够喝，都不欢而散。后来浯溪山神知道了，引湘江水入窳尊化为琼浆。从此窳“无底不愁空”，元结与友人可夜夜尽欢了。但祁山酒妖知道了，便前来盗宝，吕洞宾举剑劈妖。如今峿台上还留有当年妖怪的脚印、手印、臀部印及吕仙剑划的痕迹，非常清晰逼真。千百年来，能留下如此美丽的动人传说，主要是因为元结“忠直方正”，为人民做了许多好事，人民永不忘记他。

浯溪“摩崖三绝”是指哪三绝？

峿台崖壁上的那块9平方米的巨大碑，就是浯溪最著名的“文、字、石”皆奇的“摩崖三绝”碑，即元结撰文、颜真卿大字正书的《大唐中兴颂》碑，共21行332字，因文绝、字绝、石绝，世称“摩崖三绝”。如以年代之古、碑面之大、字数之多、文章之奇、书法之妙及现状保存完好而论，堪称我国“三绝碑”之冠。

说它“文绝”，元结是以“安史之乱”这段历史作借鉴，明颂肃宗中兴，实讥玄宗中衰，即“以史为鉴，明颂实讽”，历代都可借鉴。

说它“字绝”，此乃颜体真迹，又是颜真卿63岁高龄时所作，称得上颜体成熟期之作品，也是他生平得意之佳作。因此，这流动而又刚健的运笔，秀丽而又圆润的点画，落落大方而又平整坚实的结构，形成一种质朴雄强的气势，有如一首刚劲有力的正气之歌，显示出作者“立朝正色，刚而有礼”的风度，使人“百看不厌，回味无穷而又感慨万千”。

说它“石绝”，可用元结的颂文末尾几句话来概括：“湘江东西，中直浯溪，石崖天齐，可磨可镌，刊此颂焉，何千万年！”的确，浯溪的石崖层又高又大，磨平刻碑是再好不过了。

这块碑的历史地位可用碑前原有的一副古楹联来概括：“地辟天开，其又独立；山高水大，此石不磨。”自唐以来，这块三绝碑，使历代名人无不为之倾倒，至今留下了宋代黄庭坚、清代何绍基的真迹墨宝，另有米芾、秦少游、李清照、杨万里、范成大、解缙、董其昌、袁枚等历代名人的题刻。

著名无产阶级革命家陶铸是哪里人？

陶铸（1908～1969年），原名际华，字剑寒，化名陶磊，1908年出生在祁阳县石洞源陶家湾下院子一个小知识分子家庭。1926年入黄埔军校，同年加入中国共产党，参加南昌起义、广州起义，历任中共福建省委秘书长、书记、漳州特委书记，省委组织部长、福州中心市委书记。1933年在上海被捕，1937年“七七”事变后，经周恩来、叶剑英与国民党交涉，将他营救出狱。任湖北省委常委兼宣传部长。1940年到延安，任中央军委秘书长，总政治部秘书长兼宣传部长。解放战争时期，历任辽宁、吉林、辽北省委书记、东北野战军第七纵队政委、第四野战军政治部主任。中华人民共和国成立以后，历任中南军区政治部主任、中共广东省委代理书记，中共中央华南分局书记，广东省委第一书记。1960年，他任中南局第一书记，足迹踏遍中南五省，受到广大群众的爱戴和尊敬。他发表的《理想、情操、精神生活》、《松树的风格》等文章，体现了他“心底无私”的高风亮节和对青年一代的殷切期望。1966年，他当选为中央政治局委员、常委，兼书记处书记，并兼任国务院副总理，中共中央宣传部长。

陶铸是伟大的无产阶级革命家，我党和国家的卓越重要领导人。“文化大革命”中，是继刘少奇、邓小平后被打倒的第三号人物，被迫害致死。1978 年 12 月 24 日，党中央为陶铸举行了隆重的追悼大会。

现浯溪碑林的木石掩映中，有陶铸同志铜像及其纪念馆，真使浯溪碑林“镜石含晖”。

“舜水环带”讲的是何处美景？

舜水发源于蓝山县境之大麻乡，经大麻，过所城直奔嘉禾县境，湍急时如脱缰之马，平缓处似宝镜天降，蜿蜒曲折如玉带闪飘。从梅峰观舜水，只见河流环绕，如玉带环扣，景色盎然，故有“舜水环带”之称。此处景致美倒是美，但舜水分隔两岸，一切都靠舟楫之便。为方便两岸群众，清乾隆五十三年（1788 年），在金鱼口架桥一座，长 200 米，高 9 米，宽 7 米，桥为青石砌造。桥侧有石雕栏杆，古拙之气扑面。百姓为感造桥恩德，称其为“万年桥”是期盼此桥万年犹在之意。

瑶族人的祖居地在什么地方？

在都庞岭下的湖南江永北部永明河的上游，有一个崇山峻岭环抱的山间盆地，面积 107 平方公里，它叫千家峒。这里景色秀丽，古迹众多，瑶族风情古朴，古老传说引人入胜。被誉为瑶族的“桃花源”，是瑶族的祖居地，亦是国内外瑶族人向往的圣地。

相传元朝初年，官府派遣官员到千家峒收税，热情好客的瑶民抢着轮流招待，不准其离去。久而久之，被派到千家峒的官员也不愿离去。官府见连年派去千家峒的官员都未有音信，误认为被杀，遂派兵前来进剿。瑶民面对这突发事件，将一个牛角锯为十二节，分给十二姓瑶民，每姓一节，商定以后认祖归宗以牛角相接为凭据。大家怀揣牛角逃离千家峒，散居各地，有的甚至远渡东南亚和欧美各国。自元以后的漫长岁月，千家峒一直是瑶族后裔寻觅和向往的地方。20世纪80年代，根据《千家峒源流记》记载，经过瑶族同胞的不断追求和民族工作者的反复论证，认定瑶族祖先古居地千家峒，就在江永县大远瑶乡境内（后改名千家峒乡），到此还了千家峒历史本来面目，圆了瑶族同胞几百年来寻根访祖的梦。

瑶族人的服饰有何特点？

瑶族人的服饰有一个鲜明的特点，就是无论男女，普遍以青蓝布为衣，夏单冬夹。上衣都是对襟齐领，长可蔽膝。妇女的衣服镶宽边，以彩边镶围；头绾发髻，蒙以卷成尖角高耸的织花青布头巾；耳垂大环，手戴银钏，腰束长围，身佩银扣、银链、银牌以及银质牙签、针筒等，重达十数两，行走起来，铿锵有声。未嫁女子，则常用娥冠，冠檐突兀，两边缀饰珠宝，极其典雅美观。男女外出，男子打青布绑腿，女子打绣花绑腿，并套花布于脚面，俗称“靴筒子”。

这些服饰分为两大派。色彩鲜艳，样式复杂的便是居住在高山地区瑶民的服饰，剩下的就是居住在丘陵地区瑶民的服饰。男子上衣为右襟开口长袍，裤子宽大；女子衣裳则袖短宽大，用青布镶边,右襟开口，上系银扣两枚，俗称“大装衣”。喜庆之日，妇女头戴小花冠，盘发髻于脑后，银钗横插，两耳垂环，如戴玉钏，衣配银扣，胸围裙，腰系银链，足穿绣花尖头鞋，很有特色。

瑶乡的婚俗有什么特别？

瑶乡的婚俗最显著的特点——招郎（入赘）。“招郎”是高山地区最普遍的婚姻形式。男倒嫁的婚姻风尚，流传至今。瑶族女子一直在社会中享有较高的地位，一般不外嫁，而是留在家中“讨丈夫”，这也许与他们的祖先是公主不无关系。他们主要是招本民族的男子，有的也招汉族或其他民族的男子为“郎”。因此，没有女儿的人家，往往也要“接”一个女孩，长大后“招郎上门”延续香火。

在招郎婚姻中，又有“两不辟宗”和“男从女姓”之分。“两不辟宗”俗称“两边走”，即婚后男女双方家庭的生产、生活都要照顾，双方在女家生产、生活半个月或一个月，又到男家生产、生活半个月或一个月。如此循环，一年四季，夫妻双双照顾两个家庭，真正做到男女平等，互相关怀。

生下的子女第一个随母姓，第二个随父姓，以此类推。“男从女姓”即嫁到女家后，改名换姓，随从女家姓。结婚时，男方只需少许的聘礼，有的女方还要为男方购置衣裳等物，生下的子女全随女方姓，也有少数夫妻互相换姓的。

为什么说女书是一种罕见的文化现象？

湖南江永县的女书，是中国文化宝库中的一个瑰宝。它不仅在中国，而且在全世界也是绝无仅有的，因为它是一种专属文字，只在女性中流传。令人难以理解的是：像在中国这样一个男尊女卑，以男权儒家文化为主体的国度里，却有着女性专有的文字存在，形成独特的女性文化，这不能不说是一个谜！时至今日，女书的起源一直是个谜，充满神秘的色彩。

相传古时候这里有一个美女选进了宫，她思念家乡，又不敢用汉字写信，就自己创造了一套奇特的文字书写家信，这文字就是“女书”，在瑶族中传女不传男，一直流传至今。

女书有着深厚的母系社会的痕迹，当地妇女一般不下田劳动，她们擅长女红，还擅长女歌、女书，能用女书记事、通信、写传和祭祀。这里有结拜姐妹的习惯。当好姐妹出嫁时，她们都要赠送新娘一本自己亲手制作的女书，里面写尽了姐妹美好的祝愿和姐妹情谊。

女书是这里女人最好的伙伴，是研究女性文化的一本百科全书。它记载着她们的朝朝暮暮，记载着她们的悲欢离合。当她们离开人世时，唯一挂念的就是女书，一定要伴她们到另一个世界。

女书只有点、圆、斜、竖等五种笔画。女书还有许多异体，多一笔少一笔无所谓，只要保持基本形状即可，还有好多字同义，因此女书只有1000多个字。字体左低右高，没有方正，外观是斜体，和汉字的“多”字相似，孤立的一个字形连女书老人也说不出具体含义，只有用土语念才能确定含义。女书的特点完全诗歌化，是一种举世罕见的文化现象，对于人类学、妇女学、社会学、语言文学都具有重要价值。

这里记录有女书硕果仅存的传人，97岁老人阳焕宜译的女书一段，可以看出它的确完全诗歌化。

把笔修书我诉苦，诉说我身好可怜；

我是出身新宅女，嫁到邻近洞口村……

为什么说江永“四香”天下无双？

江永县西南有个盆地叫桃川洞，在都庞岭环抱之中，方圆320平方公里，有“好鸟难飞桃川洞”之说。盆地桃川至粗石江一带盛产香米、香柚、香芋、香姜。香米有“稻米之珍”之美誉，寻常白米和入少许香米能满锅生香。香柚果大肉厚汁多，清香甜美。香芋味美芳香，疏松可口且营养极丰。香姜鲜辣适度，入口生津而有余香。这四种特产惯以“江永四香”相称。有趣的是，“四香”移栽别处即无原味原香，复迁入“盆”亦不还本性。“四香”尤以香芋享誉最久，俗称槟榔芋，历代都有文人墨客和王公贵胄过口不忘。营养学家研究证明，“四香”皆含有丰富的维生素，促其生香的是土壤中的硒和稀土元素以及其他多种微量元素。因此，专家们认为“四香”皆为天然富硒保健型食品。“四香”出“盆”不香，而别的品种入“盆”则香，专家们称这“特产奇观”天下无双。

柳宗元的《游黄溪记》是哪里的景致？

阳明山位于双牌县东北，为都庞岭之著名山峰。它一峰独耸，万山环立；怪石嶙峋，高插云端。它纵横数十里，山高水秀，林木茂密，环境幽美，景色迷人。与常宁、宁远、永州、祁阳相接，海拔1625米。这里土地肥沃，资源丰富，山中竹木茂密，有“竹乡林海”之称。珍贵稀有的华东黄杉，在这里有成片的原始次森林，几近绝种的白鹇可在保护区觅见踪迹，其他珍稀药材和珍禽异兽皆不在少数。景色秀雅，名胜古迹引人盘桓。早在唐代，柳宗元足迹便留在阳明山不远的地方，并作《游黄溪记》赞颂阳明山一带风光景趣。

阳明山独秀于五县接壤之地，嶙峋怪石步步奇，群山拱卫矗云天。阳明山东北的祖师岩、祖师岩一侧的龙潭、阳明山寺西的望佛台争奇斗胜，雄伟壮丽的自然界景观，给阳明山披上了诡秘而明媚的纱巾，为猎奇览胜者神驰心往之地。

郴　州

郴州之名何来？

郴州历史悠久，源远流长，“郴”为“林邑”二字组成，意为林中之城。自秦以来，郴州即为历代县、郡、州、府的政治经济文化中心，距今已有2000多年历史。公元前206年，项羽徙义帝于郴，始有其名。汉高祖五年（前202年），置桂阳郡，郴为郡治。南朝宋、齐、梁称桂阳国，唐为郴州，五代晋改为敦州，郴县为敦化县。北宋为桂阳郡，南宋为郴州郡，元为郴州路，明清皆称郴州，民国废州设专员公署，新中国成立后复称郴州。

你了解郴州吗？

郴州北瞻衡岳，南峙五岭，毗邻广东，是内地通往广东沿海的咽喉，有湖南的南大门之称。现辖两区（苏仙区、北湖区），一市（资兴市）、八县（桂阳、永兴、宜章、嘉禾、临武、汝城、安仁、桂东）；总人口444.2万，国土面积1.94万平方公里。

郴州山清水秀，风光旖旎，旅游资源独特，异彩分呈。全市风

▲ 郴州旅舍·桃花居

景名胜110余处，有开发价值的30余处。这里有以美妙神话传说而著名的风景区苏仙岭；有“国家级”狩猎场之称的五盖山国际狩猎场；有“东江瑞士”之称的东江湖；有被中美联合探险队誉为“世界溶洞奇观”的万华岩；有中国女排从这里走向世界的训练基地；有名冠全省的汝城热水温泉……清嘉庆《郴州志》称：“郴州为名胜地，山川之秀甲湖南”。文起八代之衰的唐代著名文学家韩愈激赞“郴州奇复，其水清泻”。

郴州不仅物华天宝，而且人杰地灵。自古为兵家必争之地，多慷慨悲歌之士。项羽徙义帝于郴州，赵子龙大战桂阳郡，洪秀全兵屯郴州……这些都是为郴州留下的宝贵遗产。唐代文人王昌龄、杜甫、韩愈、刘禹锡，宋代文人秦少游等，均留下脍炙人口的诗文。郴州还是一座具有光荣革命传统的古城，郴州大地上留下了毛泽东、周恩来、朱德、邓小平、陈毅等老一辈无产阶级革命家的战斗足迹。在这块土地上，涌现出了邓中夏、黄克诚、萧克、邓力群等一大批中国现代史上高级政治、军事人才，留下了许多革命纪念地。朱德、陈毅在这里领导著名的湘南起义，毛主席在沙田宣布《三大纪律，八项注意》，在我党、我军历史上铸下了不朽丰碑。

郴州不仅旅游资源丰富，而且区位条件十分优越，邻近广东、桂林和湖南金三角——长、株、潭，有着广泛的客源基础。距重点风景名胜区衡山、丹霞山、井冈山及炎帝陵等不足一天车程，具有很强的互补性。

郴州交通网络四通八达，电气化铁路京广线、高速公路贯通全市6县（区）、开通广郴、郴长两趟始发列车，11个县（市、区）和主要景区都开通程控电话。

这些都为郴州的旅游发展奠定了良好的基础，南国旅游胜地郴州欢迎你，迷人的风光、秀丽的山水，好客的人民使你乐而忘返。

苏仙岭之名何来？

苏仙岭又叫牛脾山，位于郴州市东侧，海拔526米，“山虽不高”，但相传西汉时期苏耽成仙的故事使之闻名远近。

白鹿洞，就是神奇的苏仙诞生地。相传西汉年间，郴州东门外有位潘姓姑娘，在郴江边洗衣时，发现水上漂来一根十分漂亮的丝带，她一时好奇，便用手一捞，却不想丝带就缠在手上，怎么也解不开，情急之下，便用嘴去咬，谁知丝带竟顺势滑到姑娘肚子里。过了一段时间，姑娘竟莫名其妙地怀孕了。这还了得，未婚的姑娘怀孕那是见不得人的，潘姑娘只好躲到牛脾山的桃花洞住下。到七月十五，她生下一个男孩，她忍痛将孩子丢在山洞里回了家。但儿是娘的心头肉，过了一天，她实在放心不下，又偷偷地回山洞，一看却发现孩子安然无恙，白鹿在为孩子拂暑，母鹿正在给孩子喂奶。这便是“白鹿洞”的由来。潘姑娘心头一热，再也不忍丢下孩子不管了，于是潘姑娘毅然将孩子带回家抚养成人。

▲ 白鹿洞

长大后，孩子要念书，可没有父亲怎么取名？教书先生听说后就向孩子说："你到学堂门口看看，看到什么就告诉我。"孩子出门一看，有一人用禾草穿鱼悬挂在树上，自己枕着树根呼呼睡大觉。教书先生说"禾草穿鱼是个'蘇'字，枕树而卧是个'耽'字，你就叫苏耽吧"！

少年苏耽同母亲一起住在牛脾山的山脚下，生活十分清苦。苏耽从小就聪明懂事，每天替人放牛，上山打柴补贴家用，敬养母亲。有一天，他在山上放牧，在遇仙桥旁边，他遇见了一位老翁，学会了仙术。从此，他治病救人，帮助乡邻，终于感动了天帝，修道成仙，法号"苏仙"。人们也就把他诞生和居住的牛脾山改名"苏仙岭"。多少年来，人们都这么传说着，苏仙岭渐渐出了名，成了历代文人骚客仰慕之地。

苏仙岭与张学良有什么关系？

震惊中外的"西安事变"，眨眼已经过去了近 70 年。但在那个年代，它给当代的震撼并不亚于原子弹对于广岛，确确实实改变了中国命运之进程。而举行兵谏的主要当事人之一的张学良，却在事变以后，不听朋友劝告，执意要亲自送被扣押的大哥蒋介石返南京。这一去，以自己的终身自由为代价，从此中国战争史上再也看不到这位少帅叱咤风云的身影，而只有在囚无定所的软禁之中饮恨终身……

▲ 苏仙观

"西安事变"后，张学良已成为世界知名人物。为了达到终身囚禁张之目的，蒋介石也费了不少心机，囚无定所，时常迁址。1938

年，张学良将军被幽拘在郴州苏仙岭。由于兵荒马乱，当时苏仙岭杳无人烟，徒有“湘南胜地”虚名。名胜破旧不堪，园林荒芜，路断人稀，除了几个出家人，游人十分稀少。张学良将军被关在山顶苏仙观大殿东侧的一间厢房里，荒岭破观，环境凄凉。据守观人回忆，将军经常借酒消愁，烦闷难耐，想自己一世英雄，一腔忠义，到如今，有如笼鸟，国仇家恨不能报。为了发泄满腔愤懑，有时还借枪朝窗外大桂花树连连射击，如今这株树上弹痕依稀可辨。观内住房墙上还题有“恨天低，大鹏有翅愁难展”的诗句。所居三室被命名为屈将室。如今睹物思人，已物是人非，能不叫人感慨万千？

苏仙岭为什么被称为“天下第十八福地”？

闻名遐迩的苏仙岭，位于郴州市区东 2.5 公里，为五岭之一的骑田岭余脉，山势秀丽，万木葱茏，高峰海拔 526 米，周围 30 里，独占群峰之首，自古便有“天下第十八福地”之美誉。

相传 2100 多年前，苏耽遇仙人指点，识百草，通医术，悬壶济世，广为乡梓造福。有一天上山采草药，忽有白云紫气簇拥升空，半空中有仙乐相迎，从此再未回来。为了纪念成仙的苏耽，人们改牛脾山为苏仙岭。千百年相传，苏仙岭成为“湘南

▲ 三绝碑

胜地”，无数文人墨客慕名而来，留下千古美谈。

上苏仙岭要经桃花居，桃花居在桃花水溪旁，背倚青山，有修竹茂林相拥，幽雅而别具风情。循流而上，便是白鹿洞。据说白鹿就是在这里给苏耽喂奶的，白鹿洞口塑有一大一小母子白鹿，相依相随，母子情深。白鹿洞宽敞高阔，洞顶巉岩怪石，洞外紫葛拂额，洞门有“白鹿洞”三字。

拾级而上即是“三绝碑”，壁上刻有北宋词人秦少游所撰《踏莎行·郴州旅舍》，该词之跋则出自文学家苏东坡之手，由著名的书画家米芾书写。南宋郴州知州邹恭将其摹刻于岩壁，并注“淮海（秦少游）词，东坡（苏轼）语，元章（米芾）书，素号三绝”，三绝由此得名。山顶有苏仙观，是为纪念苏耽所建。雕梁画栋，碧瓦朱栏，庄严肃穆，带有宋代建筑风格。从山下到观前，有石级 1600 多级，步步登高，江山尽览。山顶石壁所镌“龙旭霄霁，鹤云朝骞”格外引人入神。

偕侣静立苏仙岭，郴州就在脚下，郴江如练舞，群峰似碧螺，山河壮丽，云天高远，令人陶醉。

义帝归葬于何处？

秦末农民大起义，项羽自立为西楚霸王，拥牧羊人熊心为怀王。公元前 206 年，项羽佯尊熊心为义帝，从彭城（今江苏徐州）迁都郴县。同年秋，他暗地却命九江王英布追杀义帝，终于在郴县（今郴州市）一个叫穷泉的地方将义帝杀害。英布“卓（插）剑于此而泉水出，故名”，即今天市区五通桥下面的方形剑泉。剑泉高出小溪水面，每每雨季溪水浑浊不清，剑泉却清亮如故。义帝被杀后，葬于市区今煤炭工业局大院内。冢大且圆，高 3 米，径 4 米。有一石碑，两面镌刻碑文，一面刻有“义帝新碑”四字，为北宋嘉祐四年（1059 年）镌刻；一面有元至正五年（1345 年）镌刻“义帝祠碑”四字。墓侧有华表一对，有联云“楼头有伴应归鹤，原上无人更放羊”。清乾隆十二年（1747）重修义帝陵、建有义帝祠，祠内塑有义帝像。20 世纪 50 年代维修时，砌以砖围，立汉白玉碑，书“义帝陵”三字。千古悠悠亡灵泪，笑洒郴山绿更多。

“万华岩”指哪“万华”？

与朱熹、吕祖谦并称“东南三贤”的南宋理学家张栻，曾到郴州，在郴县县城（今郴州市）安和乡万华岩盘桓数日，并题“万华岩”三字，镌刻于岩顶。

万华岩为一石灰岩溶洞，主洞长 1800 余米，有地下河从洞中徐缓流出。乘小舟入洞，幽泉作琴瑟之声，桨楫有霓霓之趣，两岸怪石相迎。舟行 100 米，弃舟登岸，石景百异，有巨蟒捕食、有玉女垂帏、有稻香遍野，其他如双鹤守洞、观音坐莲、瑶池荷藉等，“万华”虽不及，百怪却不假。尤其是洞口从 50 多米高处飞流而下的瀑布，宛若银帘垂遮石洞，不由使人想起孙行者花果山的水帘洞。

叉鱼亭为何会有韩愈的铜像？

叉鱼亭位于郴州市中心北湖公园。北湖有水面 2000 多平方米，被誉之为“北湖水月”，历来为郴州名胜，曾吸引过历代文人骚客。唐代文学家、哲学家韩愈被贬至潮州刺史前后，曾与郴州刺史李伯康泛舟北湖叉鱼，兴之所至，挥笔写下了千古名篇《叉鱼招张功曹》诗。后人为纪念韩愈，在湖心筑岛造亭，以叉鱼亭名。又将叉鱼诗勒石成碑，并塑有韩愈铜像，石栏相护，点缀以明代石狮和其他石，典雅而清丽。近年新建湖心水榭，为叉鱼亭壮色不少。“水不在深，有龙则灵”，南国一湖，因为韩愈而名传海内外。

橘井在杜甫的诗中为什么变得如此凄清？

相传苏耽升天成仙时与母亲哭别，留给母亲一个神匣，告诉她神匣可百求百应，并称明年将有瘟疫流行，只需赠院内井水一碗、橘叶一片于病人，即可保无事。第二年果然发生瘟疫，苏母照苏耽所说办，竟救活了远近患者无数。世人为了感谢苏耽母子，便将苏母的居所辟为“橘井观”，使橘井济世的故事传满天下。

橘井观坐落在郴州古城东门外。唐大历年间，伟大诗人杜甫也曾慕名前来橘井，并写下诗一首。诗云“郴州颇凉冷，橘井尚凄清”。此时，由于他疾病缠身而又颠沛流离，孤舟南下访友不至，千般苦恼，万般愁绪直达胸臆，心中之凄凉直现诗中。也就是这次南行无望后，诗人死于洞庭北返的途中。今日橘井观尚存，在郴州第一中学内，清代曾遭损坏又被修整如昨，为砖木结构，有唐代遗风。观旁有苍苍古迈古橘，橘树边有清泉竖井一眼，传说中的苏母舀水授叶，就是在此处。

中国女排训练的秘密基地位于何处？

中国女排勇夺世界冠军之前，曾经在郴州体育训练基地集训，世人皆称这里是中国女排的秘密地。中国人称这里为中国女排起飞的地方，而中国女排则亲切地称基地为“娘家”。训练基地位于北湖公园内湖畔，是国家重点建设的十大体育训练基地之一。占地 14 万平方米，建筑面积 6700 多平方米，包括三座球类训练馆，两座运动员宿舍，一座餐厅，一座游泳池、跳水训练池，可容纳观众 5000 名。基地多次接待国家、省、市、区运动队来郴州训练，举办过全国性、地区性体育比赛。跳水名将陈肖霞、李孔政，羽坛名将张爱玲、韩爱萍、刘萍先后在此训练和比赛。基地内绿树成荫，花草秾丽，楼台馆舍掩映其中，有“体育公园”之称。

临武龙洞有何来历？

临武县花塘乡有个奇异的龙洞，不远的铺下村有个方圆 4000 平方米的龙泉潭，潭周群山环绕，树木苍翠。墨绿色的潭水，深不可测。洞和潭的来历还牵涉到一个惩恶扬善的民间传说。

相传很久以前，东海龙王仰慕人间勤劳自由的生活，便携小女巧巧来人间，在一个风景优美的村庄住下来。龙王就住在山上的龙洞里，巧巧住在农家，过着勤俭安宁的日子，领略人世间的生活情趣。可是好景不长，这个美丽的村庄和这片富饶的土地，被一个财主看上了，仗势霸占了这里的土地，并将巧巧抢去做了侍女。巧巧悲伤、哭泣。怀着满腔愤怒寻到龙王，要父王解救她和同样遭殃的百姓于水火。龙王决定惩办恶霸。那一天，忽然乌云滚滚，雷电大作。巧巧故意将饮勺扔向黑狗。黑狗咬住饮勺就往后山上跑，巧巧示意被恶霸抢来的众多奴仆上山追狗。就在此时，厨房水缸中长出一根竹笋，巧巧按父王吩咐扳断，大水从竹中喷涌而出，转瞬间村庄消失了，村庄变成了大水潭，恶霸一家不知去向。巧巧和龙王也再未回来，乡人在龙王住过的石洞中发现一条栩栩如生的石龙，于是，人们称此洞为龙洞，此潭为龙泉潭。

“石僧拜佛”拜的哪路神仙？

永兴城西南有座观音岩，位于便江北岸。岩上有楼阁，洞阁相通，依山崖而建，为一风格特异的阁式庙宇，相传建于盛唐。阁高30余米，共9层，楼阁重叠，蔚为壮观。岩口第一层为山门，门额刻有“观音岩”三字。岩内有殿阁称小南海，旁有石级盘旋直上顶层。第二层为释迦牟尼和观音的佛阁殿，各有供像。三层以上殿宇则雕梁画栋，重檐出式屋顶，有富丽堂皇之气。唯第七层岩壁有一天然石洞，有岩石形神皆似观世音菩萨，观音岩因此而得名。登临第八层可放眼四野，便江无声，渔舟点点。有一巨石如卧狮匍匐江心，又一巨石宽若屏风耸立江边，人称观音菩萨的护法兽和梳妆镜。而与观音岩遥相呼应的凤凰山半腰有一巨石，极似打坐之僧人，面朝观音岩，数万年不挪动。故有“石僧拜佛”之称，这石僧拜的就是观世音菩萨。自唐以来观音岩便香火旺盛。明代地理学家徐霞客来此考察，对其赞美有加，向为永兴胜地。

为什么称龙华寺为“天生的神仙洞”？

唐代时，有龙华寺建于永兴城约两公里的水南村黄牛山。相传山对面有一农户养黄牛5头，放牧时却总会多出一头，归栏时复为5头。时人说，那来去无踪的黄牛为龙显灵，于是香火更盛，向为两广、闽黔、赣鲁以及港澳和海外华人朝拜圣地，常年香客络绎不绝。

龙华寺又名黑坦，为一形似狮子的奇洞，深120米，宽40米，坐西北朝东南，冬暖夏凉。旭日东升之时，阳光直射洞内佛殿，金碧辉煌，分外壮丽。有清泉从山顶泻下，似龙狮之垂涎，甘洌爽口。佛殿六进，分别为焚香亭、天王圣殿和弥勒、韦驮殿、大雄宝殿、地藏王菩萨殿、千手观音殿和普贤、文殊及金童玉女殿、圣君和六月仙以及月莲等仙座。国家地理学会丹霞地貌研究学会会长、中山大学教授黄进游览龙华寺后赋诗一首说“诸事纷繁难得闲，春日融融喜登山。世界何处觅胜境，黑坦龙华在此间”，龙华寺因之有“天生的神仙洞”之美誉。

毛泽东曾在桂东进行过哪些重大革命活动？

1928年年初，朱德率领中国工农革命军和中共湘南特委举行了著名的“湘南起义”，国民党反动军队出动了7个师的兵力进行“围剿”。毛泽东亲自率红军下井冈山前往桂东，接应朱德等撤往井冈山。毛泽东与第一师师部就驻于沙田镇万寿宫。毛泽东曾在万寿宫前作过精辟的演说。并在万寿宫的老虎冲，毛泽东颁布了“三大纪律八项注意”。这为我党、我军史上铸下了一座历史的丰碑，从而使之区别于一切旧的军队和党派。同年7月，毛泽东亲自率红军前往桂东接应其他革命同志，也在桂东县城唐家大屋召开前委会议。毛泽东、朱德、陈毅与会，并决定立即率红军部队返回井冈山。由于毛泽东、朱德、彭德怀、陈毅等老一辈革命家都曾在桂东留下过足迹，桂东县1966年创建了“桂东革命活动纪念馆”，由王震题写馆名。馆藏资料500余万字，实物藏品100余种，反映出毛泽东等老一辈革命家的革命活动事迹。

“潮水名山”为谁人手笔？

泉涌作为一种自然界现象，在湖南各地均有，且门类繁多，除一般的涌泉之外，还有很多怪异泉。如新宁县的喊水岩、张家界市罗家坪氽洞，可随喊声或掌声向外涓涓淌水；有的泉能喷鱼吐虾，或定时浑染水色的泉。如石门县南镇乡金河村龙门泉，每当春雷滚动，大雨滂沱之际，鱼群结队从泉口飞出。而罗坪乡兰田村的神龙泉，清水长流，但每天水浑三次，准时染色。还有的泉定时轰鸣，陡涨陡落，准时涨退，这类泉有桂阳县桥市乡的白石岭泉。而荷叶乡的多潮泉则属于另一种泉，其水深莫测，涨落亦莫测。有时一日三涨，有时十天半月静如处子。涨潮之时如奔雷，似扬沸，骤然涨升一米或十来米，迅速不及脱履。退潮时如崩塌，似疾风，“哗……”的一声便陡然跌落，远近皆以其涨落为奇观。晚清重臣曾国藩也特前来一睹泉涨奇观，并亲书“潮水名山”一匾相赠。

汝城为何被称作“热水之乡”？

汝城地处湖南与广东仁化交界的罗霄山脉诸广山群峰之中，南有海拔1700米以上的五指峰，境内有大小河川54条。在这个群峦叠翠的小山城四周，热水涌泉达165处。分布面积8平方公里，日流量达12000吨。其中两处高温泉富含氢、硫、镁、硅、钠、钙、锂等多种元素，对人体健康极有好处。饮用有延年益寿的功效，洗浴有保健治疗的作用。

相传，帝尧时，天上有十个太阳，每天烈日似火，晒得大地草木枯焦，田地干裂，人畜绝迹。帝尧命后羿射日，为民除害。他挽弓搭箭，一气射落九个太阳，其中一个就落在这里。把这里的泉水烧成了滚水。这虽然是个神话，但泉中之水终年滚烫沸腾、热气弥漫倒是事实。据测，水温高达98℃，这在国内温泉中是少有的。

花轿乡为何因花轿得名?

相传明永乐年间，文渊阁大学士杨荣受命去民间寻访选秀。一日，来到汝城县（当年尚属桂阳县境）岭秀乡（当年称牛头坳），远远望见那田埂上插着面明朝皇旗，一旁站着一只锦羽金黄色毛的山鸡。杨大学士觉得奇异，待近前去细看时，竟是一竹竿拴着棕榈叶，旁边站着的原是一位楚楚动人的村姑。杨荣又惊又喜，立即回京复命，永乐皇帝朱棣高兴万分，命杨荣亲领亲兵，抬着龙轩凤轿再去汝城。村姑家人不敢抗命，依依不舍送别了女儿。乡人为纪念村姑入宫，特意仿照杨荣领来的宫廷花轿制造了一乘世代相传。

这乘花轿今日完整无缺，由红杉木制作，有铜质葫芦顶饰，轿之拱顶和四面轿体由纤细柔韧的水竹篾编织而成，满幅的文字和图饰，精致而雅丽。轿衣为红呢毡的华盖和云纹图案，四面如垂帘，极富民俗风情，又有皇家气派。图纹虽经岁月磨失了不少，但仍历历可辨，是乡人代代相传的珍宝。

为什么说汝城是相思鸟的故乡?

世人只知道湖南浏阳大围山有相思鸟，却不知汝城县出口的相思鸟，每年多达 30 万只，在瑞士、瑞典、丹麦、挪威等国家极受宠爱。

相思鸟为珍贵而美丽的观赏鸟，体小如麻雀，披绿褐色羽，双翅点缀有红黄翼斑，嘴鲜红，因此有“红嘴相思鸟”之称。湖南海拔 2000 米以下的山地可见其踪迹，栖身于常绿混交或阔叶林中，连绵的竹林尤为其所爱。红嘴相思鸟活泼可爱，其雌雄相依相随，雌者矜持好静，雄者鸣唱婉转，亦鸣亦舞振双翅，分外惹人喜爱。相传成对之相思鸟不幸有一只遇害，另一只不但不另寻新欢，反而会忧郁而死。相思鸟之名，即源于此。欧美国家视相思鸟为坚贞爱情的象征，求爱时送上一对相思鸟，以示永不相负。汝城历来被视为相思鸟的故乡，汝城人以此为自豪。

珠泉亭因何得名？

嘉禾县城有珠泉，其水碧如蓝宝石，有水泡从泉底串珠般涌出，终年如此，因而得珠泉之名。珠泉位于北郊石板道旁，明《一统志》载："珠泉在门外，吐沫如珠"，可见其历史悠久。泉侧有八角亭，亭柱原有一联，云"逢人便说斯泉好，愧我无如此水清"。相传为某知县所书，以水为镜，竟能自省，难能可贵。民国《嘉禾县志》，数到县内景致时，说珠泉"四空一亭"，当年空旷如此。但"大道迤逦，夕阳山色"，于朗月夜半坐听珠涌，竟如唾沫轻隐，滴玉清脆，交相生趣，而四野除蛙声虫唱，则似伴和之音，妙不可言。

嘉禾仙人桥谁人建造？

嘉禾罗家村位于嘉禾县城北，这里山清水秀，细石平流，清澈的钟水蜿蜒北去。在钟水流经罗家湾的河道上，有座天然石桥，曰仙人桥。这仙人桥实在是天成巧然，两条天然石梁横卧钟水之上，桥孔呈三角形，水位低时可扬帆过舟楫，水位高时亦可卧樯而行。有一洞紧邻桥边，有幽径相通，古来便称桃源洞。桥之四周乱石奇岗，野葛青萝，荆棘丛生，其间有仙姑洞、仙人镜分布，桥则称仙人桥了。

仙人桥有个来历。相传许多年前，钟水河桀骜不驯，罗家村一带水患成灾，淹没了道路和田土，人们被迫移到山坡上居往，出入门户均靠船渡。大家联合向县衙请愿，集资修建桥梁。但银钱进了衙门却无消息，大家又气又恼却无可奈何。这件事感动了好打抱不平的东海龙王的三女儿，世间官衙不为民做主，那就请神仙做主。她从蓬莱仙岛赶来了石虎、石狮，在四路神仙的帮助下，一夜之间架好了石桥。人们为了纪念她，便将桥取名叫仙人桥，罗家村也改名仙江村。还在桥上建有庙，供奉有仙姑像，终年香烟袅袅。

兜率岩是资兴第一胜景吗？

“岩外虚无物，洞内别有天。任空罗万象，选胜累千年。鬼斧修缨珞，神工铸蜿蜒。此间来老子，返照亦流连。”这首诗为古人赞美兜率岩洞的力作，无一为溢美之词。

兜率岩亦称兜率灵岩，位于资兴渡头之东江河畔，岩洞纵深五六千米。蜿蜒曲折，洞中有洞，洞洞相连。迄今能叫上名字的奇洞，已有18处之多。每洞之中，怪石奇妙，鬼斧神工之杰作皆为天然物象，或为瑶池琼阁，或为翠岭飞瀑，或为玉龙出洞，或为帷幔低垂，令人称奇不已。其中最有名的要算铜钟洞和锣鼓洞，石笋石柱地耸天垂，用石块轻轻敲击，其音旋律悠扬。彩石洞则五彩缤纷，石帷石幔层层叠叠，乳白、橙黄、深红、淡红、轻绿并相辉映。洞底则散布数不清的细石，火光照处，晶莹闪烁，宛如银河星汉，更是别有奇妙。洞口有兜率庵，宋人李岱赞美兜率岩的诗即刻嵌于寺门侧墙之上。东江水库建成之后，便立于碧水之中，如出浴之女，更显其灵秀。

东江水库为什么号称半个洞庭？

东江湖风景名胜区距资兴城仅 16 公里，水库总面积 160 平方公里，水面有大小半岛和湖心岛 13 个，最大的即兜率岩。湖区四周翠峰绿岭，湖湾溪畔，都是休闲的绝妙之地。湖的上游耒水两岸林莽苍苍，清澈的耒水，流淌着东江人不尽的深情厚谊。这里不仅风景秀美，而且民风淳朴，热情好客，丰富的民俗文化吸引着八方来客。从龙王庙到燕子排的 10 多公里水路，急流险滩便有 108 处，落差高达 75 米，是一处漂流历险的绝佳去处，有“亚太第一漂”的美称。东江湖则为中国水上运动基地的最佳选址，目前已开发有水上跳伞、水上摩托、水上飞机等水上游乐项目。由于水库之水与下游江水温差很大，东江大坝常见有迷迷蒙蒙的雾带浮动，就构成了东江轻岚奇观，被中外游客称之为“中华一绝”。而东江水库之大，则与半个洞庭湖不相上下，是资兴人引以为豪的著名旅游景区。

益　阳

你了解益阳吗？

“益阳”因地处益水之阳而得名。原为县治，秦属长沙郡。三国时，北部是吴国荆州南郡属地，沅江以南划入荆州衡阳郡。以后各朝代分属不同的郡（路、州、府）。1956 年 10 月改设益阳市。

益阳，地处湘中偏北，资水中下游，背倚雪峰山，环抱洞庭湖。东与长沙、岳阳毗邻，南与娄底地区接壤，西临怀化，北连常德，1994 年撤原地区为地级市。辖安化、桃江、南县三县，资阳、赫山两区，沅江市及大通湖、金盆、北洲子、茶盘洲、千山红五大国有农场和大通湖渔场。总面积 1.2 万平方公里，人口 442.34 万。

益阳自秦置县以来，两千年文化灿烂。会龙山、白鹿寺、裴公亭、天问阁、钓鱼台、鲁肃堤、诸葛井、陶澍墓等名胜古迹交相辉映；八百里洞庭、桃花江等自然风光驰名中外。好山好水育俊杰，周谷城、周扬、周立波、叶紫、张国基、莫应丰等益阳籍名人辈出。

益阳素称“鱼米之乡”，是国家重要的粮、棉等农副水产品商品生产基地，物产丰富。水陆交通十分便利。319、217 国道、长（沙）益（阳）高速公路和连接京广与枝柳线的长（沙）石（门）铁路和洛湛铁路复线贯穿而过；水路内联湘、资、沅、澧四水，外达长江各埠；旅游文化资源丰富，自然景观独具特色和魅力。

“裴公亭”有何来历？

闻名遐迩的“裴公亭”位于资江南岸，资水大桥边的一座小山上。相传唐朝宰相裴休晚年被贬，左迁荆南节度使，曾结庐读书于此，后人为了纪念他而修建该亭。亭内有裴休石雕像，近年又陆续建了左翼青年作家叶紫纪念台、白鹿塑像、玉带桥等，“裴公亭”集亭台楼阁、溪流池瀑、树木花草，今古名家书画诗词于一体，历为文人集会场所和市民休憩胜地。

东晋古刹“栖霞寺”坐落何处？

风景秀丽的会龙山，兀立资水南岸，是一座天然的植物公园，公园因山得名。会龙公园占地 18600 平方米，满园青翠、鸟语花香，名胜古迹和现代园林建筑相映成趣，公园内有木本植物 52 科、110 属、157 种，其中乔木 54 种，观赏树 36 种，珍贵树种 27 种和一些古老孑遗树种。会龙山巅有东晋古刹栖霞寺、遇缘和尚墓塔。为东晋孝武帝时（373 ~ 396 年）印度来华的石如密多尊者所建，是一座有 1600 多年历史的古刹。据传明建文帝避祸为僧，转徙于吴、楚、湘、粤、滇、黔之间。途经益阳，曾住过此庙，故名。此外，这里还有第一次国共合作时期国民党的重要将领，北伐战争中牺牲的陆军少将邓宝延墓。有辛亥革命老人、反对北洋军阀的重要将领周则范墓。“栖霞寺”和“会龙山公园”牌匾分别为全国人大常务委员会副委员长周谷城、全国侨联主席张国基题写。

为什么有“裴休讲经说法，白鹿衔花聆听”之说？

益阳白鹿公园内有一白鹿寺，创建于唐元和年间（806～820年）。相传唐朝宰相裴休博学多才，满腹经纶，曾在此讲经说法，受众无不称奇叫绝。每逢裴休讲经，即有白鹿驻足，衔花聆听，故名“白鹿寺”。山下有潭，亦名“白鹿潭”。

寺内原有白鹿塑雕，大古钟一座，传为金银钗钏之类铸成，重600公斤，声音洪亮悠远，古人曾有诗云：“山暝日沉西，蒲牢吼梵林；隔江人误听，疑是老龙吟。”现存小型佛殿一栋，左右各有禅房数间，属省重点文物保护单位。

斗魁塔的魅力何在？

斗魁塔位于资江南岸，为清乾隆十二年（1747年）益阳知县高自位创建。据传龟台山下，资江河畔有一龙窟，常有孽龙作怪，导致资江流域洪水成灾，为解除民众之苦，制止孽龙兴风作浪，高知县便率众在龙窟上建塔以镇之。塔高24米，七层六方，全用500斤重的条形麻石砌成。塔内有旋梯可登塔顶眺望，资水上下尽收眼底。1967年因上两层裂缝倾斜，不得已拆除。现仅存五层，仍像巨人般屹立于资水江边，雄风一如当年。

青秀山为何又称“小庐山”？

青秀山位于益阳赫山区南面，是原益阳县最高最大的山峰。

这里山清水秀，是著名的游览胜地。山上有典雅的青修寺，相传为东晋慧远禅师所建。周围古木参天，风景清幽，主峰碧云峰，高耸入云，青翠欲滴，令人流连忘返，山下有洗马桥、滴水洞等名胜古迹。因此山酷似九江匡庐，故素有“小庐山”之称。

歌曲《桃花江啊美人窝》说的是什么地方？

“美人窝”位于桃江县城东7公里的1873省道旁，毗邻洪山竹海，这是一块美丽而神奇的土地，依山傍水，山川秀丽。碧水如镜、清澈照人的桃花江水静静地流淌，两岸桃花如巷争妍斗奇，彩蝶翻飞，宛若仙境。

桃花江环境清新，民风淳朴。独具魅力的山川，养育了不少俊男靓女，20世纪30年代一曲《桃花江啊美人窝》唱红了大江南北，此歌为湘潭籍作曲家黎锦晖所作，五六十年代，赴台湾岛的老兵每当思念家乡时，就情不自禁地唱起这首歌，这是一曲乡情特浓的歌，成了台湾老兵的思乡曲。

“桃花江是美人窝，桃花千万朵，比不上美人多。”这首歌唱出美人窝“姑娘之美、山之秀、水之碧”。美为人类所向往，不到美人窝，枉走一趟桃花江。在湘中这块热土上，桃花江水映成林，桃花深处桃花村，桃花林中藏美人的仙境待君去寻。现在，这里创办了桃江女子旅游学校，

▲ 观竹楼

姑娘们面若桃花、亭亭玉立。学校内外，书声琅琅，琴声阵阵。若非身临其境，则很难领略“美人窝”确实名不虚传。

为什么益阳人特别尊崇屈原？

屈原是战国后期楚国人，是一位“博闻强志、明于治乱”、热爱祖国、刚正不阿的政治家，他对内主张“举贤授能”刷新政治；对外力主“合纵抗秦”收复失地。其主张遭到了旧贵族势力的极端仇视反对，被横加诬陷、排挤，终被昏庸的楚怀王流放。相传，屈原被放逐江南，曾辗转于桃花江畔。益阳人民特别尊崇屈原崇高的品德和爱国的热诚，为纪念这位历史上伟大的政治家、文学家而在桃花江畔修建屈子祠。屈子祠占地2000平方米，建有陈列馆，立有大诗碑，刻有《天问》、《离骚》等巨作，陈列馆西侧有佛教堂，雕有祖师菩萨、观音菩萨。朝拜者终日络绎不绝，是洪山竹海的第一大人文景观。

屈原是在何处质问苍天的？

凤凰山位于资水河畔，桃花江东岸，这里峰峦起伏、峭壁耸立，古木参天，楼阁深隐。相传屈原被流放江南途中，曾登上此山，手拿宝剑，指天发问，一口气提出了170多个问题，问了三天三夜。屈原所提的一个个问题，像一团团烈火，一支支利箭，直指苍穹。天帝震惊，慌忙传令云神、雨师、风伯、雷公兴风布雨，顷刻间电闪雷鸣、天昏地暗。屈原毫不畏惧，其洪亮慷慨之声响彻大地，传遍五洲。一对金凤凰从南飞来，张开美丽的双翅为屈原挡风遮雨。后人称此山为凤凰山，山上建有凤凰庙，将屈原祀为凤凰神。在屈原作“天问”的地方建天问阁，天问阁高18

米，有五层雕梁画栋，精碑、雄文，十分壮观。相传每逢风雨交加之夜，人们走近天问阁，就能听到屈原质问天帝之声。今存刻有“天问阁遗址”的石碑一座，阁下巨石陡峭，俯临深潭，屈原肖像刻于石壁，仍依稀可见。

为什么“江南第一才子”陶澍却以“印心石屋”主人为荣？

陶澍（1778～1839年），字子霖，号云汀，自称桃源渔者，印心石屋主人，益阳安化人。嘉庆七年（1802年）进士，道光五年（1825年）调江苏巡抚，道光十八年（1838年）升任两江总督并兼两淮盐政，力革盐场弊端，成效卓著，是道光年间一代名臣。

陶澍少年得志，聪慧异常，有“江南第一才子”之称，二十五岁中进士，以后历任地方要职直至两江总督，集皇家百般宠爱于一身，故而鞠躬尽瘁，积劳成疾，卒于任上，封赠太子太保，谥“文毅”。

陶澍少时，在家读书之室，曰“印心石屋”，故以印心石屋主人自居。道光十五年（1835年）十一月底，道光皇帝在乾清宫第十四次召见陶澍，君臣亲切对话，并亲笔为其幼年读书的“印心石屋”题匾。这是对“江南第一才子”的莫大奖赏，陶澍终生自引为旷世之荣，故而陶澍以“印心石屋主人”为荣。

“旺府美味美神州”典出何处？

话说当年陶澍回益阳省亲。刚进门，管家忽报胡林翼求见。陶澍忙要管家备酒设宴，只是陶澍为官清廉，家中未备厨师，一时捉襟见肘。管家沉吟片刻，曰：本地有一奇人，姓龚，名天佑，字旺府，善烹饪。陶公曰：速请入府，嘱其携菜下厨，吾当亲谢之。

吩咐毕，林翼至，陶公挽其手入座，品茶，言朝野逸事甚欢。忽闻厨中刀俎咚咚，松柴噼啪，继而锅中飞瀑碎玉之声不绝于耳。须臾，旺府公红光满面，走马灯似的连上“小炒河虾”、“香辣全鱼”、“丝瓜熘柴鱼片”、“野生菌汤”、“酸萝卜丝炒牛百叶”、“家常脆笋”等八菜。一时间，只见云蒸霞蔚、异香盈室，惊得陶胡二公连连击掌称奇。观之，“小炒河虾”有如千里莺啼之春景，红绿辉映，红中见白。红乃须发竖立之虾，白乃新鲜河虾下锅油爆绽开之肉，红白相间再衬之碧玉般大蒜，顿令人垂涎欲滴，胃口大开。“香辣全鱼”仿佛如芳龄二八着凤冠霞帔之新娘，红光满面、含羞答答；其眸靓丽勾魂，其首尾频频摆动，其娇嫩鲜媚之态胜过一骑绝尘之西施……

陶胡大喜，急扶旺府公入座，三人开怀酣饮。饮至微醉，林翼为旺府公敬酒，曰：常言五岳归来不看山，御宴食后不谈食，想不到旺府公有如此绝技，令晚生方悟山外有山之意境。旺府公正待谦虚，陶公举杯曰：吾敬旺府公一杯，今日所食之美味乃吾平生所食最鲜美之菜肴，林翼何不以此撰一联，以谢旺府公？话音一落，林翼张口就说“桃江倩女倩天下”七字上联，陶颔首而笑。“旺府美味美神州”林翼脱口吟出下联，“妙”，陶公击掌叫好，三人觥筹交错，直至午夜。桌上菜肴一扫而光。

自此，旺府美食，“桃江倩女倩天下，旺府美味美神州”之联遂扬名天下。

一代名臣左宗棠为什么在安化一待就是八年？

左宗棠为晚清中兴名臣，湖南湘乡人，有诸葛孔明之才，自号亮白，40岁以前，不名一丁。

道光十七年（1837年），26岁的左宗棠主讲醴陵渌江书院。身为两江总督的陶澍阅兵江西，顺道回家省墓，路经醴陵，县令请左宗棠为陶澍下榻之所撰写楹联。陶澍是左宗棠非常崇拜的前辈，只因年龄地位相差悬殊，一直无缘结识，今陶大人下榻此地，正是表示敬意之时。只见他笔走龙蛇，瞬时挥就："去殿语从容，廿载家山印心石在；大江流日夜，八州子弟翘首望公归"。这副对联既表达了故乡人对陶澍的景仰与欢迎，又道出了陶澍一生中最为得意的佳事：道光皇帝在乾清宫亲为题书"印心石屋"。

陶澍见这副对联激动不已，立即把左宗棠请来，满口称赞。左宗棠本就仰慕陶，一肚子的经世济民想法，平日无处倾吐，今见陶公，一起倾倒，整整畅谈了一夜。陶公为家乡有这样不凡之才而高兴。那年陶澍59岁，左才26岁，竟不顾年龄30多岁之差而结忘年交。

第二年，陶澍已是重病染身，深知自己不久人世，便以尚在髫龄独子相托，并主动提出与之联姻。以左宗棠现状，无论地位、辈分来说都不可能与之联姻。故坚持不肯。陶公握住左的手说："我宦游大半辈子，还没见过超过你的人。30年后，你必在我之上，我死后，小儿便如同你亲生儿子，若能教之成才不辱陶氏家风，则我九泉之下，也就瞑目了。"

左宗棠非常感谢陶公的知遇之恩，说："既如此，左宗棠今生当为教公子成才而竭尽心力。"不久，陶澍去世，左宗棠就把陶公子接到陶澍安化老家，在印心石屋一住就是八年，将一生所学悉心教与他，这就是当代名士秦翰才在祭左宗棠词中所讲的"左文襄公为人忠贞，可以托六尺之孤，可以奔百里之命"的由来。

当然，左宗棠在安化一待八年，一方面固然受人之托和对陶翁的尊敬；另一方面是陶家丰富的藏书吸引着他，特别是陶公收藏的国朝宪章掌故，唐宋史诗别录、说部以及志承记载，足以从中了解中华上下几千年。这为他 40 岁后出山，一鸣天下惊打下了坚实基础。

益阳为什么多宝塔？

宝塔，本为佛教徒为藏舍利子而建，上有七宝装饰故名。而民间广修宝塔，一是崇尚佛法，救人一命，胜造七级浮屠讲的就是此。佛最重生灵，说救人一命胜于建造一座佛塔。再则是人们在自然面前显现的尊畏心理，益阳地处洞庭湖之滨，长年遭受洪水侵害，而人在大自然面前显得渺小无力，就只有祈求于神灵，依仗佛法，镇妖除魔，祈求太平，以宝塔镇河妖，保一方平安！正是出于这种心理，古代人们就于水之滨，山之巅修塔镇妖。也正是这种义举，为我们留下了宝贵遗产，增加了一郡之胜景。现益阳就存有三星塔、梅城双塔、凌云塔、擒龙塔、奎星塔、斗魁塔，还有两座镇江塔等 10 多座塔。而尤以奎星塔最为闻名。

奎星塔　位于泉交河镇。建立于清道光八年（1828 年），为七层八方的砖石结构，塔高 20 米，底径 4. 5 米。

三星塔　位于资水下游青水潭处，建于清乾隆四十八年（1783 年），为七层八面石塔，高 40 米。

镇江塔　位于沅江市东南朱家嘴万子湖。建于清乾隆四十七年（1782 年），塔基为花岗岩，塔身为砖、石、木结构，外观七层内实三层靠木梯上下，塔上嵌有“镇江塔”三字，寄予镇水患驯江流之愿。塔立中流，远挹七十二峰岳，近邻八百里湖波，气势雄伟。

凌云塔　位于沅江市万子湖千秋峡，建于清乾隆五十八年（1793 年），塔高 33 米，全系花岗岩砌成。塔分七层八方，每层各有四门两窗，每层由左右两道螺旋石梯连接，窗户图案多种多样，变化无穷，八方塔角均为倒立石龙，造型美观大方，气势磅礴。

益阳有哪些名胜古迹？

益阳是一座文化古城，早在三国时期，便是东吴屯兵之所。其中，关濑惊湍、甘垒夜月乃三国时鲁肃、甘宁与关羽抗争旧地，碧津晓渡乃关公单刀赴会越江之处。如今，鲁肃堤、诸葛井均保存完好。此外还有清代修建的一些古桥古塔，遍布全市。

枫林桥　位于兰溪镇，横跨兰溪，是一座花岗岩拱桥，桥长64米，宽6.5米，建于清嘉庆二年（1797年）。桥北有麒麟两尊，雕塑精细，桥南有石狮一对，雄姿勃勃。虽经300年风吹雨打，迄今仍栩栩如生。

衡龙桥　位于市西北衡龙镇。建于清朝，长70米，宽2.4米，亦为花岗石结构，是现存较好的古桥。

八角亭　位于凌云塔对角。建于清乾隆五十九年（1794年），占地24平方米，为当时知县傅景镦主修，砖木结构，三层六角，一、三层为黄色琉璃瓦，二层为绿色琉璃瓦，亭尖为葫芦形，每层屋角均有铁铃，造型美观，风吹铃动，悦耳动听。属市重点文物保护单位。

黑水池　位于县城西南21公里处的唐溪乡安红村，海拔1034米，山顶上有一池，长6米，宽4米，常年水呈黑色，颇为奇特。

孔圣庙　位于安化县东南49公里处，清道光三年（1823年）修建，面积2716平方米，大成殿位于中，左为名官祠，右为乡贤祠，后为亚圣殿。

将军岩　位于将军乡毗溪中。河内矗立一石，高17米，头躯分明，披甲戴盔，俨然一古代将军，巍然屹立。

九龙池 位于将军乡境内。为该县第一高峰，海拔1622米，山顶有一池，长14米，宽10米，池内有九股泉，四季有水，四周有九条山岭，犹如九龙饮水而得名。九龙池一带为湖南省暴雨中心。

"金花腐乳"为什么又称佛乳、猫乳？

"金花腐乳"是益阳传统的名特产品，距今已有1100多年的历史。益阳腐乳的问世与佛门吃素有关。相传唐宪宗元和年间（806~820年），白鹿寺住持高僧广慧化缘云游，久日未归，寺内香积厨中吃剩的豆制素菜长出了一层绒状霉毛，其色如乳。尝之，质美味鲜。此盖为腐乳之滥觞，尔后乃如法炮制，众僧咸乐食之，几至每饭不可稍离，于是按僧人习惯取名，谓之"佛乳"。唐咸通五年（864年）宰相裴休被谪荆南，侨寓益阳白鹿寺读书、讲道，常与寺内僧人同斋用膳，尝过"佛乳"，讶其鲜美，赞不绝口，信笔手书"昔贤栖隐处，空留佛乳诗"，裴休后赴京述职，将"佛乳"携入皇宫，贡于御前，皇帝尝食，视为珍品，喜而赐名"御乳"，后益阳各寺庙遂相继仿制，嗣后其制作方法不胫而走，流传到了民间。

豆腐发酵长霉，其状如毛，腐乳又名"毛乳"，因益阳方言"猫"、"毛"易混，遂讹为"猫乳"。

"文坛三杰"说的是哪三位名人？

文坛三杰说的是从资水河畔的益阳走向中国文坛的"三周"。即周谷城、周扬、周立波，他们高举革命文化旗帜，在中国文坛驰骋几十年，共同谱写了中国文化新篇章。

周谷城 （1898～1996）1921年毕业于北京高等师范学校，先后担任全国农民协会干事，中山大学、暨南大学、复旦大学教授兼系主任。新中国成立后，历任复旦大学教授、历史系主任、教务长，上海市第七届人大常委会副主任，全国政协第五届常委，全国人大常委会第六、七届副委员长，农工民主党第八届中央副主席兼上海市委主委、第九届中央主席、第十届中央名誉主席，中国史学会执行主席，上海史学会会长。著有《中国社会史论》、《中国通史》、《中国政治史》、《世界通史》等。

周　扬 （1908～1989年）1927年入党，1928年留学日本，1931年回国，参加领导中国左翼文艺运动。任中共中央上海局文委书记，"左联"执委、党团书记。后调延安，历任陕甘宁边区政府教育厅长、陕甘宁边区文协主任，"鲁艺"文学院院长，延安大学校长，中共晋察冀中央局宣传部长，政务院文化部副部长，全国文联主席，中国作家协会主席，中共中央宣传部副部长，中国社会科学院副院长兼研究生院院长。是中央候补委员，中央委员，中央纪委常委、中央顾委委员、全国政协常委。主要著作收入《周扬文集》五卷。

周立波 （1908～1979年）1934年加入左联，同年入党，1937年被作为战地记者赴华北抗日前线，创作了《晋察冀印象记》、《战地日记》等报告文学作品。1944年任《解放日报》社副刊部副部长、《中原日报》社副社长。解放战争时期在东北参加土地改革工作时，创作了长篇小说《暴风骤雨》，1951年获斯大林文学奖三等奖。1955年发表反映钢铁工人生活的长篇小说《铁水奔流》；出版了长篇小说《山乡巨变》。是第一至第三届全国人大代表、第五届全国政协委员、中国作家协会理事、湖南省文联主席。

为什么说“中国文坛巨匠、益阳群星璀璨”？

益阳自古人杰地灵，名人辈出。尤其是文学教育界，更是精英荟萃、群星璀璨。除以上所述周谷城、周扬、周立波外，还有叶紫、张国基、莫应丰等莫不家喻户晓。

叶　紫　（1912～1939年）原名俞鹤林，益阳县人。在大革命高潮中，父亲和姐姐惨遭杀害。叶紫从小接触到农村尖锐的阶级斗争，满怀对地主阶级的仇恨，开始了创作活动。1933年，他创作的小说《丰收》发表后，受到了全国文艺界的好评，此后，又发表了续篇《火》，还有优秀短篇小说《电网外》、《杨七公公》、《山村一夜》等，是著名的青年左翼作家。英年早逝。

张国基　（1894～1992年）1918年参加新民学会，1919年毕业于省一师，同年赴南洋。1927年回国任武汉中央农民运动讲习所教务处干事，同年入党，参加南昌起义，任中央独立第一师师长。后再赴印度尼西亚执教，1939年创办雅加达中华中学，任副校长，1958年回国。历任北京华侨补习学校校长，北京文史研究馆馆长，北京侨联副主席、名誉主席，全国侨联常委主席、名誉主席，全国人大代表。

莫应丰　（1938～1989年）桃江人。1961年参军，任广州军区空政文工团创作员。1965年开始文学创作，省作协专业作家、中国作协理事、省作协副主席。先后出版发表400余万字各类作品，其中有五部长篇、七部小说集，近百篇短篇小说和散文，不少作品被译成英、法、日、德等多种文字。代表作《将军吟》是新中国文学发展史上出现较早的一部彻底否定“文化大革命”的长篇力作，荣获首届茅盾文学奖。

益阳都有哪些驰名中外的土特产品？

水竹凉席 益阳历为竹之乡，数万亩连片种植的翠竹为建筑、装饰和人民生活提供了极为丰富的物资资源，历史悠久。益阳水竹凉席是我国传统的出口产品。历来有“薄如纸，明如玉，平如水，柔如帛”的称誉，不仅是精美的日用品，而且是可供陈设的艺术品。长沙出土的战国楚墓和汉墓文物中，就有花纹别致、加工细致独具风格的精美竹席。

沅江银鱼 盛产于沅江，又名白小或面条鱼。洁白透明光滑无鳞，清代《湖南通志》载：“沅江县出银鱼，以大小相杂者佳，谓之带子银鱼”，银鱼是筵席上的美味佳肴。尤以八九月产的“元气鱼”为最佳，价值最高。

沅江枳壳 沅江栽培枳壳有上千年的历史。枳壳性苦、酸、微寒，具有破气、行痰、散积、消食等功能，主治食积痰滞、胸腹胀满、腹痛、泻泄胃下垂、脱肛、子宫下垂，血痹阴疝，肢气水肿诸症。明朝李时珍曾在《本草纲目》中赞誉枳壳为佳品。

舞凤石砚 产于桃江舞凤山。此山出产优质石料，质地纯净、色泽晶莹、无砂无杂，抗风化、抗腐蚀，坚而不脆，细腻润滑。舞凤砚做工精细，端庄大方，磨墨易浓，荡笔起锋，墨可久保不干，不仅为书画的优良用具，也是书房案头的高雅陈设品。

茯砖茶 独产于益阳，是闻名遐迩的地方茶。该茶历史悠久，以全三级黑毛茶精心配制，清道光年间，被当作贡品送往京城。其特点是茶花茂盛，叶底黄褐粗大，色泽黑褐，汤红黄明亮，味浓醇厚，香气纯正，且耐冲泡。湘西北少数民族对茯砖茶特别钟爱。此茶还远销法国、埃及、美国和东南亚地区。

娄底

你了解娄底吗？

娄底地处湘中腹地，面积 8117 平方公里，人口 309 万，辖娄底、涟源、冷水江三市和新化、双峰二县。自古以来，这里就是苗瑶之地，春秋战国时属楚，秦汉时荆州，宋熙宁五年（1072 年）置新化县，1952 年建双峰和涟源县，后分别设立冷水江市、娄底市，1983 年更名为娄底地区。

殷商时期的青铜后母戊鼎，春秋的青铜提垒和战国古剑等都说明了娄底地区灿烂的古代文化。不仅如此，这里的青山绿水还养育了蔡和森、蔡畅、陈天华和国际共产主义战士罗盛教等一批著名的革命家、思想家和政治家，以及曾国藩、曾纪泽等许多历史文化名人。

这里不仅有被中外专家誉为“溶洞博物馆”的波月洞，风景秀丽的水府庙风景区、湄江风景区，而且还有以罗盛教故居、蔡和森纪念馆、曾国藩故居为代表的人文景观。使湖光山色、田园诗情与历史文化融为一体，吸引着中外旅游者。

娄底为什么有“湖南的鲁尔”之称？

鲁尔位于莱茵河左岸，是德国的采煤中心，它以矿产资源丰富而著称于世。鲁尔就像今天讲到现代高科技必定要讲硅谷一样闻名。

娄底自然资源非常丰富，尤其是地下矿藏富有，是知名的“有色金属之乡”和“非金属之乡”。已探明的矿藏资源 7 类 41 种，其中有色金属有钨、锡、镁、铁、锰、锌、钴、钒、金、银等，而钨储量居世界之首；锰、铁等储量名列全省之冠。还有硅石、冰川石、冰晶石、滑石、重晶石、花岗岩等 20 多种非金属，不仅储量大，而且质量好，品位高。煤的储量 11 亿多吨，有“江南煤海”之称。娄底已形成了以采煤、轧钢、机械、化工建材、纺织为主的工业体系。涟源钢铁厂年产钢 100 多万吨，有力地支持了湖南经济的发展，是湖南省的重要能源、原材料基地。娄底之于湖南，犹如鲁尔之于德国，故有湖南的“鲁尔”之称。

“世界锑都”为什么又有“太阳城”之称？

娄底的冷水江市，居于湖南中部，资水中游，是举世闻名的“锑都”。这里锑、煤、铁等矿藏丰富，采矿、冶金工业发达。其锡矿山的锑，储量与产量都居世界之冠，有“世界锑都”之称。不仅如此，这里地下矿藏非常丰富，煤矿储量达 6 亿吨，被誉为“江南煤海”。镁矿带长 7.5 公里，以巨大的储量著称于世；煤气层达 360 多亿立方米，为人惊叹。人们谈到这里时，无不称赞冷水江为“太阳城”。

为什么说波月洞是一座世界罕见的“地下溶洞博物馆”？

波月洞由上、中、下三个层面的洞穴群组成，位于大乘山——波月洞风景名胜区中，位于冷水江市同兴乡白杨村。

▲ 波月洞

波月洞全长 3000 多米，洞高 3 ~ 10 米，最高处达 20 余米，宽阔处达 30 余米，可供游览的洞厅 27 个，总面积 4 万多平方米。洞厅各有奇异景致，景景相连，浑然一体。波月洞有三件镇洞之宝，其一为 1.1 米长，且中空晶莹明澈的鹅管，比目前号称世界第一的溶洞鹅管还长 44 厘米；其二为 1.98 米高的巨型溶洞石坝，比南斯拉夫的世界最高石坝还高 50 厘米；其三为倒悬于顶的 1.5 米深之网络石槽，是目前世界所知最深的悬顶石槽。

“迎客厅”宽敞高大，石笋密布而外表呈绿色，如苍翠松柏，挺拔遒劲。“观音堂”有一钟乳石拔地而立，似观音端立。“石象”厅的石象雍容稳重，又粗又长的鼻子伸向水池。“金鱼池”传说是仙女养鱼的地方，池水清澈如镜，“演舞厅”能容 2000 人，舞台、帷幕、灯具惟妙惟肖。此外还有“迷人宫”、“广寒宫”等景观。这里的钟乳石五颜六色，绚丽多姿，配以灯光装饰，整个洞景更是灿烂辉煌，美不胜收。

电视连续剧《西游记》中的水帘洞与白骨精的洞宫均拍摄于

此洞之内。

国内外知名的专家学者考察波月洞后认为，这里集其他溶洞、岩洞之大成，除了钟乳石之外，发育着几乎所有钟乳石类型的同类型沉淀物。规模巨大，品种繁多，组合复杂，色彩艳丽，为国内溶洞群中少见。中科院地质研究所、地质部桂林岩溶洞研究所及全国各地专家前往波月洞考察鉴定时指出：波月洞堪称为国内不多，世界罕见、具有很高旅游观赏价值和学术价值、居我国已经开发的旅游溶洞之前列的地下溶洞博物馆。

大乘山之名典出何处？

大乘山位于冷水江市东南，为雪峰山余脉，形成于 7 亿 ~5 亿年前的寒武纪，最高峰海拔 724 米，面积 350 万平方米。因印度人梵语阿湿瞿沙者与法救、世友共兴大乘，以此为源地，一时香火旺盛，大乘山故而得名。大乘山不仅佛教兴盛，而且风景优美，名胜众多，可游览之地有七步金桥、盘石龙寨、卧龙戏水、鹰嘴悬岩、百步登天等景点。大乘山有同脉之山祖师岭，主峰海拔 1072 米，有“低吴楚”之势。相传，昔日从天上飞来一石，附于山巅。顿见霞光溢彩，时人视为吉物，请工匠凿成佛像，修庙敬奉。山下有鸿岩，削两山之麓，以突兀奇特著称。岩两侧如大鹏展翅，中间如鹏背隆起，形成一个天然溶洞。洞门开放，景色壮观。洞口大厅中有庵，为观音大士香火佛地，来此朝圣者颇多，游览题咏不少，集风景、名胜、古迹于一体，殊多意趣。

千年古银杏连理今何在？

双峰县东南与衡阳相邻处有九峰山，为南岳七十二峰之一，其山脊如九龙起伏，主峰名正托峰，于峰顶，四周皆可极目数十公里。峰顶有一古庵，建筑古朴雄伟，佛像造型端庄，殿内有铸钟一座，撞钟时声闻数里。殿门有古银杏二株，在树高4米处，各伸出一条丈余长，脸盆粗的巨枝相连吻合，近观好似仙人架起的拱形独木桥，又活像一对握手千年永不分离的伴侣，这种奇观实在罕见。相传两株古银杏为建庵时住持手植，已近千年，树高27米左右，冠盖5丈，犹巨伞遮天。另有古松数株相伴，为古庵平添了许多苍迈。庵之左右各有一小山包，左边似鼓，右边像锣，古庵故有锣鼓庵之称。传说唐末朝政腐败，民不聊生，农民起义风起云涌，当地一蔡姓农夫在九峰山聚众起义，常率队伍劫富济贫，深得人心，后人在此刻碑志事，并在峰上筑庵祭祀。

蒋 峰岭与蜀相蒋琬有何关系？

双峰县城南有黄龙大山，山上有清峻亭、介福殿。清峻亭有一联“清水不出山，毕竟能解人间渴；峻岭欲通汉，到此皆为顶上材”，一语双关，尤可作浮想联翩。此山北为双峰，南即衡阳，双峰一侧有半山亭，供登山者小憩之歇足。清末有人在山中发现蒋琬祖坟遗迹，蒋为湖南湘乡人，随刘备入蜀，被重用，孔相去世后由其代为执政，为大司马，故此处有蒋峰岭之称，纪念蒋琬其人。

剑 塔中的黄巢剑还在不在？

唐僖宗乾符年间，有山东人黄巢响应王仙芝起义，后王仙芝战死，黄巢被推为王，次年攻占湖广，越明年渡江北上，于年底占领长安并称帝。黄巢在出广州破衡阳州（今衡阳）时，在梓门屯兵 50 万，当年屯兵之山改名为黄巢山，今在双峰境内，海拔 754 米。

黄巢山南有鸡冠寨、北有白石峰，三山呈马鞍形连成一道天然屏障。东西两侧为数公里长狭窄地带，东有数峰峙立，峭壁如削，深沟幽壑。谷底有险径盘陀，可通山顶，一夫当关，万夫莫开。当年黄巢率军途经此地，遇上一支土匪队伍在这里封山剪道，打家劫舍，当地百姓叫苦连天。黄巢当机立断，挥军攻打匪寨，经一夜苦战，全歼土匪。百姓感义军之恩，一呼百应，自愿为义军开山凿石，将石径改成大道，人马从容通过。黄巢为答谢百姓，特赠一镶珠嵌玉宝剑给年长者。后来，人们便在山腰巨石之上筑建高五丈的石塔，将黄巢所赠之剑藏于塔底，称之为剑塔。今日塔在，剑是否在塔下，不得而知。

洛阳湾的古建筑群建于何时？

洛阳湾即双峰县测水镇，洛阳湾是明代人对测水镇的雅称。测水镇古建筑群由关圣殿、观音阁、龙王阁、文昌阁四大殿阁组成，背山面水，互为掎角之势。整个建筑朱栏画栋，亭角峥嵘，气势雄伟壮观。

关圣殿在伴河的石山上，凿有高 6 米，面积约为 50 平方米的殿堂石基。殿厅中排列有 4 根大圆柱，正面是关圣帝君塑像，高 4 米，绿袍美髯，威严雄伟，神态逼真。塑像之下有神橱，橱内圆柱上刻有“得文昌为邻，握手讲春秋大义；与菩萨说法，同心觉海宇群生”的对联。殿前有泉井一口，冬暖夏凉，四时清澈。

观音阁与关圣帝仅隔一天井，临江骑石，一线青石板傍江而上，古人趣诗“磴道盘旋出空际，楼层直上入青冥”。众多骚人墨客为之题咏，其中王开锦一五绝可谓状细其微，“石路非无倚，凌空一线微。垂檐照清水，登殿释迷矶。涧指新沙通，云从古树飞。钟声传晓夜，静悟疑皈依”。石径凌空，朱檐映波，洲涌新沙，古树浮云，晓夜钟声，令人心旷神怡，乐而忘返。难怪古人赞其地为“灵山法雨从空来，南海明珠入夜还”。

与观音阁相邻者为龙王阁，其右有憩息亭，有联为“岂非穷士乎？不远千里来，势逼此处；是乃仁求也，聊备一宿之栖，居无求安”。阁前有古岘峰，峰上有石高 1 米，宽 0.8 米，长 1.6 米，正面刻有“峰平传古岘，阁水壮观音”一联。龙王殿之左侧是文昌阁，再旁为水口庙，门上书有“一点波心含测水，数寻庙宇壮宣风”的对联。殿阁之壮丽，一言以蔽之。古建筑群修有走廊，专供游人观赏。

洛阳湾古建筑群建于明永乐年间，历朝历代屡毁屡修。偕侣临江，回首殿阁，历史的沧桑感便会愈聚愈浓。

测水镇为什么如此闻名？

测水镇旧时称测水市，地处双峰县城北。这里曾经是长沙通往宝庆（今邵阳市）的水陆通道。平静的测河水缓缓淌来，从铃自山与天托仓之间的峡谷中穿凿而过，顷刻间化作汹涌激流汇入涟水，直奔湘江。古人曾以“倒倾湘水水亦净，测水谁知水浅深”来形容测水的险要。

由于地形独特，且依山傍水，故历来为兵家所重视。黄巢的大军曾在这里饮马；张献忠曾率部在这里筹粮；北伐大军在这里留下光辉的足迹；大革命时期轰轰烈烈的农民运动率先在这一带兴起；解放前夕，湘中游击队一个支队曾驻此，以一水之隔与国民党军抗衡，直到配合人民解放军消灭对岸敌军，迎来解放。

一个自称“题诗人在普陀岩”的明朝人，来到这里慨叹历史，写下了“几人到此欢然笑，几人到此悲欲泣”的诗句，概括而形象地写出了测水的沧桑演变。如今这里测水泛漪，舟楫上下，渔歌互答，形成一幅生动优美的图画。

石达开为什么要在双峰县修筑城墙？

清咸丰九年（1859 年），石达开部与清军在宝庆大战，其一部曾驻扎距双峰县城 22 公里的黄龙山西麓扼守要冲，筑有高 3 米、宽 2 米、长 5000 余米的石头墙，用以防守。大墙全由石头垒成，至今蜿蜒于湄水河右侧山梁之上，世代称之为古城墙。

古城墙围绕之处叫“仙神寨”。传说此处原为人迹罕见而虎狼出没之地。寨西为一道绝壁，壁右侧有突凸巨石，远看似倒悬之物。悬石有中空小窟，相传曾有一老者静坐于小窟，不食熟食，终日读书，久之得道成仙，小窟因而得名“仙神窟”，寨子遂以“仙神寨”为名。“仙神寨”四周环山，寨子为不足两公顷的盆地，北、西、南三面三峰为屏，东有“一”字形过道，与黄龙山脉相连，或许此处古有天桥一座。“仙神寨”易守难攻，历来为兵家必争之地。太平军修筑石墙于此，西可接应围攻宝庆（今邵阳市）之军，东可阻击长沙来援之敌。漫步墙头，谁都会感慨万千。

蔡和森烈士纪念馆因何设在观音塔？

双峰县有蔡氏兄妹，哥哥蔡和森曾与毛泽东一同就读于湖南第一师范学校，1918 年与毛泽东一道创建新民学会，是中国最先提出“中国共产党”这一名词的。1921 年加入中国共产党，是中国共产党早期领导人之一，1931 年被国民党反动派杀害。蔡畅为其妹，1922 年加入中国共产党，参加长征，历任党和国家要职，

20 世纪 90 年代去世。

双峰县湄水东岸回龙山麓的观音阁，为蔡氏之母葛健豪创办的“湘乡第二女子简易职业学校”旧址，该校于 1945 年升级为“湘乡县第二女子初级职业学校”，现为双峰县第一中学。由于观音阁与蔡氏一家的特殊关系，1956 年双峰县政府在此建立了蔡和森烈士纪念馆。纪念馆背山面水，正门前院有戏台，两侧为钟鼓楼，中为坪院。建筑雄伟，楼阁古朴。经宽阔坪院拾级而入中厅，可观赏两壁神龛中的十八罗汉，下镶石刻碑文。穿回廊过天井即到佛殿，正面为高 7 米的观音菩萨，两侧为 24 位诸天，造像精巧生动，殿之两旁各有天井，厢房 8 间，面积 5000 余平方米。“蔡和森烈士纪念馆”建立后，中外游人观赏古阁、缅怀烈士，络绎不绝。

曾国藩故居今何在？

曾国藩原名子城，字伯涵，号涤生。清末洋务派和湘军首领，为晚清中兴名臣，是中国近代史上一个不得不提到的人物，又是一代大儒。清道光年间进士，30 岁后历任礼、兵、工、刑、吏部侍郎，咸丰三年（1853 年），奉命帮办团练，组建湘军，此后长期与太平军作战，咸丰十年（1860 年）领钦差兼两江总督，同治元年（1862 年）为协办大学士。同治三年（1864 年）攻破太平天国国都天京，诏加太子太保，封一等毅勇侯，授武英殿大学士。升光禄大夫，谥为文正。曾国藩的故居在双峰县荷叶塘乡，地处巍巍九峰山之南麓，这里一马平川，俯瞰田亩如田田荷叶，故而以为乡名。

荷叶乡天坪村之白玉堂为曾国藩出生地，为一砖木结构建筑，青砖青瓦，双层飞檐。建筑为三进二横，房屋 48 间。大厅中两个天井栽花植木，故有花厅之称。曾国藩的童年，便是在这里度过的。

清同治年间，曾国藩于荷叶乡富托村修建富厚堂，为曾氏准备的退隐之所。房屋为土石砖木结构，占地面积4万多平方米，建筑面积16610平方米。

富厚堂是谁的府第？

富厚堂又叫“毅勇侯第”，是曾国藩的府第，因1863年曾国藩攻陷天京后，被封为“一等毅勇侯”，故称。富厚堂坐落在涓水河畔，背倚半月形的鳌鱼山脚，鳌鱼山从东南西三面将其环住，远远望去，富厚堂好似坐在一把围椅上。这就是风水先生说的风水宝地。

富厚堂由曾国藩、曾国荃及其儿子曾纪泽主持，从同治四年（1865年）动工，前后共历时9年多，直到光绪元年（1875年）才全面竣工。整个建筑包括门前的半月塘、门楼、八本堂主楼、三座藏书楼、荷花池，后山的鸟鹤楼、棋亭、存朴亭和思云馆等建筑，占地4万多平方米，建筑面积1.6万多平方米，极尽精妙之能事。

▲ 富厚堂

门前半月形水塘，叫作半月塘，是仿泮宫而建。泮宫是周代诸侯的学宫。《说文解字》上说：“泮，诸侯乡射之宫，西南为水，东北为墙。”故“毅勇侯第”左边是东门，右边是西门，来客分别从东西门进入，东北面是围墙，西南方向就是半月形的水塘。当年大门前半月台上有1米多高的石围柱，围柱上有旗座杆孔，大清龙凤旗，湘军帅旗万人伞迎风飘扬，可以想见当年的威严、壮观……院内后厅神龛上悬挂着“勋高柱石”匾，这匾是曾国藩六十大寿时，同治帝亲赐的。

在整个清朝，除吴三桂被封平西王以外，汉人生不封王，所以曾国藩封了侯，已是达到的最高级别。而在清朝，大学士就是宰相，曾国藩又居四大学士首辅，所以曾国藩已是“封侯拜相”，位极人臣了。

为什么富厚堂藏书楼能名居中国近代四大藏书楼之列？

富厚堂藏书楼由求阙斋藏书楼、归朴斋书楼和“艺芳馆”书楼三大藏书楼构成。三座藏书楼共藏书30万卷，以其规模和藏书，位列近代四大藏书楼。

最大的藏书楼为求阙斋藏书楼，后人称它为“公记书楼”，里面有曾国藩的藏书10万余卷。藏书种类主要为经、史、子、集及各个地方志。“求阙斋”为曾国藩的书斋名，取“求自有缺陷不满之处”之意，是一座长42米，宽9米的建筑物，面积1100多平方米，一楼外走廊全用花岗石为柱，以防白蚁；二楼四周有外走廊，可晒书；三楼五间书室，四面为活动的花格窗，以利通风，防潮、采光。

归朴斋与求阙斋有走廊相连，结构一样，只是规模小一点，二楼、三楼藏有曾纪泽藏书10万余卷，内容包括经、史、子、集和西洋书籍。曾纪泽在出使英、法时采购了大量西方政治、教育、文化、农学、医学等外文书籍，以“归朴”为斋名，取于《吕氏春秋·论人》“故知知一，复归于朴”一语，意为还原本真、本性。

艺芳馆与宅南归朴斋结构相同、对称，里面收藏有曾纪鸿夫妇藏书10万卷，内容包括经、史、子、集、医、卜、星相以及算书方面书籍。曾纪鸿是近代著名数学家，所以他的藏书有关算书方面的书较多。“艺芳”名出于西晋陆机《文赋》：“倾群言之沥液，漱六艺之芳润。”意为汲取古人之精华。

这些书籍现大部分保存在湖南省图书馆，一少部分存湖南省博物馆。

药王殿是纪念谁的？

相传唐贞观年间（627～649年），京兆华原（今陕西耀县）人孙思邈，曾游历名山大川遍寻药草。行到涟源境内之龙山，见山深林密，药草丰富，即在此暂住，采药撰文，行医济贫，留下许多世代传颂的美谈。为纪念药王孙思邈的无量功德，唐人在龙山岳坪峰之巅建药王殿。历代修葺，现今所见遗址规模为清光绪年间重修。

药王殿由巨型花岗岩垒砌外墙，盖大铁瓦，虽高不过10米，却庄严古朴。石拱山门镌刻有“湘南孕育”四字，门联为“万里风云供吐纳天章云翰；四时花草著精神仙露金茎”。画出了孙思邈之药王风骨。内殿石门刻有“药王殿”三字，殿内供药王孙思邈金身，两侧有龙虎二将雕塑，王者之风盎然。左有厢房今已辟为药店，向游人供龙山药材，许多出产于龙山的珍稀中草药，这里一应俱全。殿内有两眼清泉，数百年来，纵使大旱也不涸，四时甘洌，万人饮而不竭，无人饮而不溢，古来称这为圣水仙井。夜宿药王殿，可倚窗听松涛阵阵；能焚香伴仙井而眠，倒是别有情趣。

刘建捷的陵墓为何如此风光？

刘建捷为涟源杨家滩人，由知县、知府而官至两江（江西、江苏）总督，诰授光禄大夫，钦命一品顶戴，恤赠太子少保。卒于光绪十三年（1887年），享年53岁。

小小杨家滩并非代代皆有雄才，出这样一个钦命头品顶戴大官，不单荣宗耀祖，地方未必不是极大的荣光。因此，刘建捷陵墓不但气派非凡，而且极少受到毁损。墓的四周有青砖墓墙，入口竖有7米高的牌坊，最上一层有石刻“圣旨”二字，团以云龙飞凤纹饰。墓庐30米外建有砖祠，有石龟负碑，上刻墓志铭。墓祠有石级相连，路两侧苍松翠柏，石马、石羊、石虎、石人两两成对分列，其雕刻造型皆朴拙有古气。墓为大青石、青砖、三合土筑造，有巨大墓碑。今日刘连捷墓庐保存完好，绿荫掩映，野菊飘香，时有远方游客前来凭吊。

新化北塔有何来历？

新化县城以北之资水西岸有北塔，为砖石结构，高42米，八角七层，有429级旋状砖阶直上塔顶。塔之正门额题“北门锁钥”四字，门联为“正欲凭窗舒远目，直须循级上高楼”。登级凭窗，远山叠翠天际去，资水扬波山外来，新化市景皆入眼帘。明代有参政胡有恒登临北塔后作诗一首，“江流去处空，一塔锁奔欲；势镇县之北，气势资以东。举目疑日尽，长啸直通天；拟更探奇胜，西南首望崇”。极状塔之雄奇。历代文人墨客上北塔极目者颇多，赋诗唱和之作不少。

由于资水洪汛无常，为保护北塔不受浸损，20世纪80年代专修了长1500米，宽10米，高10米的北塔保护堤，即使出现特大洪水，仍可保塔安然无恙。

北塔建造始末，民间还有一说。据说清嘉庆年间，城北资水西岸建有木塔一座，因年久失修而坍塌。乡里捐资改建砖塔，它不是采用一般的扎架修建，而是采用垒土逐级升高的办法，历经20年方才竣工。然后再将20年用土垒成的“山包”运走，从而使石塔凌空而出。垒土建塔，塔高42米，这工程之巨，实在难以想象。今人只知其雄伟，哪知古人之艰辛……

油溪石拱桥有何出奇之处？

油溪河上有横溪桥，位于新化县晨光乡。横溪桥长33米，高32米，宽8米，拱径11米，为独拱桥。此桥始建于清乾隆十二年（1747年），同治十年（1871年）曾做大维修，1979年桥面铺沙加固，始为公路桥。独拱桥之与众不同之处，其一是北端依天然岩石为墩，有天工造化之趣；南端砌石为墩，最大石料长3米、宽2.4米，重达万斤以上，有鬼斧神工之妙。其二是东北石栏精雕有大蜈蚣，须鳞历历，威猛如生。而桥南则有石狮对护桥，雄健勇武。桥身有石刻若干，花鸟虫鱼栩栩如生，远近皆有人来欣赏盘桓。此桥纯系当地百姓自行设计、自行修造，皆人力所为，游人叹为奇迹。

黎源信潮因何数百年循规蹈矩？

新化潮水铺附近黎山之麓，有信潮奇观，名黎源信潮。

潮发于石穴中之涌泉，四季不竭，汩汩有声。潮汛每日三次，逢子午时喷冷泉，潮来泉水猛涨，高可数尺；潮去仍是喷泉依旧，往复形成规律。有意观潮涨潮落之奇观者，多有万千感慨，总有唱吟之作。有人题词云：“秋日马蹄骄，秋思无聊，看山哪畏路迢遥，云绕黎山千万片，琴瑟纷飘。步步上云霄，斜渡溪桥，向潮争似典汀潮。子午翻翻期不忒，游客魂销。”它代表了万千千里迢迢争看潮者的心绪与观感。

信潮数百年来备受有识之士关注，但始终不知起自何处。近年依旧频繁涨落，只少了些规律。游人驻足待潮者甚众，潮来时欢呼雀跃，殊为有趣。

国际共产主义战士罗盛教是哪里人？

1952 年 1 月 2 日，中国人民志愿军战士罗盛教，在朝鲜平安南道成川郡石田里，为抢救不慎落水的朝鲜少年崔兇而献出自己宝贵年轻的生命。罗盛教为湖南新化人。1931 年出生于松山乡桐梓村。1951 年，当美帝国主义把战火烧到鸭绿江边时，20 岁的罗盛教光荣地参加了中国人民志愿军，跨过鸭绿江，为抗美援朝，保家卫国而战斗。

罗盛教牺牲后，朝鲜最高人民会议常务委员会授予他一级国旗勋章、一级战士荣誉勋章。中国人民志愿军总部追认其为特等功臣、一级爱民模范、模范共青团员。罗盛教烈士墓有金日成的亲笔题词：罗盛教烈士的国际主义精神与朝鲜人民永远共存！罗盛教的光辉事迹，为中朝人民之间的友谊谱写了新的篇章。

罗盛教故居为纯木结构，三开间，里面陈列有烈士生前生活照片以及生平资料，朝鲜人民赠送的纪念品亦陈列其中，新化县还建有罗盛教烈士纪念馆，供各界人士参观。

怀　化

你了解怀化吗？

怀化自古即有“滇黔门户”、“全楚咽喉”之称，位于湖南省西南边陲，沅江上中游，西临贵州，南接广西。北靠常德、张家界和湘西，东临益阳、邵阳、娄底地区。面积 2.76 万平方公里，人口 470 多万，辖鹤城区、洪江市和沅陵、辰溪、溆浦、中方、会同等县以及麻阳苗族、新晃侗族、芷江侗族、靖州苗族侗族、通道侗族五个自治县。

早在一万多年前，境内就有人类生息。新晃、芷江、怀化、辰溪等地旧石器时代遗址的发现，证实了这一点；新石器时代遗址遍及全市各县，出土文物极为丰富，很具地方特色。夏商周属南蛮、三苗之地，春秋战国属楚巫中地和黔中郡。秦属黔中郡，汉为武陵郡地，隋属沅陵郡，唐属黔中道，宋为卢溪郡、潭阳郡地，属荆湖北路。元代分属于湖广行省的辰州路、沅州路、靖州路。明清为辰州府、靖州府、沅州府、晃州厅、靖州直隶州。民国废府，分属第九、十行政督察区，1949 年冬分设会同、沅陵两专区，属湘西行政区。1952 年成立芷江专区，同年改黔阳专区，1981 年更名为怀化地区。

湘黔铁路横贯东西，焦柳铁路纵贯南北，公路干线四通八达，沅江及其支流下游通江达海，名胜古迹更是遍布全区。芷江抗日战争受降纪念坊、溆浦向警予故居、黔阳芙蓉楼、通道白衣观、回龙桥、鼓楼，沅陵龙兴讲寺、虎溪书院、錾字岩等比比皆是。

从文物出土分析，境内当时居住的主要是楚人、巴人、秦人和越人。除楚人外，最多的是巴人（五溪蛮及土家族的先民），这些文物和遗址，为“五溪文化”提供了历史依据。

黔中古郡今何在？

秦始皇统一中国后，废封建，设郡县，天下设36郡。为了统治需要，将黔中郡治所设在今沅陵，并修筑驿道，使沅陵上蔽川、黔、滇，下遮湘、广、鄂，故昔有“湘西门户”之称。

后星移斗转，历史沧桑，显赫一时的黔中郡便烟消于历史的尘埃中。

近年，考古工作者在沅陵县太常乡窑头村发现了古黔中郡的古城址。这里东接酉水，南濒沅江，与县城隔江相望。文物工作者在其12万平方米的土地上探出了古城墙、街道、宅院、祭祀台、地下水道等庞大体系的城市建筑残迹。经考证，为古黔郡遗址所在。

更重要的是，在其北侧的牧马岭，发现了1000多座战国、秦汉古墓，其中40余座竟是20米×20米或40米×40米的小山头的巨型墓葬，其规制超过一般侯王。一座山就是一座坟墓，一座坟墓就是一座山，也许就是一座地下宝库。秦始皇长剑南天一指，便创造出这等人间奇迹，怎不叫人惊心动魄？

“学富五车，书通二酉”典出何处？

位于沅陵县西北的二酉山，亦称万卷岩，山虽不高，有洞则名。“学富五车，书通二酉”的成语即源于此。

二酉山面积约2平方公里，因屹立于酉水、酉溪河汇合处而得名。这里山高林密，悬岩陡峭，二酉藏书洞就是在这悬崖峭壁中。在一个不到2米宽的长形台阶上竖立有四块大石碑，上刻有清光绪湖南督学使张亨嘉书刻的“古藏书处”四个大字。二酉洞洞口宽阔，洞内敞亮，钟乳石高悬，宛若仙境。在相传帝尧时，大学问家善卷曾隐居山洞内钻研学问。

秦始皇焚书坑儒，令儒生痛心疾首，有咸阳儒生，冒死将家藏千卷竹简书籍秘密南运至此，藏于此洞中，使儒教文化得以保全。刘邦建汉后，经典书籍很快受到重视，把二酉藏书洞列为一大圣迹，文人墨客专程来此山访问朝圣，因此，每年到二酉山朝圣的书生秀才络绎不绝，书生们都交口称赞、颂扬“二酉藏书，功德无量”。“书通二酉”即作为我国一句成语，被引为学识渊博的形容词。

世界上现存最古老的佛学院在哪里？

龙兴讲寺是目前世界上最古老的佛学院。龙兴讲寺位于沅陵城西虎溪山麓，依山而建，俯瞰沅、酉二水，气势恢宏。讲寺始建于唐贞观三年（629年），距今已有1300多年的历史，其间经历朝历代不断扩建，形成今天由黔王宫、龙兴讲寺、虎溪书院等古建筑组成的占地近2万平方米的大型古建筑群，是湖南省现存最古老，规模最宏大，保护最完整的寺庙之一。一般而言，寺院都

▲ 龙兴讲寺

称××寺，如金山寺、少林寺、白马寺等，唯独此处为“龙兴讲寺”。可见它不是一般的寺院，而是专门为各寺院讲学的寺院。实际上是一种专门培训和尚高僧的寺院，相当于现在的佛教学院。从这个意义上讲，龙兴讲寺可以称得上是世界上现存最古老的佛学院。

为什么皇帝要敕建“龙兴讲寺”？

在龙兴讲寺的门额上，“敕建龙兴讲寺”六个大字明白告示着我们，这座讲寺是皇帝命令修建的。为什么皇帝要在沅陵这么一个偏僻之地修建龙兴讲寺呢？这是因为在历史上，唐朝佛教兴盛，帝王们都十分重视佛教，使各地庙宇丛林大举。且唐太宗李世民登上皇位，少林寺的十三棍僧是立了大功的。其次，是与沅陵当时的地理和政治地位分不开的。沅陵是五溪的腹地，从先秦开始就一直是五溪地域最大和最繁华的城市，是该地区政治、文化、军事和经济的中心。“五溪”包括的范围很广，湘西和贵州、四川的一部分都属于五溪地域。所以，在沅陵敕建龙兴讲寺，对不服王化的强悍之民施以教化，也就是很自然的事情了。龙兴讲寺的拱门上方匾额中就有“幡盖云从”，这四个字是形容前来龙兴寺求学取经的人特别多，车幡如云，盛况空前，当时的情况确实如此。据史料记载，昔日五溪地域所有僧人的剃度和培训均在龙兴讲寺进行，寺里香火十分旺盛。

为什么说龙兴讲寺“大雄宝殿”是中国古代建筑的活标本？

大雄宝殿是龙兴讲寺的主要建筑物，建在宽阔的石台阶上。东西厢房簇拥于左右，各自将大殿掩盖了一部分，而突出大殿中心最雄伟的部分。如果把大雄宝殿看作发号施令的天子，那么东西厢房恰恰是俯首听命的文武大臣，这是封建等级思想在古代建筑上的体现。大殿内用减柱法扩大了空间，以便于佛事活动。整个大殿飞檐翘角，精美玲珑，琉璃金瓦，流光溢彩。殿脊高 11.8 米，檐高 5 米，面阔 5 间共 23 米，进深 3 间 17 米，总面积达 391 平方米。大雄宝殿的建筑风格为典型的唐宋时期寺庙的建筑风格，尽管历经明、清多次修葺，但是主体内的木构架，柱、木质、梁、枋等，据文物部门鉴定仍然是唐宋时期遗存下来的。说起这大雄宝殿的建筑艺术，可以说有两绝：第一绝是结构精巧绝伦。整个楠木大殿竟然不用一枚铁钉，全凭梭柱、斗拱支撑，而且历经千年不倒，确实罕见！第二绝是融唐代以后各朝代风格为一体，是考察中国古代建筑的活标本。

大殿从整体上讲是唐代建筑风格，部分结构如大殿上方的藻井、柱与柱基之间的莲花覆盆式木櫍就分别是唐宋时的实物。特别是木櫍，是研究唐代建筑不可多得的宝贵资料。同时，大殿在明清等时期的修葺中又不可避免地打上了时代的烙印。唐宋的古朴端庄，明清的秀丽俊美在大雄宝殿互相映衬，相得益彰。

大雄宝殿的大柱叫梭柱，每根柱子都是中间大，两头收缩，如纺纱用的梭子，故名。使用梭柱是唐宋建筑的一大特色，梭柱除了可以减轻大柱承受的压力外，还有一定的装饰作用。大殿中央是一座莲花石雕，由上下五层组成。整座石雕由镂空技法雕刻而成，图案精美细腻，雕刻工艺精湛。莲花石雕又叫讲经莲花座。当年的得道高僧就是坐在这个宝座上传经说道的。据资料记载，龙兴讲寺里讲经说道时的场面十分隆重热烈，能到龙兴讲寺来讲经的都是国内各大名寺的高僧。当主讲人坐上讲经莲花座时，本院要击鼓为乐，表示欢迎，下课休息也有仪式，切不可乱了礼数。

与大雄宝殿正对的是观音、旃檀和弥陀三位菩萨的殿阁，分别叫作观音阁、旃檀阁和弥陀阁，这三座殿阁，从屋顶上看都是重檐或三檐歇山式，上檐和屋顶用琉璃瓦装饰，典雅高贵。其共同特点就是飞檐翘角幅度大，结构匀称得体，气势雄伟之中又不乏清闲秀丽，是比较典型的明清建筑风格。

龙兴讲寺与董其昌有什么联系？

在大雄宝殿的二檐口上方，有一块十分引人注目的匾额，上书“眼前佛国”四个大字，字体潇洒遒劲，这是明朝礼部尚书董其昌的手迹。说来还有一段动人的故事。明崇祯十年（1637 年），董其昌奉旨到沅陵巡察边防情况，不幸患上眼疾，痛苦难当，不得已，只好接受龙兴寺一位高僧的草药治疗。在解掉敷药的纱布那天，住持特意将董其昌抬到大雄宝殿前，当饱受眼疾之苦的董尚书重新睁开眼睛时，映入眼帘的是金碧辉煌的庙宇，栩栩如生的佛像和络绎不绝的香客，仿佛仙山琼阁。他不由得感慨万千，信笔写下了“眼前佛国”四个大字，以表示对高僧的感激和对龙兴讲寺由衷的赞美。

王阳明与虎溪书院有什么关系？

虎溪书院位于龙兴讲寺后部沅陵县城西郊虎溪山上。始建于明嘉靖年间，是为纪念王阳明先生在沅陵讲学而修建的。王阳明即王守仁，是我国古代著名的哲学家、思想家和教育家。明正德六年（1511 年），他从贵州龙场去卢陵县任知县，经过沅陵时，受到了当时沅陵文人的热情接待。他很感激沅陵文人的诚挚，也欣赏他们的才华，于是暂时留在虎溪山讲学，传授“致良知”的学说达一个多月。岁月沧桑，明代修建的虎溪书院已不复存在，但是，那位长须峨冠的夫子形象，一直被沅陵人所怀念与敬仰，那首“杖藜一过虎溪头”的壮丽诗篇一直被沅陵人所世代传诵，那原本冰冷的石雕遗像仿佛也有了灵气，闪耀着智慧的光芒。

为什么沅陵古墓有“第二马王堆”之称？

现在的虎溪书院是后人在书院原址上重建的，作为博物馆而成为元墓文物的陈列室。这里有元墓发掘现场的部分文物照片，元墓是 1985 年 8 月在县城东郊城关镇双桥村发现的。该墓为竖穴土坑，方向正北，由墓坑、楠木彩绘套棺、石灰外椁和封土等部分组成，是一座夫妇合葬墓。该墓内清理出了一大批罗、绮、锦、绣等精美织物和服饰，金银及玉饰等随葬品。其中的五彩丝绣被、金织棉被，花团锦簇、富丽堂皇。服饰中的圆领大袖袍、袜套裤等，都是近年来古代服饰研究中的新发现。在出土文物中，还发现迄今最古老的广告——元代商品包装纸广告和五种面值的“至元通行宝钞”，其中叁拾文面值的元代钞票，国内目前仅此一张，实在是价值连城。

保存完好的男尸是元墓发掘中的一大收获。这就是墓主黄澄存。黄澄存生于南宋绍定元年（1228 年），死于元大德九年（1305 年），享年 77 岁，官至知州。尸体身长 178 厘米，出土时保存完好，五官清秀，毛发尚存，肢体完整能活动，肌肤有弹性，没有任何腐败痕迹，尸体出土后，文物部门防止尸体腐败，采用静脉注射法向体内输入2000毫升防腐剂，结果发现古尸经600余年后仍然血管畅通无阻，不能不说是一个奇迹！这是湖南省保存完整的又一具古尸，在考古界有“湖南第二马王堆”的美誉。1987年，部分文物奉调到北京参加全国重大考古发现展出时，一时轰动京城，引起了考古界的极大关注。

凤凰山与张学良将军有什么关系？

在沅陵县城东南，沅水之滨，有座海拔200米高，面积约0.6平方公里的小山。山上有座古寺，三面环山，一面临水。因山形似凤凰展翅，故名凤凰山，寺因山而得名。南面建有凤鸣塔，七层八方，气势雄伟。凤凰山林壑幽深，村落暧暧，炊烟依依，山顶古树参天，修篁遍地，风光绚丽。隋开皇九年（589年）就被列为黔中第一胜景。明代诗人张志遥曰：“晴峰缥缈出云端，野径迂回挠曲栏，人向绿杨荫处去，隔江指点画中看。”由此看来，景胜不错。

1936年12月，抗日将领张学良发动了震惊中外的“西安事变”，蒋介石切齿不忘西安兵谏之根，要将张学良终身监禁。1938年10月，特务头戴笠受蒋之意，指使特务刘乙光把张学良从苏仙岭秘密押转沅陵，囚禁在凤凰古寺内，过着“山居幽外境，旧雨行心寒。辗转眠不得，枕上泪难干”的痛苦生活，长达一年之久。张将军难抑满腔悲愤，便在凤凰山墙壁上写下了“万里碧空孤影远，故人行程路漫漫，少年鬓发渐渐老，惟有春风今又还”的憾作。后由于时局进一步恶化，1939年12月又将张学良转押贵州息烽、修文等地，凤凰山因此而成为中外所知的名山。

芷江之名是怎么来的？

芷江因中国人民抗日战争胜利，侵华日军在此受降而闻名天下。作为历史名城，芷江在西汉高祖五年（前 202 年）就已建县，当时称无阳县，隶属武陵郡。到了西晋太康年间（280 ~ 289 年），更名为五阳县。到五代十国时期的后唐长兴三年（932 年），芷江又称懿州。北宋熙宁七年（1074 年），芷江被称为卢阳县。清乾隆元年（1736 年）卢阳县被改名为芷江县，一直沿用至今。至于为何最终定名为芷江县，有两种说法，一种认为出自屈原的《九歌·湘夫人》，其中有“沅有茝（音 chǎi，白芷，香草）兮澧有兰”一句，古书上说茝是一种香草，即白芷，亦作芷，因此称沅江为芷江；第二种说法认为沅水乃沅江源头，因为沅水别称芷江，故名。1986 年 9 月 22 日，芷江改称芷江侗族自治县，其中侗族人口占总人口的 48.4%，是湖南省主要的侗族聚居地之一。

为什么芷江被定为抗战胜利受降地？

1945 年 8 月 21 日，中国人民经过艰苦卓绝的八年抗战，终于取得了抗日战争的伟大胜利。“一纸降书出芷江”，在这一历史时刻，全世界人民瞩目的中国政府受降典礼在历史名城——芷江举行。这是自鸦片战争以来一百多年间，中国政府第一次以胜利者的姿态接受外国侵略者的投降，所以 1945 ~ 1946 年，美英诸国出版的地图中，凡有中国略图的，湖南有芷江而无长沙。

受降地之所以选择于此，主要是原中国陆军总司令部设在芷江，且著名的陈纳德的美国空军第五志愿大队也驻扎在这里。当年的受降仪式就定在芷江的一座大院举行，大院建于 1938 年，总建筑面积 1071 平方米，呈品字形结构，中间是受降堂，右边是原中国陆军总司令部，左边是何应钦的办公室。受降大厅的布置一切如旧。1945 年 8 月 21 日，中国政府在这间不足 120 平方米的小木房里举行了具有历史意义的受降典礼。

▲ 凯旋门

芷江抗战胜利受降纪念园何以能彪炳天下？

为了纪念中国人民抗日战争胜利的丰功伟业，芷江人民修建了具有伟大历史意义的抗战胜利受降纪念园，正门凯旋门是一座古朴典雅的石拱门，凯旋门镶嵌的红色 V 字，是英语“VICTORY（胜利）”的缩写，象征着中华民族八年抗战的伟大胜利。步入凯旋门，驰名中外的抗战胜利受降纪念坊便耸立在眼前，受降纪念坊朝东修建，意味着日本向我国投降。牌坊为四柱三拱门式建筑，保持了特有的民族风格，显示了中华民族威武不屈的浩然正气，是华夏大地唯一的抗战胜利纪念

▲ 芷江受降纪念坊

物。坊高8.5米，宽10.64米，厚1.1米，青砖砌就，水泥为底，正面刻有蒋中正、李宗仁、于右任、何应钦、孙科等人的题词。纪念坊为一“血”字造形，是借以告诫人们要珍惜今天的幸福生活，中华民族取得抗战全面胜利，是用3500万同胞的鲜血和生命换来的。同时“血”字形石坊作为一座警世牌，时刻警示我们不要忘记这段历史。

纪念坊后面上额“万古流芳”四字，是由当时湖南省主席王东原所题，字体苍劲有力，可“流”字差一点。民间传说是王东原故意写错，寓意希望中国从此不再遭受外患，流血少一点。“受降纪念坊记”刻于石坊上，216字铭文阐述了日本军国主义投降的历史背景。中联为何应钦将军所题：

名城首受降，实可知扶桑试剑富士扬鞭还输一着

胜地倍生色，应推倒铜柱记功燕然勒石独有千秋

上联中的“富士”、“扶桑”指的是日本，意即日本军国主义不管如何骄横霸道，穷兵黩武，但芷江受降的事实证明了日本军国主义最终败倒在中国人民的脚下；下联的“铜柱记功”是指东汉伏波将军马援立下铜柱以纪念南征胜利，“燕然勒石”是指东汉窦宪破北单于，在燕然山刻下石碑歌功颂德，意即窦宪、马援等前人创下的伟绩虽功不可没，但

▲ 芷江受降堂

同中华民族抗击日本军国主义相比，可就大大逊色了。

芷江抗战胜利受降纪念园陈列的各种文物均为原物，桌椅上刻有“参加受降典礼纪念”字样，均属国家一级文物。受降资料室共展出98幅图片，记录了半个世纪来受降纪念馆的发展历程，融纪实性、史料性和观赏性为一体，中国人民抗日战争胜利纪念馆馆名系赵朴初先生题写。

芷江受降作为一大历史事件，曾令全世界瞩目。无疑在中国近代史上占有极重要的地位，所以，见证这一历史事件的芷江抗战胜利受降纪念园，得以彪炳天下便在情理之中了。

内陆最大的妈祖庙位于何处？

芷江，远古为荆州之域。自汉以来，历来为州、郡、府的治所，有两千多年历史。这里历代的劳动人民在这重峦叠嶂，沟壑纵横的舞水之畔，建造了大量的楼、阁、殿、宇、寺、庙祠等古建筑。它们风格各异，造型独具匠心，既典雅，又朴素大方。集湘、赣、闽、浙建筑特色与土著侗族建筑于一体；又熔江南建筑与武陵侗寨建筑格调神韵为一炉，奇妙绝伦，美不胜收。

在这些建筑中，最为著名的要数地处舞水西岸，与县城隔河相望的天后宫，是目前内陆现存最大的妈祖庙。它建于清乾隆初年，占地面积3700多平方米，宫中有戏台、正殿、观音堂；左为财神殿，右为武圣殿和五通神殿，结构完整。亭台楼榭，飞檐斗拱，宽广庄严。

天后宫石门坊的青石浮雕，雕技精湛，镂空镌刻，极尽传神之妙，被称为江南一绝。门坊高11米，宽63米，大青石垒砌，呈门楼形。两侧石狮雄踞，前有青石雕花栏杆圈围成台，中间十五级台阶。门坊除2.5米宽，2.6米高的门洞外，上下左右均为青石浮雕，共50幅，大小不等。鱼龙凤狮，花草树木，神鬼人仙，形象生动逼真，画面清晰如故，或一幅一典，或数幅一典。门洞上方镶嵌“天后宫”石刻匾额，字体浑厚圆润，施斧凿亦尽书法之能。无论其规模，还是其精典，皆属内陆最大的妈祖庙。

王昌龄与黔城有什么关系？

在我国诗坛上，出现了很多伟大的诗人，唐代大诗人王昌龄就是其中杰出的一位。王昌龄，字少伯，开元十五年（727年）中进士，授校书郎，又中博学鸿词科。开元二十七年（739年）王昌龄获罪被贬岭南，次年遇赦北上，任江宁丞。天宝七年（748年），诗人又因“不护细行、谤议沸腾”而再次被贬为龙标（今湖南黔阳）尉，辗转来到黔城。王昌龄任龙标尉期间，政善民安。为政以德，深得苗、侗、汉民敬仰。

一代诗人王昌龄一生坎坷，他被贬龙标时，常在舞水河畔闻鸡起舞，苦练剑法。传说在一个月朗星稀之夜，王昌龄舞至兴头，一剑劈向巨石，竟将这块石头劈出一条缝来，第二剑又将石头削去一半，剑影石尘已经逝去，宝剑痕迹如今仍历历在目。

芙蓉楼为纪念王昌龄而建，其自然景观得天地之灵气，集日月之精华。楼下有两座大石山，一座叫钟岩，一座叫鼓岩，每当夜深人静时，划小船到岩下，水浪击在石洞内，钟岩会发出“当当”之声，而鼓岩则发出“咚咚”之响，传说这两座岩石是吕洞宾从江西九江的石钟山拾来放在楼旁点缀风景的。

龙标胜迹大门是芙蓉楼的园门，整个芙蓉楼仅此一门，既无后门也无旁门，令人奇怪的是，这座园门竟然是斜的，其倾斜度超过了意大利的比萨斜塔，原来大门修在芙蓉楼正中下面。因当时朝政昏庸，奸相李林甫残害忠良，王昌龄有感而发，便修一座斜门，将路歪在楼的一边，讥讽为斜门歪道，“斜门歪道”一词由此而来。

门坊正中书刻着“龙标胜迹”四个大字。王昌龄被贬龙标，他的挚友李白在《闻王昌龄左迁龙标，遥有此寄》的诗中写道：

杨花落尽子规啼，闻道龙标过五溪。
我寄愁心与明月，随风直到夜郎西。

表达了李白对王昌龄被贬龙标的愤懑与挂牵。王昌龄《芙蓉楼送辛渐》成为千古绝唱，使得芙蓉楼名扬天下，可谓“诗以景生，景因诗名”。

黔城芙蓉楼因何而闻名？

黔城位于沅江上游，沅舞二江汇流之处。自汉高帝五年（前202年）建城，至今已经有2000多年的历史。早在1200多年前，唐代大诗人王昌龄贬官到此，当时黔城称龙标。芙蓉楼是王昌龄宴宾送客与友人吟诗题赋的地方。一次，王昌龄送别挚友，情不自禁，赋诗一首：

寒雨连江夜入吴，平明送客楚山孤。
洛阳亲友如相问，一片冰心在玉壶。

王昌龄的这首《芙蓉楼送辛渐》，情真意切，意境深远，被世人千古传唱，芙蓉楼也因此而驰名。它让人们领略蕴含唐代艺术魅力的亭台、楼、阁，叙说着1200多年的风雨故事。

芙蓉楼位于黔城西门外，沅舞二水交汇处。主楼背廓临江，纯木结构，正面三间，重檐歇山顶，二层有明轩可供远眺。现楼为清康熙初重建，乾隆年间又在其周围建有冰心玉壶亭、送客亭、览翠楼、半月亭、凌波亭等，与这里的自然山石、江水、林木巧妙结合，构成了“登眺则群山拱翠，俯视则万木交阴，沅水自北来环其下”的壮丽园林风景景观。楼侧竖立有历代文人诗赋碑刻80多方，其中有《王昌龄楚宦诗》15首，以及颜真卿、岳飞、米芾等人的手迹。芙蓉楼四周环境清幽，竹木交错，绿荫如盖，奇草生芳。江面可泛舟，滩涂可野炊被誉为“楚南上游第一胜迹”。

▲ 芙蓉楼

向警予是哪里人？

向警予（1895～1928年），原名俊贤，湖南溆浦人。土家族。中国无产阶级革命家。向警予是中国共产党早期著名的妇女运动领导人之一。1919年加入新民学会，后赴法勤工俭学。1922年回国，加入中国共产党。同年出席中共“二大”，任

▲ 向警予故居

中央妇女部第一任部长，中共“三大”、“四大”大时历任妇女部长；1925 年赴苏联莫斯科东方大学学习。1927 年回国，任中共汉口市委宣传部长，并留武汉坚持地下斗争，主编党刊《长江》，领导湖北省委工作。1928 年被捕，5 月被反动派杀害，年仅 33 岁。故居陈列着向警予青少年时代的一些珍贵文物。

溆浦县城西部，有一座四合院落，是湘西常见的民房格局，正面三间全木结构。房屋低矮而古朴，门页和窗棂都有别致的几何图案装饰，庭院内的小径用鹅卵石铺就，亦有图案花纹。1895 年，向警予就诞生在这个院落里。

中外闻名的粟裕将军是哪里人？

粟裕（1907 ~ 1984 年），会同人，1927 年加入中国共产党。南昌起义后，历任工农红军团长、师长、司令员等职。参与创建中央根据地和反“围剿”斗争，后任新四军支队副司令员、苏中军区和浙苏军区司令员、政委、人民解放军华东军区副司令员，第三野战军副司令员。参与指挥苏中、鲁南、淮海、淞沪等大战役，驰名中外。特别是震惊中外的淮海战役，毛泽东同志就是在听取他的建议后才决定的。他素以冷静沉着著称，严格细致而闻名。

孟良崮战役，以击毙国民党整编 74 师师长张灵甫而取得全面胜利。各部队都在休整、总结，唯独粟裕没休息，他通过各种资料分析，发现相差七千人左右，急令各部队继续搜索，结果，在一隐蔽的山沟里发现了这批敌人，并及时歼灭。每有大战，他“泰山崩于前而色不变，麋鹿兴于左而目不瞬”。黄桥战役前夕，他在处理完公务后，便荷锄下地，与当地老农话农桑。殊不知一场大战将至……

中华人民共和国成立后，历任总参谋长，国防部副部长，中央军委常委，军事科学院副院长和第一政委。1955 年授大将军衔。中共第七届中央候补委员，第八至十一届中央委员，第三、四届全国人大常委，第五届人大副委员长。粟裕常自喟“沧海一粟”。一次，他去拜访叶剑英元帅，临别，元帅扶杖相送，粟裕急阻之曰：“老帅相送，不敢当。”叶帅曰：“百战之将，岂能不送！”粟裕对曰：“沧海一粟，不足挂齿。”叶帅送出大门，望其背影赞曰：“战功高不居功，贡献大不自大，不简单哪！”

诸葛亮与怀化有什么关系？

三国时期，魏、蜀、吴三国鼎立。为了巩固蜀的地位，以图恢复汉室，一统天下，诸葛亮南征北伐，六出祁山。其中人皆熟知的“七擒孟获”就是这时候的事。为了达到以蛮治蛮，永靖天下之目的，他夜渡泸水，深入不毛之地，七擒孟获。当时孟获即五溪蛮之头目，聚有 72 洞 48 寨人马，凭借天险，妄图抵抗，但诸葛亮用计七擒七纵，使之心服口服，永不反叛。

其间，诸葛亮曾途经会同，在怀化留有大量遗迹。在会同团河乡扎过营，因军中无水饮，诸葛亮夜梦仙人指点，孔明作法，以剑插于地下，便有一泓清泉涓涓流出，故名“诸葛井”。此井清泉长涌，四季不竭，在今团河乡内。

在靖州太平乡，原靖州至堡渡的古道之中，建有一座桥，名诸葛桥。相传三国时，大军南征路过此地。因溪水相隔，军不得行。诸葛亮派兵一夜建成单拱石桥，至今仍叫“诸葛桥”。

铁道事业的奠基人滕代远是哪里人？

滕代远（1904～1974 年）是一位令人崇敬的无产阶级革命家，新中国铁路事业的奠基人，麻阳人。1924 年加入中国共产党，是湖南农民运动主要领导之一。1928 年与彭德怀、黄公略领导平江起义，消灭反动武装 1000 余人，建立第一个工农政权，起义部队改编为中国工农红五军，彭德怀为军长，滕代远为党代表，成为我军缔造者之一。同年上井冈山，历任红三军团政委，红一方面军副总政委，晋冀鲁豫军区副司令员，中央军委铁道部部长，铁道兵司令员兼政委。协助周恩来、叶剑英同国民党进行谈判和北平军调部工作。新中国成立后，任新中国第一任铁道部长，党委书记，是新中国铁道事业的奠基人。

滕代远纪念馆坐落在风景秀丽的锦江河畔，麻阳县城。占地 4086 平方米，由胡耀邦同志题写馆名。馆内介绍了滕代远的生平事迹，陈列有手稿、照片、图片 200 余件，真实、生动地再现了滕代远同志革命光辉的一生。

“侗族建筑三宝”指的是哪三宝？

侗乡山川秀丽，风光迷人，名胜古迹，美不胜收。就民间建筑艺术而言，结构精致，造型美观，端庄典雅，独具特色。尤其是鼓楼、凉亭、风雨桥，更具有鲜明、独特的民族风格，堪称侗族建筑的“三宝”。

鼓楼 侗语叫作“堂瓦”，是公共场所的意思。侗族的鼓楼，《唐书》有“会聚铜鼓吹角”的记载。明万历年间，绥宁县的官府《赏民册示》有“村团或百余家，或七八十家，三五十家，竖一高楼，上立一鼓，有事击鼓为号……”的记载。清嘉靖年间的《梦广杂若》有“……每寨必设鼓楼，有事则击鼓聚众”。现存最早的鼓楼始建于清乾隆初年。侗乡村寨寨都有鼓楼，大的村寨有三四座，一般是一姓一座。寨子里有几族姓，就建几座鼓楼。鼓楼富丽堂皇，雄伟壮观，高耸寨中。低的有三五层，高的达十余层。它是一种纯木结构，不用一铁一钉，全用卯榫嵌合，飞檐重阁，层叠而上。最上层是尖顶，高插入云。有的尖顶还装有能迎风鸣叫的铜质飞鸟，颇具匠心。鼓楼有四角、六角、八角等形式，像宝塔又似楼阁，雕梁画栋，金碧辉煌，柱头挂满金匾，对联。重檐下的彩绘，有龙、凤、鱼、鸟、葫芦、花草等图案，或装饰有双龙戏珠、丹凤朝阳等浮雕，十分精美壮观。

鼓楼重檐虽多，但一般实用只有两层。从前，上层设有牛皮大鼓，一旦有急事商议，便鸣鼓聚众；下层设有火塘，火塘之火，长久不熄。侗家劳动之余，喜欢聚集鼓楼，听歌师弹琵琶唱歌，或谈古道今。夏天在这里乘凉，冬天在这里取暖。春节时，就有更多的人聚集鼓楼，与外寨青年跳“哆耶”舞。八月中秋，则在鼓楼附近的岩板坪吹芦笙。鼓楼是侗家集会、议事、休息和进行文娱活动的公共场所，是他们喜爱集体社会生活的最明显的体现，鼓楼与侗家生活密切相关。在侗族心目中，它的地位很高，是神圣不可侵犯的场所。所以，侗家对于建筑鼓楼极为重视。群众都自动捐款献料，出工出力，齐心合力修建鼓楼。

风雨桥　又称花桥，亦叫福桥，是侗族人民引以自豪的又一民族建筑物。桥梁由巨大的石墩、木结构的桥身、长廊和亭阁组合而成。除石墩外，全部为木结构，也是不用一钉一铁，全由卯榫嵌合。桥身以巨木为梁。从石墩起，用巨木结构倒梯形的桥梁，抬拱桥身，使受力点均衡。桥面游廊宛如长龙，游廊上建有三层或五层的四角形或八角形的桥亭三至五座。正梁顶上塑有双龙抢

▲ 风雨桥

宝，还配以彩画，点缀其上。桥的长廊中间为过道，两旁铺设长凳，供来往行人休息。热心公益的侗族人民常在夏天施茶水于桥上，供行人解渴。长廊两壁上端用木板雕刻各种历史人物，或绘制神话故事彩画，供行人休息时欣赏。

位于平坦乡小溪河上的回龙桥，是其经典之一。木构石墩，长 80 米，宽约 4 米，造型优美，结构坚实。除桥墩石结构外，其他全部用杉木拼接而成，没有一根铁钉和其他铁器。全桥可分为两段，西段以圆排木数层，逐层悬臂伸出，形成拱券，东段则在石墩上重叠水平梁两层，再在梁上立柱。桥面上覆盖重檐屋顶，建通廊式阁道共二十七间。行人可在里面歇脚休息，逢节日在此进行文娱活动。阁内原供“文昌帝君”，故又叫文昌阁。每层隔板上均有题词或水墨山水画，桥两端和正中间，建有三个多角亭。都是三重檐，下层四坡顶，中、上层为六角坡顶，最上面收尖，置覆钵宝盆，宝瓶上的百花鸟，可随风转动，并能发出“呼呼”叫声，颇具匠心。桥上彩画精美。

凉亭　多建于山坳或路旁，供行人乘凉歇息之用。侗族人热心公益事业，爱做好事，每三五里即建一亭。所以，侗乡的凉亭特别多。许多凉亭建于泉水之旁，亭畔多古树遮阴。没有泉水的地方，凉亭里也有人挑去泉水，供人解渴。

为什么说风雨桥寄托着侗族人民的美好愿望？

侗乡山川秀丽，侗族人民逢河则建桥。通道县皇都（黄土乡）修建的风雨桥叫普修桥，是一种集桥、亭、廊于一体的桥梁建筑。它既是侗乡主要的交通设施，又是侗家人民美好愿望的寄托。关于风雨桥有一个美丽的故事：相传很久以前，侗乡有一对年轻恋人，分住河的两岸。以往都是小伙子撑船“走寨”与姑娘相会，但是这一年的六月初六，姑娘划船去赶歌会，船至河中，突然黑浪翻滚，一条巨大的黑龙把姑娘席卷而去。听到消息后的小伙子万分焦急，划着船不分昼夜地在河里寻找、呼喊，他的真情感动了白龙，白龙与黑龙大战了三昼夜，终于救出了姑娘，然而白龙却因为伤势过重而死去。为了纪念白龙，这对恋人历经千辛万苦，依照龙的形状，在河上架起了一座桥，既方便了行人过往，又使更多的恋人免受了灾难。

普修桥始建于嘉庆年间，是省级重点文物保护单位。桥墩为两孔石拱，桥面建木廊，上砌三座宝塔。桥顶的四龙护宝，就是周围四山护寨的意思。三座宝塔下面设的三个神殿，第一个是侗族始祖神祠，供奉侗族先祖姜良和姜妹。在侗族传说中，远古时期洪水肆虐，姜良兄妹得到雷公相助，躲进葫芦才避过大劫。为了繁衍后代，兄妹俩依上天之意结了婚，其后代就是今天的侗族。另外两个神殿，居中的是关圣殿，右边的是文昌阁。

你了解侗族人吗？

侗族，自称“贡”或“更”，也有称金的。在古典史载中称之为“峒僚”或“峒人”。除古称“华夏”的汉族是湖南的古老民族外，它和苗族、土家族一样自古以来就是长期生息在这块土地上的古老民族，为古越人的一支。主要分布在怀化的通道、靖州、会同、新晃、芷江等与贵州交界的几县中，人口20多万。

侗族人自认为是撒玛的后代，每年农历二月初二，全寨都要把嫁出去的姑娘接回家，祭撒玛，然后由老年人讲述撒玛的勤劳智慧，抚养侗家的故事。

侗族属于汉藏语系，由于长期以来和汉族交往密切，在侗语中融入了大量的古今汉语词汇，而且大部分侗族人都会使用汉语。侗族原有语言无文字，一直沿用汉字。新中国成立后，为提高侗族人民文化，1958年创制了侗文。

侗族人淳朴忠厚，豪爽耿直，勤劳勇敢又有尊老尊贤，礼宾好客，热心公益，助人为乐的美德。在侗乡老人不愁晚年之乐。凡"行年"、"做寨客"必以"仁老（老年人）"为先导和坐首席；行人不愁无投宿之所，花轿和鼓楼均可歇息，能获得热烘烘的炉火取暖，香喷喷油茶的款待。

侗族人的服饰有什么特色？

侗族人的服饰有青、蓝、紫、白色等。衣装多为对襟布扣矮领短上衣，下着大裤管长裤，头包青色长帕，腰系蓝色或青色长腰带，脚穿草履或多耳麻草鞋。老年人则在对襟外套一无袖短褂，叫琵琶褂。脚穿白布袜和大头鞋。女装较为讲究，式样也繁多。多穿无领或短领右衽宽大短袖上衣，衣内用银链悬一梯形小裙在胸前或衣领、衣襟边及袖口镶有鲜色眉条和滚边或缀有花边。两手肘关节以下，套一绸缎绣花套袖，下穿绉纹青布白褶短裙，脚包花裹脚，穿细耳麻鞋。做客时穿白布袜和尖头云勾花鞋。头包织锦花头巾或下着长裤，裤脚上缀有挑花边或两道鲜色眉条。胸前扣一圆头围裙叫围腰，围腰上端为精美的挑花或绣花。

侗家的未婚姑娘喜欢把自己的辫子盘成各种各样的发髻，常见的有单顶髻、双顶髻、单额髻、双额髻、盘空髻、螺丝髻、凤尾髻等。髻上插一剑形发簪或七花银木梳。结婚后则只梳一髻垂于脑后，每外出髻上必包一对挑花对角巾。

侗族妇女的首饰多为银质，通道一带以大扁担形银项圈、银扣练、宽手镯为美。项圈重佩数层、重二三斤，显得雍容华贵。新晃一带佩银挂链、扭丝手圈、吊吊环等。每条银挂链有几节，每节上有牙签、针筒、耳勺、小剑、响铃等，共长 60 ~ 70 厘米，沿着上衣襟扣子悬挂，走起路来叮当作响，甚为古雅。

侗族的婚俗有何特点？

侗族的婚俗一般是自由恋爱、双方父母同意即可。主要联系方式就是唱歌。在“行船坐月”、“玩山赶坳”之际，唱歌寻亲访友，谈情说爱。在歌唱中男女双方如情投意合，先交换一件心爱之物做“信物”，经一段时间交往，双方认为可以成亲时，征得父母同意即可结婚。

侗族办理婚嫁喜事多崇尚俭朴，一般不用花轿，不收彩礼，不送嫁妆。婚前那天，男方派出两小伙子和两个姑娘打一火把，提一篮新衣迎亲。新姑娘盛装艳服，一手拿一把伞（伞不能打开，表示紧紧相依；途中不许换手，表示长久相爱），步行到男家。新娘到男家大门前受到新郎的迎接。这时，她将放在门外的一桶糯米提进堂屋，然后到火炉前稍坐，随即生火煮茶敬翁姑和本家亲友。新娘煮的茶叫“新娘茶”，吃油茶时，不分男女老少和辈分均可说逗趣的话，叫“闹新娘茶”。

吃罢新娘油茶，伴娘就要陪新娘到井边挑水，以挑满水缸为止。随即由伴娘送新娘入新房，并伴陪歇宿，不兴闹新房，也不准新郎入洞房。第二天，新娘接待宾客，并由伴娘唱“敬酒歌”，劝宾客畅饮。第三天，由男家请寨中三个善饮会说的小伙子挑礼物送新娘回娘家，当日即回，叫“转脚”或“回门”。

侗族的“偷日钉钉婚”是怎么回事？

在侗乡，一般只要男女双方情投意合，双方父母同意即可成婚。但也有其他原因横加干涉的。遇到这种情况，青年男女双方就采取一种叫“偷日钉钉婚”的方式成亲。这种方式是双方偷偷相约一个时候，男方密邀几个小伙子准时去姑娘楼下，打出预定信号，姑娘便悄悄从楼上吊下私房财物，让来人挑走，自己也悄悄溜出娘家跟在小伙子后面。到了男家堂屋，男的才叫醒父母和姊妹，大家进屋，和来的人一同吃新娘茶。然后，新娘、新郎即请父母和大家进入堂屋，当着大家的面一同往屋柱子上钉一颗竹钉，表示永不分离的决心（他日如果谁要求离异，就要当着众人用手指将竹钉从柱子上拔出：拔出则离，拔不出则不许离）。天明以后，男方父母请寨中有声望的长老到女家报信，并好言相劝女方父母来男家吃喜酒认亲家。

侗族行年是怎么回事？

每年正月（初三至十五日），侗乡有以寨为单位集体到另一个寨做客的习俗称“行年”，也叫“乡客”、“芦笙客”或“鸡尾客”。行年时，寨子（多为青年男女）组成行年队伍，选三五位为卜耶，作为全队的领导中心。卜耶中又推举一位为耶高即头客，作为全队的总指挥。卜耶要身穿侗锦衣，头包青长帕，插鸡尾毛，

▲ 侗族风情舞

腰捆带，脚打花裹脚，穿白布袜子和双梁厚底勾鞋。头客披大红毡子，腰挂短剑，怀揣罗盘。参加者一切行动按头客号令行事。

出发前，芦笙队吹“集合曲”集合队伍，接着吹“同去曲”出发。途经他寨，领队笙便吹“同过曲”意即借光过路。到达村寨外，头客叫队伍暂停，并扯来一把丝茅草，每人一根带在身上。主寨芦笙队即吹“迎客曲”欢迎来客。这时，头客整顿队伍，撑开雨伞，缓缓向主寨鼓楼前行，一边走一边向迎接的人点头含笑致意，但不说话。来到寨中撒坪，队伍则围成一圈，头客在坪中用罗盘找好位置，指定芦笙队进坪吹奏的路线后，做一个金鸡独立的姿势，芦笙队即吹“进坪曲”和“欢乐曲”，边吹边跳芦笙舞，三遍后停止。这时，主寨男女老少围拢过来亲热道贺，并争相拉客回家住宿款待。

第二天早餐后，头客把带来的人聚集在撒坪上，围成圆圈讲款（村规民约），从“开天辟地”、“洪水滔天”、“人的起源”、“芦笙的来由”一直讲到村规寨约，以及上洞下寨互相友好，彼此帮助等。主寨男女亦会聚来听，精彩之处，大家同声附和说“是啊”，以表赞同。讲完款，主寨杀猪宰鸡大摆酒席欢宴来客。入夜，青年男女相邀弹琴对歌，有的集体哆耶，以歌传情；老人则围坐在鼓楼火坑边，弹起铿锵的琵琶，歌颂历史英雄的业绩。

第三天上午，头客集合全体来客，整顿行装准备告辞。这时，主寨将桌摆成长席，各家各户取酸鱼、腌肉、酸菜、苦酒摆上来。

宾主对坐，互赠良言，相约后会。当客人起身时，主寨男女青年涌向席间唱“拦路歌”以挽留客人；客寨人要即席编歌答谢，感谢主寨盛情款待，直唱到日落西山。黄昏又至，头客号令全队离席，拉手成圈跳哆耶舞，唱三支“嘎犒劳”的歌，以表示对主人盛情款待的谢意。同时，主人唱送客歌，客人芦笙队吹“同去曲”、“同行曲”才依依不舍地出寨上路。

侗族是歌舞之乡，他们以歌舞为媒，表现了侗族人民勤劳、智慧、礼仪好客的质朴感情。

侗族还有哪些习俗？

侗族人礼宾好客。每有客至，先敬烟，上甜酒，稍后即煮油茶做小吃。油茶是以猪油煎茶叶掺肉汤成汁，加姜葱作料，泡以豆花、炒米花等，香脆鲜美，别具风味。然后宴客杀鸡，尽家中所藏。席间请长者和宾客上座，主人陪坐下首，斟酒水作陪，拣鸡头敬客，殷勤劝饮，以醉为快。酒多为自酿米酒。

“玩山歌”是侗族人特有的情歌，只能在白天山林旷野间唱情歌，即“玩山”。“玩山歌”多以客语（汉语）歌唱。会唱歌被侗家视为聪明的标志。如有谁在玩山歌时不以歌声而以话语与对方交流，是要被视为愚蠢而受到耻笑的。

侗族家族多为二三人的小家庭，儿女长大结婚后即要自立门户。

侗族人对舅舅非常尊重，凡老人去世，其子女立即要向舅舅报丧。丧仪的安排，要征得舅家同意才能办理。入殓要舅家同意后方可“成殓”。舅家来吊唁时，孝子女要设香案在大门前跪迎请罪，得舅家恕罪后方可起立。入葬后，还要去舅家“辞了”。故有“天上雷大，人间舅爷大”的习俗。

侗族不管家境如何，一般丧事都从简从省。

侗族居室有什么特点？

侗寨建筑类型依地势分为山脊型、山麓型和平坝型。山麓型又称“依山傍水型”。由寨门进寨，即是高耸的鼓楼，鼓楼四周修建着许多干栏式的吊脚楼。

侗族多聚族而居，常一寨一姓。若两姓同寨，则分姓分片居住，一姓一鼓楼，很少杂处。侗乡村寨多在向阳地带或依山傍水处。小寨三四十家，大寨一二百户。家家檐廊相接，巷道互通。村头寨尾，古树参天，溪流河上，花轿如虹，风光优美。通道一带侗家房舍多为木质二三层的干栏外廊式楼房或吊脚高楼。主楼两侧配有厢房和偏厦，形成一座“品”字形厅楼。楼的底层是放置农具、柴炭和喂养牲畜的地方；中间住人，正中一堂屋，是接待宾客或开席吃酒的地方。堂屋后边或左侧一间有火炉，是一家烧茶煮饭和冬季取暖之处。火炉中央放一铁制三角架，作为放炊具、炒菜、煮饭之用。三角架忌用脚踩，否则会被认为是对主人的不敬。三楼为仓库和姑娘织布的地方。

通道侗乡为什么被冠以“皇都”之名？

通道县位于湖南省西南部，处于湘、桂、黔三省（区）交界处，聚居侗、汉、苗、瑶等 13 个民族，人口 22.5 万，其中，侗族人口占 74%，是湖南省主要的侗族聚居地之一。步入侗乡，展现在人们面前的是古朴淳厚的侗家风情。侗族人民经过漫长岁月的沧桑，在衣食住行等方面，形成了本民族独特的风俗习惯，其中以建筑、织绣、服饰等最为突出。通道侗乡一向被誉为“歌舞之乡”，这里流传着数十种民族乐器、歌曲和舞蹈，尤以琵琶、芦笙、侗戏和哆耶舞最受欢迎。

皇都侗文化村坐落在风景秀丽的黄土乡，距县城 10 公里，由头寨、尾寨、盘寨和新寨组成。关于“皇都”的由来还有着一段精彩的故事：相传古代夜郎国王路过此地，被当地浓郁的民俗风情所吸引，乐不思归，许诺在此地建都，“皇都”之名就由此流传下来了。

皇都侗文化村的历史悠久，其民俗风情在湘、桂、黔三省侗族居住的广大地域中保存最为完整。当地人们热情好客、能歌善舞。侗族男女老少表演的哆耶舞、酒歌、闹茶等节目生动活泼、妙趣横生。这里民风淳朴，秩序良好，“道不拾遗，夜不闭户”，每家每户干净、整洁、每当夜幕降临，鼓楼里婉转的琵琶声与吊脚楼里优美的侗歌遥相呼应，更有那重阳楼里的白胡子老爷爷在叙说着扣人心弦的传奇故事……

侗族人民在悠久的岁月中形成了本民族独特的饮食风味，到侗乡的吊脚楼上做客别有一番情趣。一进家门，首先喝一口侗乡浓郁香醇的油酒茶，让您拂去一路的疲惫；席间，热情好客的主人会捧上一大碗被誉为“侗乡茅台”的苦酒，让您体验甜中带苦，苦尽甘来的滋味。侗族款待贵宾或庆祝节日时经常举办“合拢宴”，一般是在堂屋摆上长长的木桌，各家各户都拿出自己最好的饭菜以示欢迎庆贺，各式各样的菜肴中，有用三五年甚至十几年腌制出来的酸虾子、酸鸭肉、酸猪肉、酸草鱼等，真是别有风味。

“通道转兵”说的是怎么回事？

1934 年 10 月，由于“左”倾冒险主义错误路线，中央红军第五次反“围剿”失败，被迫撤出中央苏区进行战略转移——长征。这种退却中的逃跑主义使红军遭受重大的损失，在突破蒋介石设置湘江四道防线时，由 8 万人锐减到 3 万人，战斗力空前削弱；而此时，敌人也十分清楚红军的意图，在通往湘西的必经之路上，集结 20 万兵力，构成 5 道防线，实行合围封锁，企图一举歼灭红色火种。而“左”倾领导者李德、博古仍然坚持原计划出湘西北上与红二、红六军团会合，继续往蒋介石布置的包围圈里面钻。面对这种危急形势，红军在占领通道后，中央军委于 1936 年 12 月 12 日在通道的恭城书院举行临时紧急会议。博古、周恩来、王稼祥、张闻天和李德参加会议，特邀两年前被取消军事委员会职务的毛泽东参加会议。毛泽东力主改变进军路线，力陈北上的严重后果，建议立即由北转向西南，向敌人力量薄弱环节贵州西进，深得周恩来、张闻天、王稼祥的积极支持。这就是历史上著名的“通道转兵”。正因为通道转兵才有四渡赤水，攻占遵义的佳作，一下子把十几万追兵甩在乌江以东，从而挽救了红军，挽救了中国革命。

恭城书院始建于北宋，是一座历经风雨沧桑的书香福地。整体以纯木穿斗抬梁式古建筑结构，通面阔 26. 9 米，通进深 64. 5 米，面积 2380 平方米。坐东朝西，疏落有致，庄严厚朴，古色古香，坐落在通道县西北溪镇罗蒙山下，采用独特的“通廊串联营造法式”等分建构，形成整合一体的布局。壮观雄伟的门楼飞檐翘首，布满青苔的石板台阶散发出古朴的气息；青瓦，青砖的古典清雅隐约透出书院的厚重历史。它在漫长的历史岁月中，会聚和培养了一批又一批文人儒士，成为乡土出山的摇篮。而在中国革命史上也是一座不朽的丰碑，鉴证着一段关于中国革命成败的历史。

岩湾为什么有歌场之称？

岩湾地处湘黔两省四县交界之地，位于靖州西北边缘，四面群山环抱，四季绿树成荫，是苗族人民世代繁衍生息的地方。

岩湾歌场的形成，来自一个民间传说。相传清光绪年间，同乐寨的苗族青年歌手吴会湘等四青年常与贵州偏坡、乌坡、弥洞等地的四位姑娘相约，每逢戊日都在附近的山坳上唱歌谈情，分别定下终身大事。甲午年的农历七月十四日，人们到岩湾采购过节物品，吴会湘等四青年都在岩湾碰上了自己心爱的姑娘，由于已有好长时间没有见面了，今日重逢，甚是激动。随即男歌女唱，忘情诉说各自的相思之苦，眷恋之情。使过往的人们都深受感染，慢慢地围上观看，随之也跟着唱了起来。一时间，人群如山，歌声如潮，直唱至太阳落山才慢慢散去。第二年，这四对青年都成为佳偶，并择期在同一天举行隆重的婚礼，这段佳话很快就传遍了整个村寨。从此，同乐寨的寨佬和其他各寨头人相约，把岩湾选定为歌场，并将每年的农历七月十四日定为赶歌场的日子。近些年来，每到这一天，湘黔 48 寨苗、侗、瑶、土家各族的男女老少都清早起来精心梳妆打扮，撑着阳伞，戴着细篾斗篷，摇着花纸扇，一伙伙，一群群从各村各寨赶来参加一年一度的歌场盛会。

一部分是已婚男女，他们通常以赛歌喉、赛才华为主，涉及内容比较广泛，天文地理，古往今来，人间仙境都是歌唱对象。形式上有男女对唱，男问女答，女问男答，对手多以团寨为帮，几名或者几十人组成，一直要分出胜负为止。另一部分是未婚青年男女，他们唱的主要是倾诉男女之情的情歌。

岩湾歌场已经成为山区人民群众一年一度的联欢娱乐的固定场所。

选题策划：殷　钰　高　震　谭　燕
责任编辑：殷　钰
责任印制：闫立中
装帧设计：中文天地

图书在版编目（CIP）数据
芙蓉之国湖南. 2/《芙蓉之国湖南》编写组编. --北京：中国旅游出版社，2015.4
（中国地理文化丛书）
ISBN 978-7-5032-5184-9

Ⅰ.①芙…　Ⅱ.①芙…　Ⅲ.①湖南省-概况　Ⅳ.①K926.4

中国版本图书馆 CIP 数据核字（2015）第 002355 号

书　　名：中国地理文化丛书——芙蓉之国湖南（二）
作　　者：《芙蓉之国湖南》编写组
出版发行：中国旅游出版社
（北京建国门内大街甲 9 号　邮编：100005）
http：//www.cttp.net.cn　E-mail：cttp@cnta.gov.cn
发行部电话：010-85166503
排　　版：北京旅教文化传播有限公司
经　　销：全国各地新华书店
印　　刷：三河市恒升印装有限公司
版　　次：2018 年 1 月第 1 版　2018 年 1 月第 1 次印刷
开　　本：710 毫米×1000 毫米　1/16
印　　张：20
字　　数：249 千字
印　　数：1-5000 册
定　　价：40.00 元
I S B N　978-7-5032-5184-9